책상 위의
데일 카네기

"이 책은 늘 손이 닿는 곳, 책상 위에 두고 매일 읽으라.
자주 책을 훑어보고 자기 삶이 더 나아질 것이라 믿으라.
매일, 계속, 자주 읽으며 실천하라.
그러면 친구를 만들고 상대를 설득하고 원하는 것을 얻게 된다."

_데일 카네기

세계 최초이자 세계 최고의 자기계발서라 불리는 데일 카네기의 〈인간관계론〉과 〈자기관리론〉.

이 책들을 읽고 싶거나 다 읽으신 독자 분들의 많음을 들어보았다.

좋은 책이에도 불구하고 다 끝까지 읽기 힘들었다거나,

책을 읽는 동안 삶이 깨달음을 얻게 되어도

시간이 지나면 답답하지 않은 자신을 발견하게 설망하게 된다고 하셨다.

그래서 메일, 자주 읽고 또 필요한 부분을 찾아 읽을 수 있는 데스크 북의 필요성을 느꼈다.

매일 한 페이지씩 일 년 동안 읽고, 평생을 두고 계속 읽고 또 읽으면, 삶이 답라질 것임이 분명하다.

_ 편집부 드림

****

세상에서 가장 사랑하는 사람,
꼭 잘되기를 바라는 사람에게
〈책상 위의 데일카네기〉를 선물하세요.

프롤로그

001 사람의 능력은 전문성 15%, 사람상대 능력 85%다

002 친구도, 수입도, 기쁨도, 여유도 늘어나는 방법을 담은 책

003 왜, 당신이 가진 자원의 일부만 사용하며 사는가

004 이 책을 활용할 수 있는 8가지 방법

1부: 인간관계론

007 품을 얻고 싶다면 벌통을 건어차지 마라

014 사람의 마음을 움직이는 비결

026 상대에게 욕구를 불러일으키라

035 어디에서나 환영받는 방법

043 좋은 인상을 주는 쉬운 방법

050 상대방의 이름을 기억하라

055 대화를 잘하는 가장 쉬운 방법

061 다른 사람의 관심을 끄는 방법

064 사람들이 당신을 첫 눈에 좋아하게 만드는 방법

074 논쟁을 하지 마라

080 확실히 적을 만들지 않는 방법

091 틀렸다면 인정하라

095 상대의 마음을 얻는 확실한 방법

106 상대를 동의하게 하는 법

113 불평을 처리할 때는 안전망을 만들다

119 협조를 구하는 방법

127 기적을 만들어 내는 법칙

131 세상 모든 사람이 다 원하는 것

137 세상 사람들이 하는 호소

140 드라마틱하게 하라

143 더 이상 방법이 없을 때는 최후의 수단을 써라

148 비판을 꼭 해야 할 때 시작하는 방법

152 비판을 받지 않게 하는 법

154 자신의 잘못을 먼저 말하라

157 아무도 명령을 좋아하지 않는다

159 다른 사람의 체면을 세워 주라

163 자극을 주어 성공으로 이끄는 법

168 개에게도 좋은 이름이 필요하다

173 잘못이 있다면 고치기 쉽게 느끼게 하라

177 당신이 원하는 일을 상대가 기꺼이 하게 하는 방법

183 결혼생활의 무덤을 피는 가장 빠른 방법

187 사랑한다면 상대의 사는 방식을 인정하라

190 행복한 가정을 만드는 법

193 모든 사람을 행복하게 만드는 가장 빠른 방법

199 여자들에게 특히 중요한 것

202 행복하게 살기 원한다면 알아야 할 것

2부: 자기관리론

207 오늘을 충실하게 살아라

218 걱정을 해결해 줄 공식

221 걱정이 삶에 미치는 영향

229 문제를 분석하고 해결하는 방법

237 마음속의 걱정을 몰아내는 법

242 작은 걱정으로 자신을 괴롭히지 않는 법

246 온갖 걱정을 떨쳐버리는 방법

250 피할 수 없는 일을 대처하는 방법

258 걱정을 극복하는 가장 강력한 비결

266 과거의 실수를 잊어라

272 삶을 바꿔주는 한 문장을 가져라

279 저례롭게 잠아두는 법

286 감사할 줄 모르는 사람 때문에 상처받지 않는 법

292 돈보다 가치 있는 것

296 내 모습을 사랑하며 사는 법

305 마이너스를 플러스로 만드는 방법

316 싱숭하면 비관반게 되는 이유

320 부당한 비난에 대응하는 방법

325 과거의 실수에서 해답 찾기

330 하루에 1시간을 더 늘릴 수 있는 비결

334 피로와 걱정을 예방하는 업무 습관 5가지

339 피로, 걱정, 분노를 일으키는 주범을 정확히 알라

347 인생에서 가장 중요한 걱정은 이렇게 하라

351 걱정 극복의 사례들을 통해 배워야 할 것

데일 카네기
인간관계론 & 자기관리론

1부 _ 인간관계론

다른 사람을 비판하거나 비난하지 말고
다른 사람에게 관심을 가지고
진심으로 칭찬해 주고
논쟁을 피하라.

사람의 능력은 전문성 15% 사람상대 능력 85%다

사람을 상대하는 일이야 말로 우리가 마주하는 가장 어렵고 중요한 일이다. 특히나 경영자라면 더욱 그렇다. 하지만 가장 가정부터 건축가, 엔지니어라고 해서 다르지 않다. 몇 년 전에 카네기 교육재단의 후원으로 이루어진 조사에서 대단히 중요한 사실을 발견했다. 공학 같은 기술 분야에서조차 기술적 지식은 경제적 성공에 기여하는 바가 15퍼센트 밖에 되지 않는다는 것이다. 나머지 85퍼센트는 성격과 리더십 같은 인간관계와 관련된 능력이었다.

나는 필라델피아 엔지니어클럽과 미국전기공학자 학회 뉴욕 지부에서 강의를 해왔는데, 1,500명 이상의 엔지니어가 수업을 들었었다. 그들이 이 수업을 들었던 이유는 직접 오랜 관찰과 경험을 한 결과, 공학 분야에서 뛰어난 사람이 반드시 높은 보수를 받는 것은 아니라는 사실을 깨닫고 있었기 때문이다. 공학이든, 회계 분야든, 건축이나 다른 분야든 기술적 능력만 있는 사람은 얼마든지 적당한 급여로 고용할 수 있다. 그러나 기술적 지식에 대해서 아이디어를 낼 줄 아는 능력이나 동료나 직원들에게서 열정을 끄집어낼 수 있는 능력을 가진 사람들은 더 큰 수익을 올릴 수 있다.

록펠러는 "나는 사람을 상대하는 능력에 대해 세상 그 누구보다 큰 대가를 지불하겠다"라고 말했다.

나는 오랫동안 인간관계에 대한 실용적인 책을 찾아왔고, 그런 책을 찾지 못했기에 내가 직접 쓰게 되었다. 바로 이 책이 그 결과물이다.

친구도, 수입도, 기쁨도, 여유도
늘어나는 방법을 담은 책

내가 이 책에서 제시하는 규칙들은 그저 단순한 이론이나 주장이 아니다. 이 원리들은 마법 같은 효과를 불러온다. 믿기지 않는다고 생각할 수도 있겠지만, 실제로 이 규칙들을 통해 수많은 사람들이 삶을 완전히 바꾸는 모습을 보았다.

예를 들어 314명의 직원을 고용하고 있는 한 경영자가 나의 인간관계 수업을 듣고 어떻게 변화했는지 보자. 그는 오랫동안 아무 생각 없이 자기 직원들을 비판하고 트집을 잡고 비난하며 일해왔다. 친절한 말이나 적어도 칭찬을 찾아보기 힘들었다. 그런데 이 책에서 말하는 규칙들을 공부한 후에 자신의 인생철학을 완전히 바꾸었고, 그의 회사는 충성심, 열정, 팀워크 정신이 가득차게 되었다.

"예전에는 제가 걸어가면 아무도 저한테 인사를 해오는 직원이 없었어요. 직원들은 저를 회피하고 다른 쪽을 보는 척했죠.

그런데 이제 그들 모두가 내 친구가 되었어요. 우리 회사 경비마저도 제 이름을 친근하게 부른답니다."지금 그는 더 많은 수익을 올리면서도 더 많은 여가 시간을 갖게 되었다.

이 규칙들을 적용하게 되면서 큰 변화를 경험하는 사람들이 많다. 매출이 놀랄 정도로 높아지고 절대 체결되지 않던 거래가 이루어지고 경영자의 명예도 직원들의 급여도 높이 올랐다. 이 수많은 과정이 곧날 때마다 과탑을 얻는데, 파티에 참석했던 아버지는 남편이 이 과정을 수강한 후 자신이 더없이 행복해졌다고 말했다.

왜, 당신이 가진 지혜의 일부만 사용하며 사는가

하버드 대학의 윌리엄 제임스William James 교수가 말한 것을 들어보자. 우리는 우리가 가지고 있는 신체적 정신적 자원의 아주 일부만 사용하고 있다. 인간은 자기 한계에 한참 못 미치는 정도만 살고 있다. 다양한 능력을 가지고 있는데도 불구하고 습관적으로 그 능력을 다 사용하지 않는다."

이 책의 목적은 바로 '습관적으로 사용하지 않는 많은 능력', 그 잠재된 능력을 발견하고, 끄집어내어서 이익을 얻도록 만드는 것이다.

프린스턴 대학의 총장을 지냈던 존 G. 히븐John G. Hibben 박사는 말했다. "교육은 삶에서 마주하는 다양한 상황에 대처할 수 있는 능력을 키워준다."

만약 당신이 이 책을 3장까지 읽고도 삶의 여러 상황에 대처하는 능력이 나아지지 않았다면, 당신은 실패하지 않았을 것이며 당신에게는 이 책이 의미가 없는 책일 것이다. 영국의 사회학자 허버트 스펜서Herbert Spencer가 말한 대로 교육의 가장 큰 목적은 지식이 아니라 실천하는 것에 있다.

이 책은 실천하기 위한 책임을 명심하라.

이 책을 확실히 활용할 수 있는
87지 방법 _ 1,2

1. 사람 다루는 능력을 향상시키겠다는 욕망을 가져라.

이 책을 제대로 활용하기 원한다면 반드시 이 조건을 갖추어야 한다. 다른 어떤 규칙이나 방법보다 훨씬 더 중요하고 기본적인 것이다. 이 필수 조건을 명심하지 않는다면 아무리 다른 규칙을 반아들였다리라도 별로 도움이 되지 못할 것이다. 심지어 이 필수 조건만 갖추고 있다면 이 책에서 소개하는 다른 방법들을 읽지 않아도 엄청난 성과를 거둘 수 있다.

이 마법 같은 필수 조건은 무엇일까? 그것은 바로 배움에 대한 절실한 욕망이다. 다시 말해서 사람들을 상대하는 능력을 꼭 향상시키겠다는 강력한 결단을 말한다.

이 욕망을 어떻게 키워나갈 수 있을까? 이 책에 소개하는 규칙이 얼마나 중요한지 스스로 계속 되새기면 된다. 이 규칙들을 모두 자신의 것으로 만든다면 얼마나 풍요하고 행복하고

만족스러운 삶을 살아갈 수 있을지 생각해 보라. 스스로에게 계속 되뇌어라. "나의 인기, 행복, 자존감은 사람을 상대하는 능력에 따라 좌우된다."

2. 전체를 보느 르 눈을 가지되 꼼꼼하게 읽어라.

먼저 각 장을 빠르게 읽고 전체를 보는 큰 눈을 가져라. 그러면 아마 빨리 다음 장으로 넘어가고 싶은 마음이 생길 것이지만 그러지는 마라. 이 책은 재미로 있는 책이 아니고 인간관계 능력을 키우고자 있는 책이기 때문에 하나의 장을 읽었다면 다시 처음으로 돌아가 그 장을 꼼꼼하게 다시 읽어라. 결국 이런 방법이 시간을 절약해 주고 좋은 결과를 만들어 올 것이다.

이 책을 확실히 활용할 수 있는 87가지 방법

음답 _3,4,5

3. 중간중간 다시 되새겨라.

읽어나가다가 잠깐 멈추고 읽은 내용을 다시 되뇌어 보라. 또 다시 반추하라. 각 구절을 어떻게 인생 적용할 수 있을지를 스스로에게 물어보라.

4. 형광펜으로 표시하라.

생연필이나 형광펜을 손에 들고 책을 읽어라. 내가 활용할 수 있겠다 싶은 내용에 줄을 그어라. 그런 내용에 밑줄을 긋거나 표시를 하면, 그렇게 책에 표시를 하면서 위으면 더 중요한 독서가 된다. 다시 읽을 때도 훨씬 더 빠르게 읽을 수 있어 효율적이다.

5. 지속적 책을 끊어보라.

이 책에서 진심으로 지속적인 해법을 얻어내고 싶다면, 한번 속 읽어 보는 것으로 충분하다라는 착각은 깨끗이 버려야 한

다. 꼼꼼히 읽은 다음, 시간을 자주 내어 다시 읽어 보아야 한다. 그런기 위해서는 늘 이 책이 책상 위나 손 닿는 곳에 있어야 한다. 자주 책을 듣고 훑어 내려가야 한다. 앞으로 자신의 삶이 더 나아질 것이라면고 스스로에게 각인시켜야 한다. 계속, 자주, 열심히 읽어나가보고 활용하는 것만이 유일한 방법이다.

이 책을 확실히 활용할 수 있는
87지 방법 _ 6,7,8

6. 행동을 해야만 배울 수 있다.

극작가 버나드 쇼 Bernard Shaw는 이런 말을 했다. "누군가에게 어떤 것을 가르쳐주기만 한다면, 그 사람은 그것을 결코 배우지 못할 것이다."

배움이라는 것은 적극적인 과정이다. 무엇이든 직접 행동으로 해 봄으로써 배우게 된다. 그러므로 당신이 이 책에서 제시하는 구절을 완전히 자신의 것으로 하고 싶다면, 그 구절에 맞는 행동을 해야 한다. 배운 구절을 금방 잊어버리지 않고 싶다면 기회가 있을 때마다 적용해 보아야 한다. 실천해 본 지식만이 머릿속에 남아 있을 것이다. 당신은 새로운 습관을 만들기 위해서 이 책을 읽고 있는 것이다.

이를 위해서 당신은 행동을 해야 한다. 그 대신 이 책에 나오는 내용, 당신이 믿을 처 좋은 문장에 따라야 한다. 그리고 구절들이 당신에게 어떤 마법을 펼치는지 지켜보라.

충동적인 행동을 해서는 안 된다. 그 대신 이 책에 나오는 내용, 당신이 믿을 처 좋은 문장에 따라야 한다. 그리고 구절들이 당신에게 어떤 마법을 펼치는지 지켜보라.

7. 점검의 시간을 가지라.

토요일 저녁마다 자기 점검과 평가의 시간을 가지는 것이 좋았다. 수첩을 펼쳐 그 주에 있었던 모든 만남과, 대화 내용 등을 곰곰이면서 자신에게 물어보는 것이다. "그때 무슨 실수를 했는가?", "어떻게 하면 더 잘할 수 있었을까?" 등을 말이다.

8. 좋은 결과를 얻었을 때는 그 내용을 기록하라.

이 책에 나오는 여러 구절을 실천해서 좋은 결과가 나왔을 때 그 내용을 구체적으로 기록하면 좋다. 이런 기록이 더 큰 노력을 쏟게 하는 자극이 된다.

아이를 키울 때, 배우자를 설득해야 할 때, 성난 고객을 상대할 때 등등 어떤 특정 문제에 부닥칠 때마다 쉽게 하게 되는

자신의 잘못을 진정으로 인정하는 사람은 거의 없다

1931년 5월 7일, 뉴욕에서 엄청난 범죄자 추적전이 펼쳐지고 있었다. 경찰관에게 수십 발의 총탄을 퍼부은 '쌍권총 크롤리 Two-Gun Crowley'라고 불리는 무장 강도가 뭇 주인의 수색 끝에 누워 한 아파트에서 포위된 상태였다. 경찰들이 그 아파트를 에워쌌고, 주변 건물에는 기관총을 설치하고, 딱따기 총이 민 그 집의 지붕에 구멍을 내어 최루가스를 투입했다. 크롤리는 소파 뒤에 몸을 숨기고 경찰을 향해 총을 쏘아 댔다. 이 참인간쓰는 체포되었고 '사람을 교총 죽이듯 죽이는 누요 역사상 가장 위험한 범죄자로 꼽혔다.

그런데 '쌍권총 크롤리' 자신은 스스로에 대해 어떤 평가를 내리고 있었을까? 그는 아파트에 총알이 쏟아지던 외중에도 편지를 쓰고 있었다. "나에게 피곤하고 지쳤지만 따뜻한 심장이 있다. 어떤 사람에게 털끝만큼도 해를 끼치지 않으려 하는 심장이다"라고.

교도소 사형장에서 그는 담담히 말했다. "나 자신을 지키려 했을 뿐인데 이렇게 되고야 말았군."

이 극악무도한 살인마는 자신의 저지른 어떤 잘못도 자책하지 않았다. 크롤리의 태도는 매우 특이한 사례일까?

시카고를 중심으로 위험였던 전설의 갱단 두목 알 카포네도 자신에게 죄가 있었다는 생각을 하지 않았다. 자신은 오히려 해를 베풀었다고 생각했고 사람들이 자신을 오해한다고 속상해했다. "저는 사람들에게 즐거움을 주는데 인생을 바쳤어요. 그렇지만 그 대가로 받은 것은 비난뿐일 뿐이었습니다."

뉴욕에서 가장 악명 높은 성성 교도소의 소장, 로즈는 말했다. "범죄자들이 자신을 나쁜 사람이라 생각하는 경우는 거의 없어요. 자신은 평범한 사람이라고 합리화하고 변명한다. 강도짓 하고 총질을 수밖에 없었던 이유를 찾고 정당성을 가지려 하죠."

누군가를 비난하는 것은
완전히 바보짓이다

"남을 구짖는 것은 바보짓이라는 것을 이미 나는 30년 전에 깨달았다. 나의 한계를 극복하기 위해 노력하느라 하느님이 모든 사람에게 지능을 공평하게 나눠주시지 않았다는 것을 불평할 시간이 없었다."

백화점을 처음 세웠던 존 워너메이커John Wanamaker가 한 말이다.

사람들은 아무리 큰 잘못을 저질러도 스스로를 비판하지 않느냐는 사실을 워너메이커는 일찍 깨달았다.

비난하는 것은 쓸모가 없다. 비난하는 사람을 방어적으로 만들고 그들이 정당화하도록 만들 뿐이다. 비난은 위험하다. 사람들의 자부심에 상처 입히고 자존감을 다치게 하여 분노하게 만든다. 사람들은 인정을 갈구하는 만큼 비난을 두려워한다. 비난을 받게 되고 그 원인은 고쳐지지도 않으면서, 비난을 받은 당사자는 억울한 심정에 빠지게 되는 것이다. 당신이 원하는 것이 담콤한 뿐이지만, 벌에 쏘이고 싶이고 싶지는 않을 것이다.

비난의 화살은
결국 나를 향해 돌아온다

'티포트 돔 유전 스캔들'은 한때 미국 물의를 한 비리사건이었다. 앨버트 폴Albert Fall 내무장관은 티포트 돔 등에 있는 정부 관할 유전의 임대업체를 결정할 때 경쟁 입찰을 하지 않고 자신의 친구에게 넘겨주었다. 그 친구에게서 크고 많은 대출이라는 막대한 은혜를 받았다. 나중에 이 스캔들은 미국 행정부를 마비시켰고, 국민들의 원성을 샀다. 결국 폴 장관은 감옥에 갔는데, 그는 자신의 잘못을 뉘우쳤을까? 나중에 당시 대통령이면 하딩대통령Warren G. Harding은 폴의 배신에서 온 괴로움 때문에 사망에 이르렀다는 이야기까지 나왔다.

폴의 아내는 그 말을 듣고 소리쳤다. "폴이 하딩대통령을 배신했다고? 아니야. 내 남편은 누구도 배신한 적이 없고 오히려 배신당했을 뿐이야"라고.

인간의 본성은 그러하다. 잘못을 저지른 사람은 자신이 아닌

다른 모든 사람을 비난한다. 그리나 당신이 다른 어떤 사람을 비난하고도 마음이 느낀다면, 생각중 강도를 그들의, 비리 장관 앨버트 폴을 기억하기를 바란다.

비난이란 아주 먼 곳까지 발에 묶은 편지를 전하던 비둘기와 같아서 그것은 언제나 자신의 집으로 되돌아온다, 당신이 누군가를 비난하면 결국 그 비난은 당신을 향해 날아온다. 당신이 비난한 사람은 아마 그 자신을 정당화할 뿐만 아니라 당신을 비난할 것이다.

비판을 받지 않으려면
비판을 하지 말라

1865년 4월 15일 아침, 에이브러햄 링컨(Abraham Lincoln)은 한 싸구려 숙소에서 죽어가고 있었다. 길 건너편 극장에서 맞은 편 상대였다. 그런 링컨을 바라보며 에드윈 M. 스탠턴(Edwin M. Stanton) 장관은 말했다. "역사상 가장 완벽하게 사람을 다루었던 위인이

여기 누워 있다"라고.

나는 링컨이 사람을 다루었던 방식에 대해 연구했다. 링컨도 타인에 대한 비판을 했을까? 물론이다. 링컨은 사람들을 비판하고 조롱하는 상대에게 적개심을 불러일으키기도 했다. 그러다가 딱 막 번 좀 지나친 사건이 있었다. 그는 제임스 쉴즈라는 한 호전적인 정치인을 조롱하는 내용이 익명편지를 써서 잡지에 기고했고, 결국 그 편지의 주인을 알아낸 상대로부터 결투 신청을 받았다. 링컨은 이 일로 결투를 배워야 했고, 결투를 듣고 모래밭에서 상대와 마주해야 했다. 이 목숨을 건 결투는 주변인들의 만류로 중단되었지만, 링컨은 이 일로 인간

관계에 대한 중요한 교훈을 얻었다. 다시는 다른 사람을 조롱하지 않은 것은 물론이고, 그때부터 어떤 일이 생겨도 절대로 상대를 비난하지 않았다.

남북전쟁 중 링컨이 임명하는 장군마다 치명적인 실수를 저질러 크게 실망했고 안절부절 못하며 지내야 했을 때도 마음의 평정을 유지하도록 노력했다. 그는 "비판을 받지 않으려면 비판하지 말라"라는 말을 좋아했다.

다른 사람들이 남부지방 사람들에 대해 심한 말을 할 때면 링컨은 이렇게 말했다. "그들을 비난하지 말아요. 같은 입장이었다면 우리도 그랬을 것이요."

자신이 완벽해지고 나서
다른 사람을 비난하든지 하라

시어도어 루스벨트Theodore Roosevelt 대통령은 복잡한 문제에 직면할 때마다 집무실 책상 위에 걸려있던 링컨의 초상화를 올려다보며 스스로에게 말했다. "링컨이 지금 내 입장이었다면 어떻게 했을까? 링컨은 이 문제를 어떻게 풀었을까?"

만약 남을 비난하고 싶은 마음이 생긴다면 주머니에서 5달러짜리 지폐를 꺼내 링컨의 얼굴을 들여다보면서 "만약 링컨이었다면 이 문제를 어떻게 다루었을까?"

바꾸고 싶은 사람이 있는가? 물론 그럴 수 있다. 그렇다면 먼저 자신부터 그렇게 바꾸어 보는 게 어떨까? 완전히 이기적인 관점에서 생각해도 자신을 바꾸는 것이 다른 사람의 약점을 고치려고 애쓰는 것보다 훨씬 더 이롭다.

시인 로버트 브라우닝Robert Browning은 말했다. "가치 있는 사람

은 먼저 자신과 싸운다."

자신을 완벽하게 만들려면 많은 시간이 걸릴 것이다. 하지만 이웃의 지붕에 쌓인 눈을 탓하기 전에 내 집 앞을 치우라.

모든 것을 알게 되면
어떤 것도 용서할 수 있다

사람은 논리적인 동물이 아니라는 점을 명심해야 한다. 사람들은 편견으로 가득 차고, 자존심과 허영심에 휘둘리는 감정적인 동물이다. 그래서 비판은 위험한 불꽃이 되어 자존심을 폭발시키고, 심지어 죽음에 이르게도 한다.

레너드 우드Lenard Wood 장군은 프랑스군의 출정을 허가받지 못해 자존심에 극도로 상해 얼마 못 가서 죽었다. 토머스 하디Thomas Hardy는 영문학계에서 최고의 소설가 중 한 명이었으나 심각한 비판을 받고는 펜을 꺾었다. 영국의 시인 토머스 채터턴Thomas Chatterton은 비판을 견디지 못해 스스로 목숨을 끊었다.

벤저민 프랭클린Benjamin Franklin은 젊은 날에 눈치가 없었다. 그러나 경륜이 쌓일수록 요령이 생겼고 나중에는 사람들을 상대를 잘해서 주 프랑스 미국 대사에 임명되었다. 성공비결에 대한 질문에 답했다. "저는 그 누구도 험담하지 않습니다.

그리고 모든 사람들을 좋게 이야기합니다."

잘못을 지적하고 비난하고 불만을 표시하는 것은 누구나 할 수 있다. 바보라도 그건 할 수 있다. 아니, 바보들이 그렇게 한다. 하지만 훌륭한 인품과 자제력을 가진 사람들은 다른 사람을 이해하고 용서한다. 칼라일Thomas Carlyle은 말했다. "위한 사람들을 어떻게 다루는지를 보면 그 사람이 훌륭한지 아닌지 알 수 있다."

비난하는 대신 이해하려고 노력하자. 왜 그들이 그런 일을 했는지 이해해 보라. 비판보다 이해하는 것이 도움이 되고 즐겁다. "모든 것을 알게 되면 어떤 것도 용서할 수 있다."

영국의 대문호 새뮤얼 존슨Samuel Johnson은 다음과 같이 말했다. "하느님도 심판의 날이 되기 전까지는 인간을 심판하지 않겠다고 하셨다." 그런데 어떻게 우리가 감히 누군가를 심판하겠는가?

사람을 상대하는 기본적인 방법 1:

비판하거나
비난하거나
불평을 늘어놓지 마라.

꿀을 얻고 싶다면 벌통을 걷어차지 마라

모든 사람은 중요한 사람이 되고 싶은 욕망이 있다

이 세상에는 다른 사람이 무엇을 하도록 만들 수 있는 방법이 단 한 가지밖에 없다. 그 방법이 무엇인지 생각해 본 적이 있는가? 그것은 그 사람이 그것을 하고 싶도록 만드는 것이다. 다른 방법은 없다.

다른 사람의 얼굴이 권총을 제 려면서 손목시계를 내놓도록 할 수도 있다. 직원들에게 해고하겠다고 협박하면서 일하게 할 수도 있다. 폭력을 써서 원하는 일을 시킬 수도 있었다. 그렇지만 그것은 당신이 돌아서는 순간까지다. 이런 방법들은 원하지 않는 결과를 낳을 뿐이다.

다른 사람으로 하여금 무엇을 하도록 만드는 유일한 방법은 그가 원하는 것을 주는 것이다. 그는 무엇을 원하는가?

위대한 심리학자 지그문트 프로이트Sigmund Freud는 사람들이 어

떤 행동을 하는 동기는 두 가지라고 했다. 하나는 성적 충동이고, 다른 하나는 '위대한 사람이 되고 싶은 욕망'이라고. 철학자 존 듀이John Dewey는 표현을 다르게 했을 뿐인데, 중요한 사람이 되고 싶은 욕망이라고 했다.

이것을 잘 기억해 두라. '위대한 사람, 중요한 사람이 되고 싶은 욕망'이 상대에게는 가장 중요한 가치라는 것을

자신이 중요한 사람이라는 느낌은
상대에 의해 충족된다

사람들이 무엇을 원할 것인가? 사실 사람들은 그 많은 것을 원하지는 않는다. 대부분의 사람들이 원하는 것은 몇 가지에 불과하며 그것은 다음과 같다.

1. 건강하게 오래 사는 것
2. 음식
3. 잠
4. 돈이나 돈으로 살 수 있는 것
5. 죽음 이후의 세계
6. 성적인 만족
7. 자녀의 건강과 행복
8. 자신이 중요한 사람이라는 느낌

이 중에 거의 가지는 스스로 충족해야 하지만, 상대에 의해 충족될 수 있는 것이 8번이다. 바로 프로이트가 말했던 '위대한 사

람이 되고 싶은 욕망'이며, 듄 듀이가 말했던 '중요한 사람이 되고 싶은 욕망'이다.

중요한 사람이 되고픈 욕망이 사람과 동물을 구분시킨다

링컨이 쓴 한 편지에는 다음과 같은 말이 있다. "모든 사람은 칭찬을 좋아합니다." 윌리엄 제임스는 이렇게 말했다. "인간 본성의 가장 깊은 곳에는 인정받고 싶은 갈망이 있다." 이런 열망은 변함이 없고 줄어들지 않는다. 사람들이 이런 마음속 갈망을 잘 해결할 줄 아는 소수의 사람들은 상대를 자신의 마음대로 다룰 수 있다.

자신이 중요한 사람이라는 느낌을 갖고 있는 사람의 욕망은 인간과 동물을 구분 짓는 중요한 차이다. 예를 들어 보겠다.

농장 일을 하던 나의 아버지는 어떤 품종의 돼지와 혈통이 있는 하얀 머리 소들을 키우셨는데 우리 가족은 미국 중서부 일대를 돌아다니며 돼지와 소를 시골 장터나 가축 품평회에 내놓았고 상을 받은 적이 있었다. 아버지는 파란 리본으로 된 상을 하얀 천에 붙여 놓고 집에 방문객이 올 때마다 꺼내서 보여주셨다. 아버지가 한쪽 끝을 잡고 내가 다른 끝을 잡고 서서

그것을 잘 보이게 했다. 돼지들은 자신이 받아온 이 상에 무슨 관심이 있겠는가. 아버지는 이 블루리본 상으로 자신이 중요한 사람이라는 느낌을 확실히 가지게 된 것이다.

우리의 조상들이 자신의 소중한 사람이라는 느낌을 갖고 싶은 욕망을 가졌기에 인류 문명이 생겨난 것이다. 이런 욕망이 없다면 인간은 다른 동물과 다를 바도 없을 것이다.

중요한 사람이 되고 싶어서 편견은 대통령이 되었다

중요한 사람이 되고 싶은 욕망 때문에, 가난한 시골점 직원은 50센트짜리 중고 법학 서적을 구해 공부했다. 그는 바로 링컨이다.

중요한 사람이 되고 싶은 욕망 때문에 찰스 다킨스Charles John Huffam Dickens는 인류 역사에 길이 빛나는 소설들을 썼고, 이 욕망 때문에 크리스토퍼 렌Sir Cristopher Wren은 돌로 만든 예술적인 건물을 설계했다.

사람들은 중요한 사람이 되고 싶은 욕망 때문에 멋진 집에서 살고, 최신 유행의 옷을 입고, 좋은 차를 타고 자녀들의 천재성에 대해 자랑한다.

사람의 마음을 움직이는 비결

사람들을 중요한 사람이라는 느낌을 받기 위해 노력한다

당신이 어떤 때 소중한 사람이라는 느낌을 받는지 알면 준다면, 나는 당신이 어떤 사람인지 말해 줄 수 있다. 그것이 당신의 성격을 드러내기 때문이다. 그것은 가장 중요한 것이다.

존 D. 록펠러Lewis John Davison Rockefeller는 중국에 돈을 기부해서 자신이 한 번도 본 적이 없는 사람들을 위한 병원을 세우고 나서 자신이 중요한 사람이 된 느낌을 받았다. 그런데 린린저라는 범죄자는 강도, 살인과 같은 범죄를 저지르면서 자신이 중요한 사람이라는 느낌을 받았다. FBI 요원들이 그를 추적하자 그는 한 농가로 뛰어 들어가서 "내가 바로 딜린저다!"라고 외쳤다. 그는 자신이 가장 주목받는 공공의 적이라는 사실에 자부심을 가졌다.

강도인 딜린저와 자선사업가 록펠러의 중요한 차이는 그들이 중요한 사람이라는 느낌을 받는 방법이 달랐다는 것이다.

역사는 자신이 중요한 사람이라는 느낌을 받기 위해 고군분투했던 유명인들의 사례들을 보여주고 있다. 심지어 조지 워싱턴조차도 사람들이 '미국의 대통령 각하'라고 불러주는 것을 좋아했고, 콜럼버스는 '해군 제독이자 인도의 총독'이라는 칭호를 부여받기를 원했다. 러시아 제국의 황후이자 예제였던 예카테리나 2세는 '여왕폐하께'라고 적혀있는 편지 봉투만 열어보았다.

미국의 백만장자들이 비드 제독이 1928년 남극탐험대를 물질적으로 지원했는데, 그 이유는 바로 남극의 얼음산에 자기들의 이름을 갖다 붙이고 싶은 열망 때문이었다. 심지어 빅토르 위고Victor-Marie Hugo는 파리라는 도시의 이름을 자기 이름으로 바꾸고 싶어 했다.

상대를 진심으로 인정해 주면 기적도 만들어진다

힘든 세상을 살면서 자신이 중요한 사람이라는 느낌을 받지 못하면, 꿈의 세계에서나마 찾기 위해서 실제로 미쳐버리는 경우까지 있다. 정신이상을 하는 사람들 절반의 조직자로 아무런 이상이 보이지 않는다고 한다. 일반인들의 뇌세포만큼이나 건강하다. 그런데 왜 이들은 미쳤다고 판명되었을까? 가장 저명한 정신병원의 원장은 솔직히 왜 사람들이 미쳐 가는지 모르겠다고 고백했다. 어느 누구도 왜 사람들이 미쳐 가는 줄은 모른다. 하지만 그는 많은 이들이 정신 이상 상태에서는 현실에서 받을 수 없는 자신이 중요한 사람이라는 느낌을 받게 된다고 했다.

집단적으로 볼 때 제정신이 아닌 사람들은 제정신인 사람보다 더 행복하다. 제정신이 아닌 생활을 즐기는 사람들도 많다. 그러면 안 될 이유라도 있는가? 그들은 사실 자기 문제를 해결한 것일 수도 있다. 엄청난 금액의 수표를 쉽게 발행하고 자기가 만든 꿈의 세계에서 자신의 정말 소중한 사람이 되었음을 느낀다.

사람들이 이렇게 중요한 사람이라는 느낌을 갈망하는데, 그들을 진심으로 중요하게 인정해 주면 어떤 기적이 일어날까?

사람을 다루는 능력이
최고의 연봉을 가져다준다

앤드류 카네기Andrew Carnegie는 슈와브에게 연봉으로 백만 달러를 주었다. 이 글을 쓰는 현재까지 역사상 백만 달러의 연봉을 받은 사람은 찰스 슈와브Charles Michael Schwab와 월터 크라이슬러Walter Percy Chrysler, 딱 두 사람뿐이다. 왜 그렇게 큰돈을 주었을까? 슈와브가 천재였기 때문에? 슈와브가 철강 제조에 관한 지식이 엄청나게 많았기 때문에? 그렇지 않다.

슈와브는 자신이 그렇게 많은 돈을 받는 이유는 사람을 다루는 능력 때문이라고 말했다.

그 비결은 다음과 같다.

"내가 가진 최고의 능력은 부하 직원들에게 열의를 불러일으키는 능력이다. 그것은 인정과 격려이다. 나는 누구도 비판하지 않는다. 그저 일하고 싶은 동기를 부여한다. 진심으로 칭찬하며 칭찬을 아끼지 않는다."

상대를 인정하고 칭찬하면
많은 것을 이룬다

슈와브의 딸이 보통사람들은 정반대로 한다. 마음에 들지 않으면 이행사람을 힐난하고, 마음에 들면 소리도 안 한다. 슈와브는 자신이 칭찬이 하게 된 이유를 말했다. "나는 세상 여기저기에서 많은 위인들을 만났다. 지위가 높은 사람은 비판받는 인정 칭찬을 가지고 훌륭하게 일을 해내고, 노력도 쏟아붓는 사람들이었다."

슈와브는 앤드루 카네기가 대단한 성공을 거둔 가장 큰 비결이 바로 그것이라고 말했다. 카네기는 동료들에 대해 사적인 자리든 공적인 자리든 칭찬을 했다. 카네기는 자신의 묘비에도 자신을 도왔던 사람들을 칭찬하는 말을 썼다. 스스로 세운은 묘비명은 다음과 같다. "여기에 자신보다 훌륭했던 사람들과 잘 지내는 방법을 알고 있던 사람이 있다."

특별란 또한 다른 사람들을 잘 다룬 비결이 바로 진심에서 나

은 인정이었다. 파트너인 에드워드 베드포드(Edward T. Bedford)가 구매를 잘못하여 백만 달러 이상을 날렸을 때 록펠러가 미너를 하는 것은 당연했지만, 이미 있은 자본라친 상태였고 그도 일게 하지 않았다. 그 대신 록펠러는 칭찬거리를 찾았다. 그도 베드포드가 이미 백만 달러를 날렸지만 투자 금액의 60%는 아직 지키고 있음을 축하해 주었다.

평범한 여성도 스타로 바꾸는 탁월한 능력으로 브로드웨이 훈련였던 사업가 플로렌스 지그펠드(Florenz Ziegfeld)는 인정의 가치를 확실히 알고 있었다. 그는 에일을 갖추고 배경의 힘으로 여성들이 스스로 아름답다고 느끼도록 만들어서 스타가 되도록 했다. 무지렁이 첫 공연이 올려진 날 밤 모든 배우에게 축전과 장미꽃다발을 보내 칭찬하고 배우들이 스스로를 인정하게 했다.

아첨이 아니라
마음에서 우러나오는 인정을 하라

부모는 자녀에게, 화자는 식원들에게 육체를 위한 영양분을 제공해 주지만 자존심에 자양분을 공급하는 경우는 드물다. 기껏 속에 오랫동안 자리 잡고 멜로디처럼 울려 퍼져 진정한 인정의 칭찬을 하지 않는다.

어떤 독자들은 이런 말을 할지도 모른다. "이런 케케묵은 소리를 하다니, 아부나 떨란 말인가. 그런 건 소용이 없어. 똑똑한 사람들은 듣기 좋은 소리가 안 통한다고!" 물론 현명한 사람들에게 아첨은 효과가 없을 것이다. 아첨은 천박하고 정직하지 못한 것이다. 아첨을 하는 것은 인간관계에서 실패하게 한다. 그러나 워낙 인정받지 못해 와서 인정에 굶주린 사람이 많은 것도 사실이다. 결국 아첨은 좋은 결과보다 나쁜 결과를 낳게된다. 아첨은 위조지폐와 같기 때문이다.

그렇다면 인정과 아첨의 차이는 무엇일까? 인정은 진심이 담긴 것이고 아첨은 진심이 없는 것이다. 인정은 마음에서 우러나오고 아첨은 입술 끝에서 흘러나올 뿐이다. 인정은 이기적이지 않고 아첨은 이기적이며, 인정은 모든 사람들이 칭찬하는 것이고 아첨은 모든 사람들이 비난하는 것이다.

당신에게 아첨하는 사람들을 경계하라

멕시코의 영웅 알베르토 오브레곤 살리도 대통령의 동상 아래에는 그의 인생관을 보여주는 명언이 새겨져 있다. "당신을 공격하는 적들을 두려워 말라. 당신에게 아첨하는 친구들을 두려워하라."

내가 상대를 칭찬하라고 하는 것은 결코 아첨하라는 소리가 아니다. 내가 말하려는 것은 새로운 삶의 방식이다.

영국 왕 조지 5세는 서재의 벽에 6개의 격언을 붙여놨는데 그중 하나가 "싸구려 칭찬을 하지도 받지도 않도록 인도하소서"이다. 싸구려 칭찬, 그것이 바로 아첨이다.

진심 어린 칭찬을 한 사람은
오랫동안 기억된다

미국의 철학자 랠프 월도 에머슨은 말했다. "어떤 언어를 사용하더라도, 당신의 많은 당신이 어떤 사람인지 드러내기 마련이다. 이점만으로 가늠한 게 있다면 사람들은 다 인간관계 전문가가 되어 있을 것이다."

특정한 어떤 문제에 빠져 있는 경우가 아닐 때는 당신은 대체로 대부분의 시간을 자신에 대해 생각할 것이다. 잠시 그 생각을 멈추고 다른 사람들의 장점에 대해 생각하는 시간을 가진다면, 씨구려에 불과해서 거짓임이 금방 드러나는 아첨에 의지할 필요가 없다.

에머슨은 "내가 만나는 모든 사람은 어떤 면에서는 나보다 나은 사람들이다. 나는 그들에게서 배울 것이 분명히 있다."에머슨처럼 위대한 철학자도 이렇게 말할 정도라면 우리 같은 평범한 사람에게는 더욱 맞는 말일 것이다.

당신의 문제나 욕구에 대해 생각하는 걸 잠시 멈추고 다른 사람의 장점을 헤아려보는 노력을 해보자. 다른 사람들에 대해 아첨이 아니라 정직하고 진심에서 우러나오는 인정을 하기로 결심하자. 솔직하게 진심으로 인정하면 칭찬이 나오게 되어있다. 그렇게 하면 다른 사람들은 당신의 말을 소중하게 반아들이고, 어쩌면 평생 동안 그 말을 보물처럼 아끼고 되새길 것이다. 당신이 한 말을 당신은 잊어버려도 그들은 오랫동안 잊지 않고 되새길 것이다.

진심을 다해
솔직하게
인정하고 칭찬하라.

그림 없은 딸기를
물고기 미끼로 쓸 수는 없다

나는 여름이면 메인주로 자주 낚시를 하러 간다. 나는 그림을 없은 딸기를 좋아하지만, 물고기도 그럴까? 물고기들은 지렁이를 좋아하고 내가 그 이유를 알 수는 없다. 낚시를 할 때는 내가 좋아하는 미끼를 생각하지 않는다. 물고기를 잡기 위해 물고기가 좋아하는 것을 생각한다. 낚시 바늘에 그림을 없은 딸기를 끼우는 대신, 지렁이나 메뚜기를 끼워 물고기를 유인한다. 이 단순한 원리는 사람을 끌어당길 때도 마찬가지이지 않겠는가?

영국의 총리였던 로이드 조지(David Lloyd George)가 사람을 상대할 때 썼던 방법도 이것이었다. 누군가 그에게 유명한 전쟁지도자 때 썼던 방법도 이것이었다. 누군가 그에게 이렇게 당신은 계속 권력을 유지할 수 있느냐고 물었다. 로이드 조지는 자신이 최고 자리에 오래 머물 수 있는 단 한 가지의 이유를 말했다. 물고기에 맞는 미끼를 쓸 필요가 있다는 사실을 자신은 잘 알고 있었기 때문이라고.

사람들은 왜 늘 자신이 원하는 것에 대해서만 이야기를 하는가? 얼마나 유치하고 명청한 일인지 모른다. 자신이 원하는 것에 항상 관심이 많은 것은 당연하다. 하지만 다른 사람도 마찬가지다. 그 누구도 당신이 원하는 일에는 관심이 없다.

세상에서 다른 사람에게 영향을 미칠 수 있는 유일한 방법은 상대가 원하는 것에 대해 이야기하고, 어떻게 하면 그가 원하는 것을 얻을 수 있는지 보여주는 방법뿐이다.

상대에게 일을 시키고 싶을 때는 그가 원하도록 만들라

다른 사람에게 어떤 일을 하도록 만들고 싶을 때는 이것을 반드시 기억하라. 예를 들어 아들이 담배를 끊기를 원한다면 아들에게 잔소리를 늘어놓으며 당신 원하는 바를 강조하지 마라. 그 대신 담배를 피우면 아이가 들어가고 싶어 하는 야구팀에 선발되기가 불가능하며, 단지 백 미터 달리기에서 조차 이길 수도 없는 사실을 말해야 한다.

이이뿐만 아니다. 심지어 동물을 다룰 때에도 마찬가지다. 어느 날 랠프 왈도 에머슨은 그의 아들과 송아지를 축사에 집어넣으려고 애썼다. 흔한 일이지만 이들은 자신들이 원하는 것만 생각하는 실수를 저질렀다. 아버지는 밀고 아들은 앞에서 끌어당기고 있었다. 송아지도 자신이 원하는 대로 행동하는 것은 마찬가지였다. 힘주어 네 발로 버티며 풀밭에서 벗어나지 않으려고 버티고 있었다. 이를 한 아일랜드 출신 하녀가 보게 되었다. 그녀는 물론

에머슨처럼 학식이 뛰어난 사람도 아니었고 당연히 세계적인 철학자도 아니었다. 그렇지만 이런 경우에서는 에머슨 부자보다 훨씬 뛰어난 능력을 가지고 있었다. 그녀는 인간의 상식이 아닌 송아지의 상식을 생각한 것이다. 그녀는 송아지가 원하는 것을 생각해 보았다. 그리고 송아지 입에 손가락을 넣고 송아지가 그것을 빠는 동안 함께 축사로 송아지를 끌고 갔다. 송아지가 원하는 것을 하게 한 것이다.

누구나 자신이 원하는 것을
하고 싶어 한다

당신이 이 세상에 태어난 이후로 행한 모든 행동은 당신이 무엇을 원했기 때문에 그런 행동을 한 것이다. 왜냐고 있다고?

그렇지 않다. 예를 들어 자선단체에 기부한 일을 생각해 보자. 그 일도 예외가 아니다. 당신이 기부금을 낸 이유는 당신이 누군가를 돕고 싶었기 때문이다. 아름답고, 타인을 생각하는 선한 행동도 당신이 그것을 원했기 때문에 한 것이다. 만약 그런 고귀한 느낌 보다 그 돈이 더 간절했다면 기부를 하지 않았을 것이다. 물론 기부를 거절하는 것은 창피한 일이 때문에 어쩔 수 없이 했을 수도 있다. 그러나 확실한 것은 창피하고 싶지 않았다는 것도 당신이 원했기 때문이다.

우리는 원하기 때문에 그 일을 하게 된다. 그러나 상대가 그것을 원하게 해야 한다.

성공의 비결은 타인의 관점에서 사물을 보는 능력이다

해리 A 오버스트릿Harry A. Overstreet 교수는 말했다. "행동은 우리가 마음속으로 요망하는 것에서부터 뒤어나오게 된다. 누군가를 설득하고 싶은 사람은 먼저 상대방에게 강렬한 욕구를 불러일으켜야 한다. 이것을 할 수 있는 사람은 세상을 얻을 것이다. 그렇지 못하면 혼자가 될 것이다."

너무나 가난했던 앤드류 카네기는 처음 일을 시작할 때는 시간당 2센트를 받았지만, 결국은 3억 6천5백만 달러를 기부할 수 있게 되었다. 그가 나무랐던 것은 다른 사람들에게 영향을 미치기 위해서는 상대가 원하는 것을 고려해서 이야기하는 방법뿐이라는 것을 일찍 깨달은 것이다.

카네기 아내의 여동생은 먼 곳의 대학에 다니는 아들들에게 편지를 보내도 답장이 오지 않아 걱정이 많았는데, 카네기에게 그 걱정을 한 번에 해결했다. 카네기가 직접 안부 편지를 쓰고

축신에 각각 용돈을 보낸다고 썼고, 돈을 동봉하지 않았다. 두 조카들은 다정한 답장을 바로 보내왔는데 돈이 동봉되지 않았음을 궁금해 한 것은 말이었다.

다른 사람을 설득해 어떤 일을 시켜야 할 때 잠깐만 멈추고 생각해 보라. "그 사람이 이 일을 하고 싶어지게 하려면 어떻게 해야 할까?" 무모하게 덤벼들지 말고, 이런 지문을 꼭 해보기 바란다.

인간관계도 예술이며 그에 관한 가장 멋진 충고 중 하나는 헨리 포드의 말이다. "성공의 비결이란 자신의 관점뿐만 아니라 다른 사람의 관점으로도 사물을 보는 능력이다." 너무나 쉽고 분명한 진리여서 누구나 이 말의 의미를 알 수 있겠지만 대부분은 이 진실을 외면하며 살고 있다.

타인의 관점에서 생각하는 사람은 원하는 바를 얻는다

세상의 수많은 영업사원들은 지치고, 힘들어하며 오늘도 영업을 열심히 하고 있다. 그런데 왜 지치고 실망하고 매출을 못 올리고 있을까? 그들은 늘 자신이 원하는 것들을 생각하기 때문이다. 영업사원들은 사람들이 아무것도 사고 싶어 하지 않는다는 기본적인 사실을 모르고 있다.

만약 누군가 어떤 물건을 사야겠다고 생각한다면, 그냥 바로 그 물건을 살 것이다. 하지만 사람들은 자신에게 닥친 문제를 해결하는 데 몰두하고 있다. 어떤 영업사원의 서비스나 상품이 자신의 문제를 해결하는 데 도움이 된다는 생각이 들면 바로 그것을 살 것이다. 영업사원이 그것을 팔려고 굳이 노력할 필요도 없을 것이다. 사람들이 알아서 먼저 살 테니까. 고객들이 억지로 강매당한 것이 아니라 스스로 선택해서 구매했다는 느낌을 좋아하는 것은 당연하다.

그러나 많은 영업사원들은 평생 고객의 관점에서 상황을 보려 하지도 않고 오로지 파는 데만 관심이 있다. 영업사원들만 그림을 그리고 있을까? 다른 직업을 가진 사람들도 마찬가지다. 세상은 그런 사람들로 가득 차 있다. 자신의 관심사에만 집중하다 보니 자신의 이익만을 추구하게 되고 다른 사람에게 봉사하지 않으려 한다.

사업가이자 변호사였던 오웬 D. 영Owen D. Young은 이렇게 말했다.

"다른 사람의 처지에서 생각하는 사람, 다른 사람이 어떻게 생각하고 있는지를 이해하고 있는 사람은 자신의 미래에 대해 굳이 걱정할 필요가 전혀 없다."

타인의 관점에서 사물을 보는 눈이
핵심 경쟁력이다

나는 당신이 이 책을 읽어서 얻을 수 있는 한 가지를 말한다면, 늘 다른 사람의 관점에서 생각하려 하고, 다른 사람의 관점에서 사물을 보는 경향을 가질 수 있다는 것이다. 이 책에서 이 한 가지만 얻을 수 있어도 당신은 앞으로의 인생에서 핵심 경쟁력을 갖게 되는 것이다.

예전에 '훈과적인 대화'라는 주제의 강연을 했는데 한 명이 다른 사람들에게 권이 농구를 하자고 제안하는 상황에서 어떻게 하는지 보았다. "저는 농구를 좋아해요, 하지만 체육관에서 인원이 모자란 농구 게임을 못했어요, 저는 농구를 하고 싶으니 여러분들이 체육관에 와주길 바랍니다." 그는 한 마디도 다른 사람이 원하는 것을 말하지 않았다. 농구시합을 하면서 다른 사람들이 원하는 것을 채울 수 있음을 말해야 한다.

"여기 체육관은 사정이 너무 좋아요, 농구 게임을 하면 땀이가

밝아지고, 살도 빠지고, 건강해지고, 친구도 많이 사귈 수 있고, 특히 너무너무 재미있어요" 라고 말하면 사람이 쉽게 모일 것이다.

다른 사람에게
강렬한 욕구를 불러일으켜라

잘 먹지 않아서 체중이 표준에 비해 많이 모자란 세 살배기 어린 아들 때문에 고민하는 엄마가 있었다. 그녀는 아이에게 잔소리를 늘어놓았다. "엄마는 네가 이것과 이것을 먹기를 바라." "네가 잘 먹고 쑥 자랐으면 좋겠어." 아이는 엄마의 간청에 전혀 관심을 보이지 않았다. 그녀는 내 프로그램을 수강하고 마침내 아이에게 어떻게 해야 하는지 깨달았다. 아들이 원하는 것이 무엇인지, 자신의 이 바람과 아이가 원하는 것을 결합할 수 있는 방법이 무엇인지.

그 아이는 세발자전거를 타고 골목에서 노는 것을 좋아했지만, 이웃의 힘센 꼬마가 와서 자전거를 빼앗아 타고 가버리는 일이 자주 있었다. 그때마다 아이는 울면서 엄마에게 달려왔는데, 그 런 일이 계속되었다. 밤을 많이 먹고 힘이 세지면 그 힘센 꼬마가 너를 함부로 하지 못할 것이며, 자전거를 빼앗아 타는 것은 상상 도 못 할 일이라고 해주니 음식 문제가 해결되었다. 아이는 그 꼬 막대장을 해치우기 위해 무엇이든 먹으려고 노력했다.

아침식사를 하지 않으려는 어린 딸을 키우던 부모도 딸의 관 심 아들 때문에 고민하는 엄마가 있었다. 많이 엄마 흉내 내기를 좋아 한다는 생각이 났다. 그래서 아침식사는 이제 요리를 결정하는 딸이 만들어 주는 것을 맡겼다고 말했다. 오늘 아침은 시리얼 이라고 메뉴를 정하고 만들던 많은 아침식사를 두 그릇이나 즐겁게 했다.

아이들뿐만이 아니다. 정치가 윌리엄 윈터William Winter는 "자기표 현은 인간 본성 중에서도 지배적인 욕구이다. 우리는 일에서 왜 이런 심리를 잘 활용하지 못하는가? 어떤 아이디어를 가지 고 있을 때 다른 사람으로 하여금 그 아이디어를 요리하고 마 음대로 주물러 보도록 만들어라. 그는 그 아이디어를 자기 것 이라고 생각하고, 그것을 몇 그릇이나 먹으려 할 것이다."

사람을 상대하는 기본적인 방법 3;

다른 사람에게
강렬한 욕구를
불러일으켜라.

사람을 상대하는
기본적인 방법 3가지;

1. 비판하거나 비난하거나
   불평을 늘어놓지 마라.

2. 진심을 다해
   솔직하게 인정하고 칭찬하라.

3. 다른 사람에게
   강렬한 욕구를 불러일으키라.

다른 사람에게
진심으로 관심을 가지고 표현하라

친구를 맺기 위해 왜 이런 책을 보고 있단 말인가? 친구를 걸 사귀는 이들의 비결을 연구해 보고 따라 하는 게 낫지 않을까? 그가 누군가? 아마 가까이 다가가면 그가 벌써 꼬리를 흔들고 있을 것이다. 쓰다듬어주면 팔짝팔짝 뛰면서 자기가 당신을 얼마나 좋아하는지 온몸으로 표현할 것이다. 물론 그 속에는 어떤 다른 목적이 있는 것은 당신도 잘 알 것이다. 그는 당신에게 부동산을 팔려고 하지 않으며 당신과 결혼하고 싶어 하지도 않는다. 그는 바로 개다.

을 멀리서 보면 손생같이 연락을 울라 껑충껑충 반가워하며 기쁨이 넘치는 소리를 질러 대었다. 티끌는 심리학체를 알지 않았지만 죽복받은 본능으로 알게 해 주었다. 다른 사람에게 진한 관심을 가지면, 얻어드시 많은 친구를 사귈 수 있는 것을.

우리는 알고 있다. 평생 다른 사람들의 관심을 끌어대오려고 애쓰는 사람들의 부류를 말이다. 그런 사람들은 평생 신수를 지지런히 사는 셈이다. 그런 노력은 아무 효과가 없으니까. 사람들은 누구에게도 관심이 없다. 사람들은 자기 자신에게만 관심이 있다. 그러나 자기에게 관심을 가져주는 사람만을 찾을 뿐이다.

다른 사람에게 관심이 없으면
피해를 끼치게 된다

뉴욕전화회사는 전화통화를 연구해서 사람들이 어떤 단어를 많이 사용하는지 조사하였다. 이미 답을 알 것이다. 그 단어는 인칭대명사인 바로 '나였다. '나'라는 이 단어는 5백 건의 대화 중에 무려 3,990번이나 사용되었다는 결과가 나왔다.

단체사진을 볼 때, 사진에서 누구를 가장 먼저 찾아내는가? 당신이 다른 사람들에게 먼저 관심을 보이지 않는데 사람들이 왜 당신에게 관심을 가져야 하는가? 그럴 이유가 따로 있는 지 생각해 보라.

다른 사람이 먼저 당신에게 관심을 갖게 만들려고 애쓰기만 한다면, 당신을 진심으로 대해주는 친구를 많이 사귀어가는 힘 들다. 진정한 친구는 만들어지지 않는다.

알프레드 아들러Alfred Adler는 말하기를 "다른 사람에게 관심이

없는 사람은 살아가면서 커다란 문제를 마주치게 될 것이며, 다른 사람에게도 가장 커다란 피해를 끼치는 사람들이다. 이 런 사람들은 인류에게도 큰 피해를 끼친다"라고 말했다. 어떤 유명한 심리학계을 찾아 읽어도 이보다 더 중요한 말을 찾아 내기가 어렵다.

다른 사람에게 진심으로 관심을 가지면 말이 저절로 된다

콜라어스Colossus라는 유명한 매체의 편집자는 늘 책을 가는 책은 많은 소설을 읽는데 몇 문단만 읽어도 작가가 사람을 좋아하는지 아닌지를 알 수 있다고 했다. "사람을 좋아하는 작가가 쓴 이야기는 독자들도 좋아하지 않습니다. 제가 느끼는 말은 교회 목사님도 힘입어한 내용이지요. 그러니 꼭 기억하십시오. 소설을 쓰기 바란다면 다른 사람들에게 관심을 가져야 합니다." 소설 쓰기에 적용되는 말이라면, 사람을 상대하는 데도 적용되는 말이라고 단언할 수 있다.

하워드 서스턴Howard Thurston이라는 최고의 마술사를 보라. 그는 이 공연 때 분장실에서 만난 적이 있다. 엄청나게 유명해서 손 이술의 왕이라고 불렸던 그는 40여 동안 온 세상을 다니며 관객을 최면확마레 했다. 서스턴은 성공 비결을 말해 주었는데 자신이 받았던 교육과 상관이 없었다고 했다. 그는 어릴 때 집을 나와 떠돌이 신세가 되었는데 화물을 열차를

타고 이동하며 절판마저 다녀며 구절로 끼나를 해결했고 철도에 새겨진 표지판을 통해 글자를 깨쳤다고 했다. 그럴다면 마술에 대한 지식은 어떻게 쌓아온 것일까? 그도 자기만큼 마술에 대해 알고 있는 사람은 수십 명도 남고 이미 수백 권의 책에 기교가 더 나와 있어 자신의 기술을 별 것이 아니라고 했다. 다만 그는 다른 마술사에게는 없는 비결 두 가지, 즉 다른 사람에 대한 관심과 사람을 끝었다.

다른 사람을 이해하고 사랑해야
사랑받는 사람이 된다

세계적인 마술사 서스턴의 비결은 모든 행동이나 제스처, 눈썹 하나의 움직임까지 미리 철저하게 계산해서 준비하는 것이 었다. 순간순간 자나깨나 오를 쓰는 것이다. 그러나 그것이 진짜 비결은 아니었다.

진짜 비결 두 가지는 서스턴이 사람들에게 진심으로 관심을 가지고 있다는 것이었다. 그는 많은 마술사들이 관객을 보며 이렇게 생각한다고 했다. "저기 관중들은 잘 속는 사람들이야. 어라져 어리석은 사람들이니 나는 잘 속일 수 있어"라고. 그런 데 자신은 완전히 다르다고 했다.

서스턴은 무대에 오를 때마다 되뇌었다. "이분들이 나를 보러 와주시니 정말 감사한 일이야. 내가 좋아하는 일을 생업으로 할 수 있는 건 다 이 관중들 덕분이지. 그러니까 나는 최선을 다해 무엇인가 보여드려야 해."

두 번째 비결은 관중들에 대한 사랑이었다. "나는 관중들을 사랑해. 이분들을 사랑해"라고 계속 속으로 말했다.

위대한 사람은 다른 사람들에게 깊은 관심을 가진다

오페라 가수 슈만하잉크Schumann-Heink도 같은 생각이었다. 까니를 굶을 정도로 가난했고 인정머니 고통스러운 삶을 살았기도 했고 죽으려고 마음먹기도 했던 그녀는 노래만큼은 멈추지 않았다. 역사상 가장 훌륭한 바그너 오페라 가수라고 평가받는 그녀가 자신의 성공비결을 말한 적이 있다. 그것은 마찬가지로 사람들에 대한 깊은 관심을 갖는 것이었다.

시어도어 루스벨트의 인기는 말도 못 할 정도로 대단했다. 네 하인들도 그를 너무 좋아했다고 한다. 그의 흑인 하인이었던 제임스 에이머스James Amos는 훗날 그를 정송하는 책을 쓰기도 했다. 책의 제목이 〈하인들의 영웅, 루스벨트Heroes of the Hired, Roosevelt〉였다. 책 내용 중에 나오는 인용을 하나 보자.

"저의 아내가 대통령께 메추라기를 묻본 적이 있었어요. 아내는 한 번도 메추라기를 본 적이 없었어요. 대통령께서는 통통 자세히 설명해 주셨습니다. 저희는 무

스벨트의 사유지 안에 있는 작은 집에 살고 있었는데 전화가 왔어요, 대통령이 직접 전화를 하시고 늘리운 일이지요, 대통령은 지금 바로 우리 집 창밖으로 나타났다며, 자기 베추라기가 있다고 말씀하셨지요, 대통령께서 우리 집을 지나가실 때는 우리가 안 보여도 크게 소리치며 인사하곤 하셨어요, '안녕, 애니! 안녕, 제임스!'라고요, 정말 친절했습니다."

이런 주인이라면 하인도 좋아할 수밖에 있지 않겠는가, 일기가 끝나고도 루스벨트는 백악관을 방문할 때면 예전의 백악관 직원들의 이름을 모두 기억하며 한 사람 한 사람 이름을 부르며 인사했다. 심지어 접시 닦는 하녀의 이름까지도, 부엌에서 일하는 하녀를 보았을 때는 "앨리스, 아직도 콘브레드를 만드나요?"라고 물었다. 요즘은 좋아하는 사람이 없어서 만들지 않는다는 대답에 "입맛이 형편없는 사람들이군"이라며 그녀에게 부탁한 콘브레드를 민족스러운 표정으로 손에 들고 걸어가면서 막었다.

어떤 사람이라도
자신을 좋아해주는 사람을 원한다

진정한 관심을 가지면, 아무리 인기가 높고 바쁜 사람이라도 그 사람의 관심과 협력을 얻을 수 있다. 나는 몇 년 전 브루클 린대학에서 소설 쓰기 강좌를 열었는데, 유명한 작가들을 때 거 강의실에 불러와서 소중한 강연을 들을 수 있었다. 나와 학생들은 우리가 얼마나 그들의 작품을 좋아하고 그들의 조언을 듣고 싶고, 그들이 성공비결을 궁금해하는지 진심을 담아 편지를 썼다. 150명이나 되는 학생들이 모두 편지에 이름을 썼다. 우리는 그들이 얼마나 바쁜 사람들인지 잘 알고 있지만 양해를 구했고 우리가 궁금해하는 질문 리스트를 만들어 함께 보냈다. 그것은 바쁜 작가들이 미리 답변을 준비할 시간을 배 려한 것이었다. 작가들은 이런 정성에 마음이 움직일 수밖에 없었고 먼 길을 나서서 브루클린까지 와주었다. 나는 같은 방 법으로 정원들이나 유명 정치인들도 강연에 초빙할 수 있었 다.

정육점 주인이든, 베이커리 가게 주인이든, 왕이든 마찬가지이 다. 모두들 자신을 존경하고 좋아해 주는 사람을 좋아하게 되 어있다.

진정한 친구를 만들고 싶다면, 다른 사람을 위해 무엇을 하는 수고를 아끼면 안 된다. 시간을 내고 배려하는 일들을 해야 한 다. 언자 공은 영국의 왕세자 시절, 남미 순방 몇 달 전부터 스 페인어를 배웠다. 그 나라의 언어로 대화하고 싶었기 때문이 다. 남미사람들이 어떻게 그를 좋아하지 않을 수 있었겠나?

관심을 받고 싶다면
먼저 관심을 보이라

친구를 사귀고 싶다면, 활발하고 열정적인 태도로 반응해야
한다. 전화를 받을 때도, 그 사람이 전화를 먼저 걸어 주어서
얼마나 고마운지 표현하는 말투여야 한다. 이러한 인생관은
일을 할 때도 효과가 있다.

내가 새로운 진리를 말하려는 게 아니다. 예수께서 태어나시
기 무려 백 년 전에 살던 로마의 시인, 푸블릴리우스 시루스
가 말했다. "우리는 다른 사람이 우리에게 관심을 가
질 때에야 그들에게 관심을 갖기 시작한다."

Publilius Syrus가

모든 사람들이 당신을 좋아하게
만드는 방법 1;

다른 사람에게
진심으로 관심을 가져라.

멋진 미소는 말로 것을 만들어주는
최고의 능력이다

세계적인 비즈니스맨이라고 평가받는 찰스 슈와브는 자신의 미소는 백만 달러의 가치라고 말했다. 다른 사람들이 그를 좋아하게 하는 능력은 그가 큰 성공을 거둘 수 있는 원인이었는데, 특히나 다른 사람을 기분 좋게 만들어버리는 그 멋진 미소는 그의 능력을 말해주었다.

프랑스 가수이자 배우인 모리스 슈발리에(Maurice Chevalier)를 만났을 때 나는 솔직히 실망했다. 무뚝뚝하고 말이 없는 그는 내가 생각했던 사람과 전혀 달라서 의아해하고 있었다. 하지만 한 순간 모든 것이 달라졌다. 그가 환한 웃음을 짓자 화사한 햇빛이 구름을 뚫고 나오며 비추는 것만 같았다. 그 미소는 슈발리에가 아버지나 형제럼 무조건 독특을 하지 않게 했고, 유명인이 되게 했던 것이다.

미소는 말이 아니라 행동이다. 행동이 중요하다. "당신을 좋아

하고 있어요. 당신은 나를 행복하게 해주는 사람이에요, 당신을 만나게 되어 정말 기뻐요"라고 미소는 행동으로 말해준다.

진심에서 우러나오지 않는 가식적인 미소면 어떻게 하냐고? 그렇지 않다. 미소는 아무도 속일 수 없다. 가식적이고 기계적인 웃음인지 아닌지 금방 알아차릴 수 있다. 진짜 미소, 마음으로 우러나오는 미소는 훌륭한 가치를 가지고 있다.

어느 뉴욕의 백화점 인사 책임자가 말한 적이 있다. "채용의 기준은 심각한 얼굴 표정을 하고 있는 철학박사보다 학교를 다닌 적 없더라도 사랑스러운 미소를 가지고 있는 소녀다"라고.

웃고 즐기며 일을 하는 것이 성공 비결이다

미국의 대형 고무회사의 대표가 내게 말했다. 오래 관찰한 결과 자기 일에 재미를 못 느끼는 사람은 어떤 일에서도 성공할 수 없다고, 그는 다른 어떤 것에도 노을 한 번 주지 않고 믿은 일만 열심히 하는 것을 최고로 치지 않았다.

"저는 웃고 즐기며 자기 일을 했기 때문에 성공한 많은 사람들을 알아요. 그냥 그렇게 계속하면 됩니다. 그런데 그런 사람들도 어느 날부터 남들처럼 너무 일만 열심히 하게 되어서 오히려 일에서의 재미를 잃고 실패하게 되는 경우도 있습니다."

미소만 지어도
삶이 바뀌고 행복해진다

누구나 다른 사람이 만나고 싶어 하는 사람이 되고 싶다. 그러면 먼저 당신이 사람들 만나기를 즐거야 한다.

수천 명의 비즈니스맨들에게 일주일 동안의 '미소 과제'를 내준 적이 있다. 매일 매시간 누군가에게 미소를 짓고, 일주일 후 수업에서 그 결과를 발표하라고 했다. 그 결과를 소개하겠다.

"지는 결혼하고 18년 동안 아침에 일어나서 출근할 때까지 아내에게 웃은 적이 없었고 스무 단어 이상 말하지도 않았습니다. 선생님께 과제를 받고 일주일 동안 미소를 지어봤는데, 아침마다 거울을 보고 내 심각한 얼굴에 말했지요. 빌, 오늘 당장 그 불만의 표정을 지우고 웃어버리라고, 아침 식탁에 서 아내에게 미소 지으며 인사했지요. 아내는 기대 이상의 반응이었죠. 그녀는 충격을 받았어요. 출근길에 만나는 지하철 안내원이나 회사 동료들에게도 미소를 지었어요. 시간이 지나

며 이제 모든 사람들이 제에게서 미소를 받고 다시 미소를 보내줍니다. 불평을 이야기하러 온 업무상의 사람들에게도 유쾌하게 대하니 일이 쉽게 풀리더군요. 미소가 돈을 벌어준다는 중요한 사실도 알게 되었습니다. 지는 더 나아가 비판도 그만두기로 했습니다. 비판하는 대신 인정과 칭찬을 하기 시작했죠. 제가 원하는 것을 말하지 않고, 다른 사람의 관점을 알아내려고 노력했습니다. 저의 삶이 바뀌었어요. 지는 전혀 다르고, 행복해지고 있어요."

이미 행복한 사람이 된 것처럼 행동하라

웃고 싶지 않을 때가 있다. 그럴 때 어떻게 해야 할까? 두 가지가 있는데, 첫째는 억지로라도 웃는 것이다. 휘파람을 불거나 콧노래라도 불러라. 둘째는 이미 행복한 사람이 된 것처럼 행동하라. 그러면 행복해질 수 있다.

하버드대의 윌리엄 제임스 교수는 이렇게 말했다. "행동에 감정이 따라가는 것 같지만, 사실은 행동과 감정은 같이 간다. 감정은 의지로 통제할 수 있는 행동을 조정하게 되면 통제 안약 자기 의지로 직접 통제할 수 없는 감정도 간접적으로 통제할 수 있는 것이다. 즐거움이 없다면 자발적으로 즐거움을 만드는 것이 즐거움의 표정을 짓고 이미 즐거워진 사람처럼 행동하는 것이다."

세상 모든 사람들은 당연히 행복을 원한다. 행복을 찾는 가장 확실한 방법은 우리 생각을 통제하는 것이다. 행복은 외적인 상황에 의해 결정되지 않는다. 행복은 내면의 조건에 달려있다. 얼마나 돈이 많은지, 어떤 상황이며 어떤 지위에 있는지, 무엇을 하고 있는지는 행복과 불행에 관련이 없다. 당신 스스로가 당신에 대해 어떻게 생각하고 있는지가 당신의 행복을 결정하는 것이다. 예를 들어 두 사람이 같은 장소에서 같은 일을 하고 있다고 치고, 두 사람은 똑같은 돈을 벌며 똑같은 권한을 갖고 있지만 다른 한 사람은 행복한 상황이다. 그 이유는 정신적 태도가 다르기 때문인 것이다. 곰 찍한 더위 속에서 고된 노동을 하면서도 쾌적한 사무실에서 일하는 것처럼 행복한 표정을 짓고 있는 노동자도 있다.

셰익스피어는 말했다. "본질적으로 좋고 나쁜 건 따로 없다. 우리 생각이 어떤 것은 좋게 보고, 어떤 것은 나쁘게 만든다."

미소를 짓는 데는 돈이 들지 않지만 부자로 만들어 준다

미국에서 가장 성공한 보험 영업 사원으로 알려진 프랭클린 베트거Franklin C. Bettger는 세인트루이스의 야구단 3루수 출신이다. 그는 나에게 미소를 짓는 사람은 언제나 환영받는다는 사실을 깨달았다고 했다. 어느 지역에 들어서는 문을 열기 전에 반드시 잠깐 멈추어 서서, 감사한 많은 걸 생각하고 진심 어린 커다란 미소를 지으며 들어가는 것이다. 그 간단한 방법이 보험 세일즈맨으로 엄청난 성공을 가져다주었다.

철학자 엘버트 허버드Elbert Hubbard는 현명한 충고를 했다. "문 밖에 나설 때마다 턱은 아래로 당기고 머리는 높이 세우고 가슴을 펼치고 햇살을 맞아들이고 친구를 미소로 맞기고 진심을 담은 악수를 나누어라. 다른 사람들이 당신을 오해할 걸 두려워 말고 적을 생각하면서 낭비하는 시간을 1초도 쓰지 마라. 하고 싶은 일을 정하기 위해 노력하고 정해졌으면 딴 생각 말고 똑바로 목표를 향해 가라. 당신이 하고 싶은 위대하고 빛나는 일에 몰두하라. 그렇게 하면 하루하루가 지날수록 무의식적으로 그 기운을 이루려는 욕망이 생기고 기회를 포착하게 된다. 당신이 되고 싶은 유능하고 진실한 사람을 마음속에 그려라. 그렇게 하면 그런 생각이 매 순간 그 사람이 되도록 만들어 준다. 생각이 중요하고 올바른 정신적 태도를 가져야 한다. 용기 있고 솔직하고 즐거운 태도를 똑바로 생각은 없는 것도 만들어 낸다. 건전한 욕망은 응답을 받기 마련이다. 턱은 아래로 당기고 머리는 높이 들어라. 당신은 신도 될 수 있는 능력자다."

미소를 짓는 얼굴이
가장 큰 경쟁력이다

고대 중국인들은 세상사에 밝고 현명했는데, 우리가 가슴에 꼭 새기고 다녀야 할 속담을 만들었다. "웃는 얼굴이 아닌 사람은 가게를 열어서는 안 된다."

미소는 상대에게 호의를 갖고 있음을 전하는 것이다. 당신이 미소 지으면 보는 사람이 밝아지고, 찡그린 사람에게 구름을 뚫고 나오는 햇살처럼 다가갈 수 있다. 상사나 선생님, 부모, 자녀에게 미소를 지으면 절망적인 일은 없다는 것을 알게 하고 세상의 기쁨을 깨닫게 할 수 있다.

광고인인 프랭크 어빙 플레처Frank Irving Fletcher도 이런 광고 문구를 썼다. "미소를 짓는 데는 돈이 들지 않습니다. 하지만 많은 결과를 만듭니다. 미소는 순간이지만, 영원히 기억되기도 하지요. 아무리 부자라도 미소 지음 줄 모르면 평안이 없어요, 아무리 가난해도 미소를 지으면 풍요해집니다. 가정에는 행복을

주고, 사업에는 호감을 주고, 누구나 친구라는 표시가 됩니다. 아무리 남에게 주어도 궁핍해지지 않고, 받을수록 행복해지는 것이 미소입니다. 지칠 때는 휴식이 되고, 실망했을 때는 빛이 되며, 슬플 때는 햇살이 됩니다. 돈으로 살 수도 구걸할 수도 훔칠 수도 없는 것이지요."

모든 사람들이 당신을 좋아하게
만드는 방법 2;

연제나 미소를 짓는 사람이 돼라.

이름을 기억하고 불러주는 것은
엄청난 효과를 낸다

짐 팔리Jimmy Carter 장관은 열 살 때부터 벽돌 공장에서 일하며 중노동을 했다. 교육을 받을 기회는 없었지만, 다정한 성격이라 사람들은 그를 좋아했다. 그는 정치에 입문하고 특이한 재능을 보여주었고 미국의 장관까지 되었다. 그에게 성공비결을 물으니 가꾸로 자신이 성공한 비결이 무엇이라 생각하느지 나에게 되물었다. "만 명의 이름을 기억하신다고 들었습니다"라고 답했다. "아니요, 저는 5만 명의 이름을 기억합니다."

그는 사람의 이름을 기억하는 능력으로 프랭클린 루스벨트를 미국 대통령으로 만들 수 있었다. 외판원이나 서기로 일하는 동안 그는 이름을 기억하는 방법을 고안하기까지 했다. 새로운 사람을 만날 때마다 성과 이름, 가족, 직업, 정치적인 입장을 알아내고 그림처럼 자신의 머릿속에 그려 넣었다. 일 년이 지나 그 사람을 다시 만나도 친근하게 등을 두드리며 아내와 아이들의 안부를 물었고, 뒷마당에 심었던 접시꽃이 잘 자

라고 있는지 물어볼 수 있었다. 그에게 많은 추종자가 생겼다.

선거 유세를 하며 미국 전역을 돌아다니낼 때도 어떤 마을에서는 사람들과 차를 마시고 식사를 하고 하룻없는 대화를 나누고 다음 지역으로 급히 갔다. 그리고 돌아오면 만났던 마을 사람 중 한 명에게 자신과 대화를 나누었던 모든 사람들의 리스트를 만들어 답하고 부탁해서 그 리스트의 모든 사람들에게 일일이 편지를 보냈다.

짐 팔리는 사람들이 세상 모든 사람의 이름보다 자기 자신의 이름에 더 많은 관심이 있다는 것을 알았다. 누군가 자기 이름을 기억하고 불러줄 때 미묘하게도 정찬을 받는 느낌을 가진다는 것도 있었다.

카네기의 사업 비결은
상대의 이름을 활용하는 것이었다

철강 왕, 앤드루 카네기의 성공 비결은 무엇일까? 그가 철강 제조에 대해 잘 알고 있었을 것이라 생각하겠지만 전혀 그렇지 않았다. 오히려 별로 아는 게 없었다. 자신보다 철강에 대해 훨씬 더 전문적이고 많은 걸 알고 있는 수백 명의 사람들을 다루는 법을 알았다.

카네기는 철강사업이 아니라 사람을 대하는 방법을 알고 있었기 때문에 큰 부자가 될 수 있었던 것이다. 어릴 때부터 천재적인 리더십을 보여주었던 카네기는 사람들의 지성의 이름을 굉장히 중요시한다는 사실을 알고 있었다. 카네기는 이런 사람들의 특성을 잘 활용해서 사람들의 협력을 이끌어 내었다.

아주 어린 시절 카네기는 엄마 토끼를 한 마리 잡았는데 결국 새끼들이 살고 있는 토끼 굴을 얻어내었다. 그런데 그 많은 토끼들을 먹일 먹이를 혼자 구할 수 없어서 아이디어를 생각해

냈다. 동네 꼬마들에게 토끼 먹이를 구해오는 아이의 이름을 새끼 토끼의 이름으로 붙여주겠다고 제안했다. 아이들은 클로버나 민들레 같은 토끼 먹이를 전부 구해 와서 토끼 한 마리에 자신의 이름을 붙였다. 마침 같은 방법이었다. 카네기는 어른이 되어서도 그 경험을 활용했었고 같은 원리를 사용해 백만장자가 되었다.

예를 들어 철도회사에 강철 레일을 판매하고 싶으면 카네기는 강철공장을 지어서 공장 이름으로 그 철도회사 사장의 이름을 붙였다. '에드가 톰슨 철강 공장Edgar Thomson Steel Works'이었다. 에드가 톰슨 사장은 결국 카네기 회사에 강철 레일을 주문했다. 동업을 할 때도 상대의 이름으로 회사 이름을 지었다. 그런 방식으로 미국 산업의 역사를 만들어 나간 것이다.

자동차 수리공의 이름까지 기억했던 대통령의 편지

폴란드의 가장 피아니스트인 이그나치 얀 파데레프스키Ignacy Jan Paderewski는 기차를 타고 미국 연주여행을 다녔다. 그는 미국 전역에 열광적인 팬들을 갖고 있었고 15회에 걸쳐 미국 순회 공연을 했다. 그때마다 그는 같은 침대 객실을 이용했고, 같은 요리사가 그에게 음식을 만들어 주었다. 그는 그 유쾌한 요리사를 적극적으로 '가퍼 씨'라고 불렀다. 당시에 그것은 대단히 파격적이었는데, 그렇게 함으로써 그 요리사가 자신이 그에게 중요한 사람이라는 느낌을 받게 했다.

많은 사람들이 다른 사람의 이름을 잘 기억하지 못하는 이유는 단순하다. 굳이 노력을 기울여 다른 사람들의 이름에 집중하고 반복해서 마음에 새기고 외우는 일을 하고 싶지 않기 때문이다. 그럴 시간이 없다고 생각한다. 하지만 제 아무리 바빴을 사람인 프랭클린 루스벨트는 자동차 정비공의 이름마저도 외울 만큼 기억해 둘 시간을 만들었다.

다리가 불구였던 루스벨트 대통령을 위해 손으로만 작동하는 자동차를 개발했던 체임벌린은 대통령에게 차를 처음 선보인 날을 잊지 못했다. 대통령은 그의 이름을 외웠고, 자동차의 부분 부분에 대해 일일이 관심을 가지고 살펴보며 정비들을 하나하나 그에게 영부인, 비서 등 주변인들에게 보여주었다. 시종까지 불러서 말했다. "조지, 이 케이스는 특히 조심해서 다뤄야 한다네"라고. 시운전을 마친 후 대통령은 체임벌린에게 그의 이름을 갖추어 부르며 말했다. "체임벌린 씨, 연방 준비 이사회를 30분이나 기다리게 했어요, 이제 일하러 가겠습니다." 그리고 자리를 뜨기 전에 체임벌린이 데리고 다니던 조수 정비공을 찾았다. 악수를 청하고 이름을 부르며 백악관까지 와주서 고맙다고 했다. 체임벌린은 눈물으로 돌아와서 얼마 뒤 루스벨트가 서명한 사진을 한 장 받았다. 다시 한번 감사를 표한 대통령의 편지와 함께 말이다.

권력자들도 다른 사람의 이름을 기억해야 한다

브랜딩 누스뻬뜨는 이름을 기억하고 불러주는 것이 상대방이 중요한 사람이 된 것으로 느끼게 한다는 것을 알고 있었다. 그런데 누스뻬뜨만큼 자신을 비범하지 않은 우리는 이렇게 하고 있나? 낯선 사람을 소개받고 몇 분간 대화를 나누고 헤어지면 다음에 다시 만나도 그의 이름을 기억하지 못하는 경우가 대부분이다. 이름을 기억하는 능력은 정치에서뿐 아니라 사회적인 면에서도 매우 중요하다.

프랑스의 황제였던 나폴레옹 3세는 황제로서 해야 하는 수많은 업무를 하면서도 한 번이라도 만났던 모든 사람의 이름을 기억한다고 말했다. 사람의 이름을 기억해 두는 특별한 방법이 있었다. "미안하지만, 당신의 이름을 잘 알아듣지 못했소" 라고 되묻는 것이다. 상거에 좀 특이한 이름이라면 철자까지 물어보았다. 그러네 대화를 나누면서 이름을 몇 번이고 묻고 머릿속으로 세보며 상대의 외모나 특징과 연결해서 외우는 노력을 하는 것이다.

나폴레옹이 생각할 때 중요한 의미가 있는 사람이라면 더 노력을 기울였다. 헤어지고 난 뒤 그 사람의 이름을 종이에 써서 집중해서 그 이름을 기억했다. 이런 식으로 보고 듣고 써보며 다양한 방법을 동원하여 기억에 새긴 것이다.

이름을 외우는 것도 이런 노력과 시간이 필요하다. 에머슨이 말한 것처럼 "훌륭한 예절은 사소한 것을 희생하면서 이루어진다." 따라서 상대가 당신을 좋아하게 만들고 싶다면 노력을 해서 상대의 이름을 꼭 기억해라.

모든 사람들이 당신을 좋아하게 만드는 방법 3;

이름은 그 사람에게
가장 달콤하고
가장 중요한 언어임을 명심하라.

어떤 파티에서 만난 한 여인이 내가 〈사진으로 보는 여행기〉란 프로그램을 진행한 것을 알고 있었다. "카네기 씨, 당신이 가 본 멋진 장소들에 대해 이야기해 주세요"라고 말을 건넸다. 그녀는 자신이 최근 아프리카 여행을 다녀왔다고 말했다. "아프리카라고요? 정말 흥미 있겠네요. 저도 아프리카에 가보고 싶었어요. 하지만 일제리에 하루 머물렀던 것 말고는 아프리카에 가 보지 못했네요. 큰 동물들도 보셨나요? 아프리카에 대해 말해 주세요"라고 나는 말했다. 그녀는 사실 내가 방문했던 장소에 대해 이야기를 듣고 싶어 하지 않았다. 그녀가 원했던 것은 자기 이야기를 관심 있게 들어주는 사람이었다. 그녀는 아프리카에서 보았던 것들에 대해 45분에 걸쳐 이야기했다. 그녀가 특이한 케이스라고? 아니다. 대부분의 사람들이 다 그렇다.

누욕의 발행인 그린버그 씨가 주최한 디너파티에서 어떤 식물학자를 만난 적이 있다. 식물학자와 이야기를 나눈 것은 처음이었고 그는 정말 재미있게 이야기하는 사람이었다. 그가 감자에 대한 놀라운 사실을 이야기해 줄 때 나는 완전히 매료당했다. 우리 집의 실내 정원이 가진 문제들의 해결 방법도 가르쳐 주었다. 디너파티였지만, 다른 손님들은 신경 쓰지 않고 오직 그 식물학자와 단둘이 오래 대화를 나누었다. 파티가 끝나고 그 식물학자는 파티의 호스트, 그린버그 씨에게 가서 내가 대단히 흥미로운 사람이라면서 이런저런 칭찬을 늘어놓았다. 그리고 그는 내가 정말 재미있는 대화 상대라고 평가했다고 한다. 사실 나는 거의 말을 하지 않았다. 식물학에 대해 아는 것이 전혀 없을 뿐만 아니라, 대화의 주제를 바꾸지도 못했으오직 그의 말을 열심히 들어주었을 뿐이다. 경청을 하는 것은 상대에 대한 최고의 칭찬이다. 나는 그 식물학자에게 '당신은 정말 재미있는 사람이고, 내가 배운 것이 많다'고 말했다. 그것은 진심이었다. 나는 그가 그의 이야기를 잘 들어주고 그가 잘 말하도록 좋게 배려해 주었다.

진심으로 이야기를 들어주면
거의 모든 문제가 해결된다

성공적인 비즈니스 인터뷰는 어떻게 하는 것인가? 특별한 비결은 무엇일까?

하버드대 총장 찰스 윌리엄 엘리엇Charles William Eliot 은 말했다. "성공적인 비즈니스를 위한 교제에는 따로 비결이 없다. 당신에게 이야기를 하고 있는 상대방에게만 집중하는 것이 제일 중요하다. 더이상 그 사람이 자신을 중요한 사람으로 느끼게 만들 수 있는 방법은 없다."

이런 것을 배우려고 군이 하버드대를 다닐 필요까지는 없지만, 이런 사실을 모르는 비즈니스맨이 많다는 것은 꼭 알아둘 필요가 있다. 근로을 들여서 가게를 얻고 꾸미고 광고를 하고 직원을 고용하지만, 그 직원이 고객의 이야기에 귀 기울일 줄 모르는 사람이라면, 고객의 말을 자르고 결국 고객을 화나게 하는 사람이라면 모든 사업계획은 소용이 없다.

늘 불평을 입에 담고 싶고, 자주 격렬한 비판을 쏟아붙이는 사람이라도 인내심 있게 자신의 말에 귀 기울여 주는 상대 앞에서는 감정이 다스려진다. 그런 사람과 비즈니스를 할 때는 특히 이야기를 잘 들어주어야 한다.

이야기를 들어주는 것이
가장 좋은 고객 관리법이다

뉴욕 전화회사에서는 전화교환원들이 가장 악명 높은 고객 한 사람을 상대해야 하는 일이 있었다. 그는 욕설을 퍼붓고 소리를 지르며 무례히 전화요금의 터무니없기가 한 푼도 내지 않겠다고 했으며, 언론에 편지를 써 보내고 전화회사를 상대로 몇 건의 소송도 진행했다. 이 전화회사는 가장 유능한 분쟁 해결사를 그에게 보냈다. 이 분쟁 해결사는 거의 아무것도 하지 않고 모든 문제를 해결했다. 그는 그 유별난 고객의 말에 귀 기울이고 어떤 비난을 퍼부어도 공감하면서 이야기를 들어주었을 뿐이었다.

"그 고객은 끝임없이 비난을 퍼부었고 저는 듣기만 했습니다. 다음에 또 가서 그의 말을 더 들어주었지요, 네 번을 만났습니다. 네 번째 인터뷰가 끝나기 전에 저는 그가 설립 기업가 보호연맹'이라는 단체에 가입하기까지 했죠. 물론 그 단체의 회원은 그와 저뿐입니다. 그는 전화회사 사람과 그

런 식으로 이야기를 나눈 것이 없다고 했습니다. 결국 내 번째 만남 이쯤에 사건은 완전히 종결되었어요, 그는 밀린 요금도 다 냈고 모든 고소도 취하했습니다."

사실 그 고객이 원한 것은 자신이 중요한 사람이라는 느낌이 었다. 고런 느낌을 받게 되는 순간 그의 불만은 사라진 것이다.

유명인들도 자기 이야기를
잘 들어주는 사람을 좋아한다

가난한 소년 에드워드 보크Edward William Bok는 방과 후 주당 50 센트를 받으며 제과점 유리창을 닦았고 바구니를 허리에 끼고 석탄 마차가 흘린 조각들을 주워 와서 땔감으로 썼다. 이 소년의 평생 동안 학교에 다닌 기간은 6년도 채 되지 않았지만, 결국 미국 잡지계에서 가장 성공적인 편집자가 되었다. 그의 비결은 다른 사람들의 말을 잘 들어주는 것이었다.

보크는 학교를 그만두고 일하면서 독학을 했다. 점심값을 아껴가며 모은 돈으로 위인전을 샀다. 그는 유명인들의 전기를 읽고 그들의 어린 시절에 대해 더 알고 싶다는 내용을 써서 해당 주인공들에게 편지를 보냈다. 당시 대통령에 출마했던 제임스 가필드James Abram Garfield이까는 배를 견인하는 일을 했던 경험에 대해서 물었고 가필드에게서 답장을 받았다. 그 때 장군에게는 한 전투에 대한 질문을 했고, 그때는 열네 살짜리 보크를 저녁식사에 초대에서 지도까지 그려가며 그

전투에 대해 설명해 주고 이야기를 나누었다. 보크는 에머슨에게도 편지를 썼고, 미국을 움직이는 유명인들과 편지를 교환하는 사람이 되었다. 보크는 그들의 집을 방문하며 환영받았고 이런 경험은 그에게 큰 자신감을 심어주었다.

유명 인사를 인터뷰하는 비메는 이 세상에서 최고라는 평가를 받는 아이작 마커스Isaac Marcosson은 많은 사람들이 다른 사람의 이야기를 열심히 들어주지 않기 때문에 좋은 인상을 주지 못한다고 말했다. "자신이 다음에 해야 할 말에 집중하고 다른 귀를 열어 두지 않는 사람들은 좋은 인상을 주지 못한다. 유명인들은 말 잘하는 상대보다 잘 들어주는 사람을 좋아한다. 잘 듣는 능력은 가장 뛰어나고 희귀한 능력이다."

유명인들만 그런 것이 아니다. 잘 들어주는 사람들을 좋아하는 것은 보통 사람들도 마찬가지다.

사람들은 세상 무엇보다 자기 문제에 더 관심이 있다

자기 이야기만 하는 사람들은 자기 자신만 생각하는 사람들이다.

컬럼비아 대학 총장 니콜라스 버틀러Nicholas Murray Butler 박사는 말했다. "자기 자신만 생각하는 사람은 배울 가능성이 없는 사람들이다. 아무리 높은 교육을 받았어도 배울 게 없는 사람들이다." 따라서 당신이 대화를 잘하는 사람이 되려면 다른 사람의 이야기를 열심히 듣는 사람이 되어야 한다.

찰스 리Charles Northam Lee 여사가 말했다. "관심을 받고 싶으면 먼저 다른 사람에 대해 관심을 가져라." 질문도 다른 사람이 좋아하고 대답하고 싶어 하는 질문을 해야 한다. 그 사람에 대해 말하라고 하고 그가 세운 성과에 대해 말해 달라고 해보라.

당신과 대화하는 사람은 당신과 당신이 가진 문제보다 자신과 자신의 문제에 훨씬 더 관심이 있다는 사실을 안다. 그에게는 그의 충치 한 개가 백만 명의 사상자를 낸 중국의 기근보다 훨씬 더 중요할 것이다. 그의 목이 하나가 아프리카에서 발생한 수십 건의 지진보다 중요하다. 누군가와 대화를 시작할 때 이 사실을 생각하라. 따라서 다른 사람이 당신을 좋아하게 하고 싶으면, 잘 듣는 사람이 되어라.

대화를 잘하는 가장 쉬운 방법

모든 사람들이 당신을 좋아하게
만드는 방법 4;

잘 듣고

다른 사람들이 자신의 이야기를
하도록 만들어라.

다른 사람의 관심이 어디에 있는지부터 알아보라

루스벨트 대통령의 관저를 방문해 본 사람이라면 누구나 그의 광범위한 지식에 놀라게 된다. 기말리엘 브래드포드Gamaliel Bradford는 루스벨트를 만나고 나서 말했다. "주제가 카우보이든, 기병대든, 정치나 외교든 루스벨트는 할 말이 아주 많다."

루스벨트는 원래 아는 게 많아서일까? 루스벨트는 방문객이 예정될 때마다 그 전날 미리 방문객이 관심 있을 만한 주제를 밤새 공부했다. 루스벨트는 상대의 마음에 다가가는 방법이 그가 중요하게 생각하는 것에 대해 이야기하는 것임을 알고 있었다.

예일대의 문학 교수이던 윌리엄 펠프스William Lyon Phelps는 이 교훈을 일찍부터 알았는데 자신의 논문 〈인간의 본성에서〉 이렇게 썼다. "여덟 살 때 후저도닉 강가에 있는 고모 댁에서 주말을 보냈는데 저녁에 한 아저씨가 찾아왔다. 그 아저씨는 나

에게도 관심을 보여주었는데 당시에 나는 보트에 완전히 꽂혀 있었고 그 아저씨와 나는 보트에 대해 이야기했다. 그분이 가시고 나서 나는 고모에게 그분에 대한 인상을 말했다. 정말 대단한 분이시며 보트에 대해 엄청 많이 안다고 했다. 고모는 그분이 뉴욕의 변호사이며 보트에 관해서는 아무것도 모르는, 전혀 중요하지도 않을 분이라고 말해 주셨다. '아, 그런데 왜 그분은 내내 계속 보트 이야기만 하셨을까요?'라고 고모에게 물었다.

"그분이 신사이기 때문이지. 그분은 내가 보트에만 관심이 있다는 걸 알아차린 거야. 너를 기쁘게 하기 위해 내가 관심 있는 보트에 대해서 다정하게 대화하신 거야." 펠프스는 고모의 말을 평생 곁에 있지 않았다.

다른 사람의 관심사를 먼저 알아야 원하는 것을 이룬다

미국 최고의 빵 제조사인 뒤베노이 앤 선스 D'Onofrio and Sons 의 헨리 뒤베노이 사장의 비즈니스 방법을 살펴보겠다. 뒤베노이 씨는 뉴욕의 한 호텔에 빵을 공급하고 싶어서 노력했다. 그는 4년 동안 매주 매주 그 호텔의 사장을 찾아갔다. 그 호텔의 장기 투숙객이기도 했고, 사장과 친해지고 싶어서 그가 다니는 사교 클럽에도 들어갔다. 그 모든 수고는 오직 빵을 납품하기 위해서였지만 결국 계약하지 못했다. 그리고 뒤베노이 씨는 나에게 인간관계 수업을 받았고 방법을 바꾸었다.

"저는 전략을 바꾸기로 했어요. 저는 그 사람이 무엇에 관심 있는지, 그의 마음을 사로잡을 수 있는 것이 무엇인지 찾아보았지요. 저는 그 사장님이 미국 호텔 경영자들의 모임인 호텔 연합에 나간다는 것을 알게 되었습니다. 그런데 그분은 단순히 소속되어 있을 뿐만 아니라 그 단체의 회장이 고 국제연합에서도 회장이 되셨더군요. 신을 넘든 바다를 건

너든 어디에서 국제연합이 열리든 그곳까지 가는 분이셨죠. 그래서 그분을 뵈었을 때 그 모임에 대한 이야기를 꺼냈습니다. 대단한 반응을 보이셨어요. 열정적인 목소리로 그 모임에 대해 설명하셨습니다. 그 국제연합은 그분의 취미이자 평생을 바치고 있는 열정적인 일이었습니다. 저는 그 단체 회원이 되었고 빵에 대해선 한 마디도 하지 않았습니다. 며칠 후 그 호텔 직원이 제 빵의 샘플 리스트와 가격표를 요구했습니다. 사장님이 이 자리에 확실히 넘어간 것 같다고 실장 말해 주셨습니다."

뒤베노이 씨는 4년 동안이나 쫓아다니며 그 호텔에 빵을 납품하려고 온갖 노력을 했지만 성공할 수 없었는데, 그 사장님이 어디에 관심 있는지 않아내니 바로 품은 이룰 수 있었다. 다른 사람이 당신을 좋아하게 만들려면 그의 관심사를 얻어야 한다.

모든 사람들이 당신을 좋아하게
만드는 방법 5;

다른 사람의
관심사에 맞추어
대화하라.

상대의 장점을 찾고 칭찬을 보내면 서로 좋은 일이다

처음 본 사람이 나를 좋아하게 만드는 방법은 어떤 것이 있을까?

나는 그냥 동기 우표를 보내기 위해 뉴욕의 한 우체국에서 줄서 있었다. 우체국 직원은 우편물의 무게를 달고, 우표를 주고, 잔돈을 내주고, 영수증을 발행하는 일을 도돌이하며 자기 일에 싫증이 나있는 사람처럼 보였다. 그때 나는 '저 직원이 나를 좋아하도록 만들고 싶어. 뭔가 멋진 말을 해서 나를 좋아하게 만들어야지. 그런데 저 직원한테 멋진 말이 뭐가 있지?' 그것은 참 난감한 과제였다. 낯선 사람에게서 그런 면을 찾기는 쉽지 않다. 하지만 나는 바로 그에게 칭찬을 보낼 것을 찾아내었다. 그가 내가 내민 우편물의 무게를 재는 동안 진심을 담아서 이렇게 말했다. "저도 당신처럼 머리숱이 풍성했으면 얼마나 좋을까요"라고. 그는 놀란 얼굴로 나를 올려보다가 웃었다. "예전 같지는 않아요, 나는 그의 머리카락이 젊은 남자처럼 풍성하지는 않았다고, 그래도 지금도 매우 근사하다고 말해 주었다. 그

는 너무나 기뻐했다. 우리는 사사로운 대화를 나누었고 그는 "제 머리숱을 부러워하는 사람들이 많더라고요"라고 했다. 그는 아마 그날 좋은 기분으로 점심을 먹으로 갈 것이고 아내에게 나의 칭찬을 전했을 것이다. 거울을 보며 이렇게 말했을지도 모른다. "정말 멋진 머리카락이야"라고.

사람들이 물었다. "그 우체국 직원한테서 무엇을 기대하고 그런 말을 군이 하셨나요?" 내가 무엇을 바랐을 것이라고 생각하나? 다른 사람에게 어떤 대가를 받기 위해서 못한다고 작은 행복도 나누지 않고, 다른 사람의 어떤 면을 인정해 줄 수도 없는 사람이라면, 이기적인 사람인 것이다. 그런 사람은 작은 영혼의 소유자이며 어떤 성공도 하기 힘든 사람이다.

가장 큰 역사적 교훈은
상대를 중요하게 인정하는 것이다

우리가 살아가는 동안 가장 중요한 법칙이라고 할 수 있는 것이 있다. 그 법칙대로 살아간다면 우리는 받은 친구들과 영원한 행복을 얻을 수 있다. 그러나 그 법칙을 어기면 끝없는 어려움을 겪게 될 것이다. 그 법칙은 바로 언제나 다른 사람들에게 그들이 가장 중요한 사람이라는 느낌을 갖도록 만드는 것이다.

존 듀이John Dewey 교수는 중요한 사람이 되려는 욕망이 인간 본성 중에서도 가장 큰 것이라고 말했다. 윌리엄 제임스 교수는 인간 본성에 가장 깊숙한 곳에 있는 마음은 인정받고 싶은 갈망이라고 했다. 우리가 동물이 아닌 이루는 그런 갈망이 분명 이 세포로 이끌어냈기 때문이다.

수천 년 동안 철학자들이 인간관계의 원리들을 연구해 왔는데 결국 단 하나의 교훈에 이르렀다. 인간은 중요한 사람이 되고 싶은 가장 큰 욕망이 있다는 것.

3천 년 전에 이미 페르시아 민족 중에 조로아스터Zoroaster라는 위대한 사람이 중광자를 모아 놓고 이것을 설파했다. 2천4백 년 전에는 공자가 중국에서 이를 가르쳤다. 노자는 도교를 만들었는데 안쪽강 계곡에서 제자들에게 이 사실을 설파했다. 부처도 예수가 태어나기 5백 년 전에 갠지스 강가에서 이런 사실을 말했다. 그보다 천 년 전에 힌두교의 경전에는 이런 내용이 기록되었다. 예수는 유대인들이 설던 돌이 연덕에서 제자들에게 강조했다.

사람들은 누구나 다른 사람들의 인정을 받고 싶어 한다. 진정 가치 있는 사람으로 인정받고 싶어 하는 것이다. 가벼운 칭찬이 아니라 아첨을 듣고 싶어 하는 것이 아니라 진심 어린 인정을 원하는 것이다. 마음에서 나온 칭찬을 받고 싶어 하고, 특히 아끼없는 칭찬을 원한다. 언제나 어디서나 어떤 방식으로든.

세상을 잘 돌아가게 하는 것은 사소한 말의 힘이다

내가 아는 빌딩 안내원에게 찾아가라는 사무실의 호수를 물었을 때다. 깔끔한 유니폼을 입은 안내 직원은 잘 알아들을 수 있게 대답했다. "헨리 수베인 씨는, 18층, 1816호입니다." 사람이름과 호수를 중간중간 끊어서 알아듣기 편하게 안내해 주었다. 나는 엘리베이터 쪽으로 가다가 돌아서서 말했다. "잘 대답해 주셔서 고맙습니다. 알아듣기 쉽게 분명하게 말씀해 주셨어요. 정말 훌륭한 일입니다." 기쁜 얼굴로 안내 직원은 자신이 중간에 끊어서 잔잔식 쉬 이끄는 각각의 정보를 을 잘 전달하기 위함임을 설명해 주었다. 나는 몇 마디의 말로 그가 자신의 일을 잘 수행하는 사람임을 입증해 주었다. 나는 엘리베이터를 타고 올라가며 모든 인류의 행복 총량을 조금이나마 올려주었다는 생각을 했다.

상대를 인정하는 것은 대단한 자리에 올라선 사람들이 할 때 의미가 큰 것이 아니다. 인정의 법칙은 마법 같은 효과를 누구

에게나 매일 가져다줄 수 있다.

식당에서 프렌치프라이를 시켰는데 으깬 감자를 갖다 주는 종업원에게 당신이 틀렸다고 말하지 말고 이렇게 말해보자. "귀찮게 해서 죄송하지만, 저는 프렌치프라이를 원합니다" 라고. "귀찮게 해서 죄송한데요", "부탁드려도 될까요?", "혹시 괜찮으시다면", "미안하지만" 등과 같은 사소한 말들은 반복되는 일들의 지겨움을 앉혀주고 일상을 잘 돌아가게 만들어주는 각을 담이다. 이런 말들 늘 하는 사람들은 좋은 집안에서 잘 교육받고 자란 사람이라는 표식이 되어준다.

이미 유명한 사람도
인정받고 싶은 마음은 마찬가지다

홀 케인(Thomas Henry Hall Caine)이라는 소설가가 있다. 수백만 명의 독자를 가진 세상에서 가장 부유한 소설가라는 평을 듣는 작가다. 그는 대장장이의 아들로 태어났고 평생 8년만 학교에 다녔던 사람이다. 그는 어떻게 그런 성공을 거두었을까? 홀 케인은 소설 중에 소네트와 발라드라는 장르를 좋아해서 시인인 단테 가브리엘 로세티(Dante Gabriel Rossetti)의 모든 작품을 연구했다. 그는 로세티를 찬양하는 글을 썼고 로세티도 그 글을 읽었다. 아마 로세티는 생각했을 것이다. 내 능력을 이렇게 평가할 줄 아는 젊은 작가라면 아마 아주 유능한 사람일 거야라고. 로세티는 이 대장장이의 아들을 자신의 자서전으로 초대했을 뿐 아니라 자신의 비서로 고용했고, 이것이 홀 케인 인생의 터닝포인트가 되었던 것은 당연했다.

을 거두는 작가의 대열에 들어가는 문을 열게 된 것이다.

케인은 엄청난 유산을 남겼고, 그리고 케인이라는 이름은 그의 대저택은 전 세계 관광객들이 찾아가는 명소가 되었다. 그 모든 것은 유명 작가를 찬양하는 글을 쓴 것이 계기가 되었고, 그런 일을 시도하지 않았더라면 케인은 가난한 무명작가로 생을 끝낼 수도 있었을 것이다. 낯선 곳에 있는 사람이 가로 존경하는 사람을 인정하는 것도 큰 영향력을 행사할 수 있다는 사실을 입증한다.

로세티처럼 당시에 이미 엄청나게 성공한 사람도 자신을 중요한 사람이라는 인정을 받고 싶어 했는 사람은 별로 특이하지 않다. 모든 사람은 자신이 중요한 사람임을 계속 인정받고 싶어 한다.

인정받고 싶은 욕구는
모든 사람이 다 마찬가지다

많은 국가의 사람들은 자기 나라가 다른 국가보다 우월하다고 생각하며, 그 생각이 애국심을 만들고, 심지어 전쟁까지 일으키기도 한다. 당신이 만나는 사람들은 그들이 어떤 면에서는 당신보다 훌륭하다고 생각한다. 따라서 다른 사람의 마음에 다가가는 확실한 방법은 그 사람의 세계에서는 그가 가장 중요한 사람이라는 점을 당신이 인정하고 있다는 사실을 진심을 담아 말해주는 것이다.

나의 인간관계 수업을 들었던 사람들이 실생활에서 이 '인정' 원리를 어떻게 적용했는지 예를 들어 보겠다. 변호사 R 씨는 아내의 친척을 만나러 롱아일랜드까지 갔을 때의 일을 이야기해 주었다. 연로한 아내의 이모와 둘이서 시간을 보내게 되었을 때 그는 '인정 원리'를 작동시켜 보았다. 그는 진심으로 칭찬할 만한 것이 있을까를 생각하며 집을 둘러보았다. "이 집은 1890년대에 지어졌군요, 제가 태어났던 집을 생각나게 합니다.

정말 아름답게 잘 지은 집이에요. 요즘은 안타깝게도 이렇게 집을 짓지 않더군요." "그렇다네. 요즘 젊은이들은 아름다운 집을 지을 생각을 안 하고 그저 아파트에 살지. 이 집은 몸이 있는 집이야. 낭만과 내가 많은 꿈꾸며 사랑으로 지은 집이지. 친척가의 도움을 받지 않고 우리가 다 설계했지."

아내의 이모는 집의 곳곳을 구경시켜 주고 보물처럼 아껴온 물건들을 보여주며 설명했고, 그는 그것을 볼 때마다 진심 어린 칭찬을 했다. 헤지우드 도자기, 오래된 가구들, 이탈리아에서 사온 그림, 한 때 프랑스의 성을 장식했던 실크 커튼 등 유럽 전역을 다니며 사 모았던 장식품들이었다. 그리고 그녀는 차고로 데려가서 남편이 세상을 떠나기 직전에 그녀에게 사주었던 차를 보여주며 그 차를 선물로 R 씨에게 주었다. 그 차를 탐하는 친척도 많았지만, 그녀는 자신과 자신의 집을 인정해 주는 것 만남을 불과했던 R 씨에게 그 소중한 차를 물려준 것이었다.

타인의 소중히 여기는 것을
함께 아껴주라

또 다른 인간관계 강의의 수강생이었던 조경화서의 일화자.

도브를 씻는 이런 이야기를 했다. "강의를 듣고 얼마 후 저는 유명한 팬시의 집 조경을 맡게 되었습니다. 집주인은 상당히 까다롭게 보였고 아이디어 어떤 꽃을 심을 것인지 의견을 구시

단긴. 저는 마당에 있는 개를을 보고 말했지요. 개들이 너무 멋져서 너들 뺄 수가 없다고. 팬시님이 참 멋진 취미를 갖고 계시고 매년 열리는 애견 대회에서 최고상을 받으셨을 것 같다고. 그랬더니 집주인이 개 사육장으로 데려가셨어요. 기

위 한 시간 동안 개들과 애견대회에서 받은 상들을 구경하게 주성지요. 개들의 혈통증명서도 보여주시며 개의 혈통이 얼마나 중요한지도 설명해 주셨지요. 그러면서 갑자기 한 마리와 강아지도 혈통에 대한 설명, 마리을 주는 방법 등의 설명

서를 직접 써서 선물로 주셨지요. 고분의 소중한 배려와 선물은 제가 고분의 특별한 취미에 대해 진심 아린 친사를 보냈기 때문입니다."

철학자 에머슨(Ralph Waldo Emerson)이 한 말을 기억하자. "내가 만나는 사람들은 어떤 면에서는 나보다 분명 나은 사람들이다. 내가 그들에 배울 게 반드시 있다."

세익스피어(William Shakespeare)는 "인간들이여, 이 오만한 인간들이 여! 보잘것없는 권위라는 옷을 입고, 하늘 아래에서 천사들도 안타까이 눈물을 흘릴 멍청한 속임수를 쓰고 있네"라고 했다.

오만함을 버리고 상대를 인정하고 상대에게서 배워야 할 강조한 것이다.

진심 어린 칭찬은
새로운 관계의 역사를 만든다

영화라는 산업이 시작될 수 있게 투명 필름을 발명한 코닥 필름 사의 이스트먼George Eastman은 엄청난 성공을 거둔 유명한 사업가이다. 이런 부귀영화를 이룬 이스트먼 역시 우리와 마찬가지로 작은 인정을 원했던 사람이었다.

이스트먼은 로체스터 대학에 자신의 이름을 딴 이스트먼 음악학과 어머니의 이름을 붙인 킬본 홀을 짓고 있었다. 뉴욕의 의자 회사 사장이었던 제임스 아담슨은 킬본 홀에 의자를 공급하는 계약을 맺고 싶었다. 아담슨은 건축가의 주선으로 이스트먼과 만날 약속을 정했다. 건축가는 아담슨에게 당부했다. "계약을 맺고 싶은 마음은 잘 알지만 이스트먼 씨의 시간을 5분 이상 뺏는다면 모든 일은 허수고가 될 것입니다. 이스트먼 씨는 매우 엄격하고 바쁜 시기기 때문에 그렇습니다." 아담슨이 방에 들어갔을 때 이스트먼은 서류를 살피고 있었다. 아담슨은 말했다. "기다리는 동안 홀을 보며 감탄했습니다. 이런 공간이라면 즐겁게 작업할

수 있을 것 같습니다. 평생 인테리어 관련 일을 해왔지만 이렇게 아름다운 사무실은 본 적이 없었습니다." 이담슨은 벽을 손으로 만지며 "영국산 오크를 쓰셨군요, 이탈리아산 오크와는 질감이 다르지요." 이 말에 이스트먼은 홀을 구석구석 구경시켜 주며 세세하게 조각에 대해 설명했다. 이담슨은 창 너머로 보이는 대학과 병원, 노숙자 쉼터까지 이스트먼이 만들고 있는 여러 기관들에 대해 진심 어린 찬사를 아끼지 않았다. 그리고 사업초기에 많은 고생을 했을 이스트먼의 지난날에 대해 질문했다. 아담슨은 이스트먼이 쓴아내는 고생담에 완전히 집중해서 이야기를 들었다. 5분 이상 머무를 수 없다고 했던 정오는 사라졌고 두 시간이 지나도 그들의 대화는 계속되었다.

그후 아담슨은 이스트먼의 집에 초대되어 점심식사를 했고 거대한 규모의 킬본 홀 의자 계약뿐 아니라 이스트먼 평생의 프로젝트를 함께 하는 기쁨을 누렸다.

사람들이 당신을 첫 눈에 좋아하게 만드는 방법

가장 인정이 필요한 관계는
부부 사이다

인정이라는 마법은 아내로부터 시작하는 것이 좋을까? 일단 그 줄은 잡은 셈이다. 집에서 보다 더 인정이 필요한 장소는 없다. 당신의 남편이나 아내는 분명 어떤 장점을 갖고 있을 것이다. 장점이 없었다면 결혼하지도 않았을 것이다. 그러나 당신이 배우자에게 진심으로 칭찬을 한지가 언제인가?

몇 년 전 캐나다 미라미치 강에서 낚시를 했을 때 겪었던 일이다. 깊은 숲 속에 혼자 텐트를 치고 있었기에 주변에는 아무도 없었고 지역 신문 한 장 밖에 읽을거리가 없었다. 그 신문의 구석구석 모든 걸 다 읽었는데 거기 도로시 딕스Dorothy Dix의 기사가 실려 있었다. 그 기사가 마음에 들어서 나는 그 부분을 오려서 보관했다. 신문부에 조언하는 글이었는데, 덕 스는 신부들에게 늘어놓는 훈계를 지겹도록 많이 하 더라 신랑에게 조용히 현명한 충고를 해야 한다고 주장하며 신랑들에게 하는 그녀의 조언은 이것이다. 결혼 생활을 정상화

게 해서는 안 된다는 다소 파격적인 글이었다.

"결혼 전에 여자를 칭찬하는 건 기분 따라 하면 되지만, 결혼 후에 아내를 칭찬하는 건 반드시 해야 하는 의무사항이며, 결혼 생활의 집대 정치하게 하는 게 아니다. 아내의 기분을 맞춰 주는 것이 중요하다. 아내에게 미의 여신 비너스와 지혜의 여신 미네르바의 장점을 다 가졌으며 그런 여성이랑 결혼했으니 자신은 정말 행운이라고 계속 떠들어야 한다. 어떤 불평도 하면 안 된다."

남편이 그렇게 아내에 대해 떠드는 과하기까지 한 인정과 칭찬을 계속하는 가정에 평화와 사랑이 가득할 것은 당연하다.

모든 사람들이 당신을 좋아하게
만드는 방법 6;

상대가
자신이 중요한 사람이라고 느끼게

만들라.

모든 사람들이 당신을
좋아하게 만드는 6가지 방법

1. 다른 사람에게 진심으로 관심을 가져라.

2. 미소를 지어라.

3. 이름은 그 사람에게 가장 달콤하고
가장 중요한 언어임을 명심하라.

4. 잘 듣고, 다른 사람들이
자신의 이야기를 하도록 만들어라.

5. 다른 사람의 관심사에 맞추어 대화하라.

6. 상대가 자신이 중요한 사람이라고
느끼게 만들라.

예리한 칼날은
일단 피하고 보는 거다

젊은 시절 런던의 한 만찬장에서 겪은 일이다. 영국 왕이 기사로 임명할 만큼 명성을 얻은 로스 스미스 경을 위한 축하연이었다. 옆에 앉은 신사가 어떤 유명한 문장을 소개했다. '계획은 인간이 하더라도 최종 결론은 신이 내린다'라는 것이었다. 그 문장을 말한 신사는 그것이 성경 말씀이라고 했다. 나는 그것이 셰익스피어가 한 많이 틀림없다고 주장했는데 그는 여전히 성경말씀이라고 우겼다. 그렇게 논쟁이 계속되었는데 그 연회에는 마침 셰익스피어를 연구한 경력이 있는 내 오랜 친구 개몬드가 참석해 있었고 나는 그를 붙러 이 논쟁의 결론을 내려 달라고 했다. 우리 두 사람의 논쟁을 듣고 있던 개몬드는 식탁 아래로 몰래 내 발을 한 번 툭 치더니 말했다. "데일, 자네가 틀린 거야. 이 신사분 말씀이 맞어. 그건 성경 구절이야."

그날 밤 집으로 돌아오며 나는 개몬드에게 "어떻게 그렇게 말했어? 셰익스피어가 쓴 문장이라는 걸 확실히 알 거 아냐?"라고

말했다. "당연하지. 햄릿의 5막 2장에 나오는 말이야. 그런데 데일, 우리는 즐거운 연회에 참석해 있었고 그가 틀렸다는 걸 군이 입증할 필요가 없지 않나? 그렇게 하면 그가 자네를 좋아할까? 체면을 세워주는 게 뭐가 좋잖아? 그는 자네의 말을 듣고 싶어 하지도 않았다고. 그래서 그런 말이 있는 거야. 예리한 칼날은 일단 피하고 보는 거라고."

나는 그 당시 논쟁이 달인이었고 대화에서는 논리학을 공부했고 토론 대회에 참가했다. 공부를 마치고는 뉴욕에서 토론과 논증을 가르치기도 했다. 많은 논쟁에 귀 기울었으며 비판도 하고 결과를 지켜봤지만 내가 내린 결론은 이것이다. 논쟁에서 이기는 방법은 논쟁을 피하는 것뿐이라는 것, 예리한 칼날을, 독사를, 지진을 피하듯 논쟁은 일단 피해야 한다.

논쟁으로
속마음을 바꾸는 사람은 없다

논쟁이 끝나면, 논쟁을 벌인 사람 중에 누가 승자가 되는가? 사실 열 사람 중에 아홉 사람은 자신이 옳다는 생각을 더욱 확신히 한다. 논쟁은 이길 수 없는 것이 아니다.

만약 이겼다고 치자. 다른 사람의 주장이 틀렸음을 입증하고 그가 을바른 정신상태가 아니라고 몰아세우고 승리했다고 해서 뭘 어쩌자는 건가? 당신은 기분이 잠깐 좋을지 몰라도 상대는 어떨까? 상대는 자존심이 상할 것이 분명하다. 그리고 그 상대는 당신에게 분한 감정을 갖게 될 것이다. 사실 자신의 의지와는 반대로 설득당한 사람은 절대 자신의 생각을 바꾸지 않는다.

한 생명보험사는 영업직원들에게 분명한 지침을 내렸는데 그 내용이 "절대 논쟁하지 마라"이다. 진정한 영업의 기술은 논쟁이 아니기 때문이다. 고객의 생각을 논쟁으로 바꾸려 해서 도 안 되고 바꿀 수도 없다. 사람의 마음은 논쟁으로는 절대 바뀌지 않는다.

차라리 입을 닫고 있는 것이
더 얻을 게 많다

내 강의를 듣는 학생 중에 대단히 논쟁을 즐기는 사람이 있었다. 그는 트럭 판매 사원이었는데 실적이 좋지 않았다. 나는 그와의 대화 속에서 그가 고객들과 끊임없이 논쟁을 벌여서 고객을 오히려 적으로 만들어버린다는 것을 알게 되었다. 그는 상대에게 정확한 사실을 말해주었다고 여겼지만, 트럭은 한 대도 팔지 못했다. 나는 그에게 말하는 법을 가르치지 않았고 그가 말하고 싶어도 참으며, 언쟁을 피하는 것을 가르쳤다. 지금 그는 뉴욕의 큰 자동차회사 최고 판매원이다. 그가 어떻게 변했을까?

"저는 완전히 바뀌었어요. 고객의 사무실로 찾아가서 화이트 트럭회사 영업사원이라고 인사하면 어떤 고객은 후지드 트럭을 사고 싶고 화이트 트럭은 별로에, 심지어 공짜로 준다고 해도 갖기 싫다고 말하실 때 저는 이렇게 대답합니다. 좋은 생각이시라고, 후지드 트럭은 회사도 훌륭하고 영업사원들도 훌

륭하다고요. 그러면 고객은 말문이 막히고 더 논쟁할 거리가 없어지죠. 논쟁거리가 없어지니 저는 오히려 화이트 트럭의 장점에 대해 이야기할 기회를 갖게 되죠. 과거에 저는 논쟁하고 말다툼하느라 몇 년을 흘려 보내고 말았어요. 이제는 입을 아예 닫고 있어도 얻는 게 많아요"라고 말했다.

입을 닫고 상대의 말에 동의해 주는 것만으로 엄청난 판매실적을 올릴 수 있는 것은 자동차 영업사원에게만 해당되는 것은 아니다.

논쟁을 하지 마라

논쟁을 피하고 호의를 얻으라

벤저민 프랭클린Benjamin Franklin은 논쟁에 대해 이렇게 말했다. "논쟁하고 이기려 하고 반박을 하면 승리할 수도 있다. 그러나 상대방의 호감을 얻지 못하니 결국 공허한 승리일 뿐이다."

스스로 판단하라. 절대적인 승리를 원하는가? 아니면 다른 사람의 호의를 얻고 싶은가? 둘 다 얻는 경우란 거의 많지 않다. 한 잡지에 이런 기사가 실렸다. '억지 말다툼 제아이 시비의 문제지는 자신이 옳다고 믿고 생각한 대로 실행하고 물론 그는 옳았다. 그가 잘못있을 때까지는. 그러나 이제 고는 죽었다. 고는 확실히 사람의 마음을 바꾸면 당신의 총의는 아무 소용이 없다. 특별했다! 당신이 주장하는 바가 정말 옳을 수 있다. 그러나 다른

너무 정원이었던 윌리엄 매커두William Gibbs McAdoo는 걱정의 정치 인생을 살아온 결과 '논쟁으로는 어떤 무식한 사람조차도 이길 수 없다'는 사실을 깨달았다. 말씨움으로 상대의 생각을 바꾸는 것은 불가능하다. 그건 지능과도 아무 상관이 없다.

세무사였던 프레데릭 파슨스Frederick S. Parsons는 정부의 세금부서 공무원과 연쟁을 벌이고 있었다. 파슨스 씨는 체권 회수가 불가능한 체무에 대한 세금을 낼 수 없었다고 주장하고 있었다. 공무원은 그것이 과세 대상이므로 세금을 내야 한다고 했다. 그 공무원은 어떤 논리도 통하지 않았으고, 말씨움을 할수록 더 완고해졌다. 그래서 그는 방향을 확 바꾸어 그 공무원의 능력을 인정하기로 했다. "저는 체로운데 세금을 공부하지만, 당신은 최전선에서 세금에 대해 공부하셨고 그래서 제가 배울 게 많습니다. 그것은 파슨스 씨의 진심이기도 했다. 그 공무원은 느긋하게 의자에 기대어 자신의 경험담을 말해주며 조금씩 친근하게 다가왔다. 그리고 애매한 세금 문제를 다시 꼼꼼히 살펴보았고, 파슨스 씨의 주장대로 해결되었다.

논쟁을 하지 마라

특히나 비슷한 경우라면 그냥 져주는 것이 훨씬 낫다

나폴레옹 점안의 검사역들을 했던 콩스탕은 조세핀과 당구를 자주 쳤다고 한다. 콩스탕은 회고록에 이렇게 썼다. '내가 조세핀 보다 당구를 더 잘 쳤지만, 항상 그녀에게 져주었다. 이럴 때마다 그녀는 너무나 즐거워했다.' 콩스탕으로부터 우리는 번 하지 않을 교훈을 배울 수 있다. 당신의 고객이나 연인, 혹은 배우자와 논쟁하게 될 경우에는 꼭 당신이 그 논쟁에서 져야 한다는 것이다.

부처는 "미움으로는 미움을 지울 수 없고, 사랑으로만 미움을 지울 수 있다"라고 말했다. 오해는 논쟁으로 해결되지 않는다. 다른 사람의 마음에 상처가 나지 않게 하면서 달래 주어야 하고, 다른 사람과 같은 관점에서 문제를 바라보겠다는 결심이 있어야 한다.

링컨은 육군 장교 한 명이 동료와 격한 언쟁을 벌이고 있을 때

크게 아닌을 지며 말했다. "자기 능력을 최대한으로 발휘하려면 개인적인 논쟁에 소비할 시간이 없다. 당신과 상대가 거의 비슷비슷하게 옳은 경우라면 무조건 양보해라. 길을 갈 때 그 길에 대해 개와 논쟁하다가 물리느니 그냥 개에게 그 길을 양보하는 것이 낫다. 개를 죽여 버린다고 해도 이미 물린 상처가 사라지는 것도 아니다."

사람을 설득하는 방법 1:

논쟁에서 이기는 방법은
논쟁을 피하는 것이다.

상대보다 현명해지되
그 사실을 말하지 마라

루스벨트 대통령은 모든 일이 75퍼센트 정도만 옳다면 최고의 기대치에 도달한 것이라고 말했다. 가장 위대한 사람 중에 한 명인 그의 기대치가 그 정도라면 보통사람들은 어느 정도가 되겠는가? 100퍼센트 중에 55퍼센트 정도만 확신을 가질 수 있어도 우리는 증권시로 달려가서 투자를 하고 돈을 벌고 요트도 사고 멋진 결혼식도 올릴 수 있을 것이다. 55퍼센트 정도의 확신도 없다면 다른 사람들에게 틀린 것을 말할 자격이 없다.

사실 우리는 굳이 말로 지적하지 않아도 표정이나 말투로 상대가 틀렸다고 이사표를 할 수가 있다. 꼭 말로 상대에게 당신이 틀렸다고 한다고 해서 상대가 당신 생각에 공감하도록 이끌 여 낼 수 있는가? 절대 안 되는 일이다. 이미 말로써 상대에게 그의 판단력, 자존심에 일격을 가해버린 것이다. 그렇게 한 방 갈겨버린 다음 칸트Immanuel Kant의 논리를 앞세워봤자 이미 상대의 동의를 구할 수는 없다. 이미 상대의 감정에는 상처가 나버렸기

때문이다. 말로 먼저 상대를 이기려 하지 말라. "내가 당신에게 이것을 입증해 보겠어"라는 말로 시작하지 마라. 그것은 "내가 더 똑똑하니 이점 가르쳐줄 것이고 그러나 당신은 생각을 바꿔 야 한다"라고 말하는 것이나 다름이 없다. 이것은 도전이다. 상대의 반감을 불러일으켜서 당신에게 덤비고 싶게 할 뿐이다.

어떤 것을 증명하고 싶다면 상대가 모르게 하면 된다. 재치있게 입증하면서 당신이 증명하고 있다는 사실조차 상대가 눈치 채지 못하게 하면 된다. 영국의 위대한 시인 알렉산더 포프가 그것에 대해 말했다. "가르치지 않는 척하면서 가르쳐야 한다. 상대가 모르는 것이 아니라 잊고 있는 것이라고 해라."

체스터필드는 아들에게 말했다. "다른 사람보다 현명해지라 하지만, 다른 사람들에게 내가 현명하다는 것을 알리지 마라."

내가 아는 한 가지는
내가 아무 것도 모른다는 것이다

구구단을 제외하고는 20년 전에 외웠던 것 중에 지금까지도 믿고 있는 것은 거의 없다. 아인슈타인Albert Einstein 전기를 읽고 나서는 구구단조차 믿지 못하기도 했다. 앞으로 20년이 지난 후에는 이 책에서 내가 쓴 말들도 믿지 않을 수 있다. 이 말은 무슨 뜻인가 하면, 내가 과거처럼 확신으로 가득 찬 사람이 더 이상 아니라는 것이다.

소크라테스가 아테네에서 추종자들을 앞에 두고 반복해서 한 말이 있다. "내가 아는 단 한 가지가 있다면, 내가 아무것도 모른다는 사실이다."

우리가 이무리 중요하면 보도 소크라테스 보다 현명하기는 힘들 것이므로, 나는 상대에게 '당신이 틀렸다'는 말을 하지 않기로 했다. 그런 판단은 효과가 있었다.

DAY
081
매일 카네기
月 日

확실히 적을 만들지 않는 방법

내가 틀렸음을 인정하면
생애의 마음도 바꿀 수 있다

어떤 사람이 틀린 말을 하고 있고, 당신은 그가 틀렸음을 확실히 알고 있다. 그럴 때는 이렇게 말하는 것이 좋을까? "음. 저는 다르게 생각해요. 그렇지만 제가 틀릴 수도 있는 거죠. 사실 저는 자주 틀립니다. 제가 틀렸으면 틀린 게 무엇인지 알고 싶어요. 우리 사실을 한 번 들여다보죠"라고 말하는 게 훨씬 낫다. 이런 말은 마법처럼 효과를 발휘한다.

과학자들은 바로 이런 방법을 사용한다. 나는 북극에서 11년 동안 지냈던 경험이 있는 유명한 과학자이자 탐험가인 스테판 슨William Stephenson을 인터뷰했었다. 그가 자신이 했던 실험으로 무엇을 증명하고자 했느냐 물어보았다. "과학자들은 어떤 것도 증명하려고 하지는 않습니다. 그냥 사실을 찾아내려 할 뿐입니다"라고 답했다. 과학적인 생각이란 이런 것이다.

내가 틀릴 수도 있다는 것을 인정하고 나면 어떤 어려운 상황

에 처하는 일이 없게 된다. 소모적인 논쟁도 사라지고 다른 사람들도 공정하고 넓은 마음을 갖게 할 수 있다. 그들도 역시 틀릴 수도 있다는 사실을 인정하게 할 수 있다. 그런 태도는 실랑이서 만나는 수많은 나쁜 상황을 처음으로 해결해 준다.

사람들은 자신이 믿는 것을 바꾸고 싶어 하지 않는다

사람들은 그다지 논리적이지 않다. 오히려 편견으로 가득 차 있다. 편견, 의심, 두려움, 질투 따위에 사로잡혀 산다. 사람들은 종교나 헤어스타일, 이데올로기 등에 대한 자신의 의견을 바꾸고 싶어 하지 않는다. 다른 사람에게 그런 의견을 바꾸라고 말하기보다는, 다음 글을 매일 식탁에 올려놓고 읽어라.

제임스 로빈슨(James Robinson) 교수의 《정신의 형상The Shaping of the Mind》이라는 책에 나오는 말이다.

"우리는 어떤 저항감도 없이 큰 감정의 동요도 없이 생각을 바꿀 때도 있다. 하지만 누군가가 우리에게 틀렸다고 지적하면서 바꾸라고 하면 오히려 그걸 비난으로 받아들이고 분노하고 군게 마음을 먹어 버린다. 사실 우리의 믿음은 별 생각도 없이 쉽게 만들어진다. 그런데도 누군가가 그 믿음을 없애버리려 하면 오히려 그 믿음에 대한 과도한 열정이 생겨버린다. 우리의 자존심이 위협받고 있다고 생각하게 된다.

모든 사람들에게는 '나'라는 말이 가장 중요한 말이다. 지혜에 이르기 위해서는 이것부터 알아야 한다. '나의' 저녁, '나의' 개, '나의' 부모, '나의' 국가, '나의'……, '나의' 뒤에 무엇이 나오든 것은 힘을 갖게 된다. '나의' 무엇이 틀렸다는 말에 분개하게 된다. 우리는 늘 익숙하게 믿어온 사실을 계속 믿고 싶어 하는데, 다른 사람이 이에 대한 의심을 제기하면 화가 나며 어떤 변명거리라도 찾으려 한다. 합리성은 사실 우리가 믿어온 것을 계속 믿기 위한 주장을 찾아내려는 시도일 뿐이다."

잘못된 선택을 지적받으면
오히려 인정하기 어려워진다

오래전 인테리어 디자이너에게 집안 커튼을 바꾸는 공사를 맡겼는데, 친구들을 받고 보니 엄청 높을 정도로 예상보다 큰 금액이었다. 한 친구가 집에 놀러 와 커튼을 보고 가격을 묻더니 "세상에, 끔찍하게 비싸구나"라고 했다. 친구의 많이 맞는 걸 알면서도 비싼 제품일수록 가치가 있기 마련이고, 선 것 중에 고르면 품질도 나빠고 예쁘지도 않다고 변명을 늘어놓았다. 다음날에 찾아온 다른 친구는 전혀 반대의 반응을 보였다. 친구는 커튼을 보며 감탄했고, 자기도 이런 멋진 커튼을 집에 설치하고 싶다고 했다. 나는 이 커튼에 너무 돈이 많이 들어서 후회된다고 했다. 친날에 온 친구에게 이야기했던 것과는 전혀 다른 말을 한 것이다. 나의 실수를 인정한 것이다.

잘못된 선택을 했을 때 우리는 스스로 인정하기도 한다. 다른 사람이 편하게 말해줄 때 자신의 실수를 인정하기가 쉽고, 다른 사람이 억지로 자신의 실수를 꼬집으면 오히려 반발심만

생긴다. 그러니 상대의 잘못된 선택에도 가능한 마음 편하게 의견을 말해 주는 것이 서로를 위해서 좋다.

정당한 비판을 받으면
바로 이를 받아들여라

베저민 프랭클린은 자신이 어떻게 논쟁을 하는 나쁜 습관을 없앴고, 미국에서 손꼽히는 유능하고 친절한 사람들과 친구가 될 수 있었는지 말했다.

베저민도 실수를 저지르던 젊은 시절에 오랜 친구 한 명이 그에게 날카로운 진실을 말해주었다고 한다. "베저민, 너는 정말 형편없어. 너의 말은 다른 사람들을 찌르는 가시가 됐어. 네가 없을 때 다른 사람들은 네게 말을 건네기조차 불편해 해. 너는 아마 이미 네가 알고 있는 것 그 이상을 배울 더 좋아해. 다른 사람들은 너에게 말을 건네기조차 못하고 싶게 될 거야. 네가 이미 알고 있는 것들이 별로 대수롭지도 않고."

베저민 프랭클린이 위대한 사람이 될 수 있었던 이유는 보통 사람들과 달리 이런 비판을 바로 받아들였기 때문이다. 성숙

하고 현명한 사람이었기에 친구의 말이 명확한 사실이라는 것을 깨달았다. 그리고 이 상태로 계속 가자는 결국 성공할 수도 없음을 알게 되었고 방향을 바꾸기로 했다. 고집 세고 직선적이던 태도를 바꿨다.

"나는 다른 사람에게 직접적으로 반대하는 말을 쏟아내는 것을 그만두기로 했다. 내가 확신하고 있는 사실들도 말하지 않기로 했다. 나는 이미 마음의 결정을 하고 있는 것들도 경고 미리 암시하지 않았다. 말투도 바꿔서 '확실히', '절대적으로' 등등 자주 쓰던 말들을 피했다. 대신에 '내가 알기로', '내 생각에는 이럴 수도 있을 것 같아' 등의 말을 사용했다."

논쟁하지 않는 습관이
세계적인 위인을 만들어냈다

벤저민 프랭클린은 스스로를 더 변화시켰다. "다른 사람이 내 생각에 대해 틀린 의견을 주장할 때도 그에게 통명스럽게 반박하지 않았다. 어떤 경우는 그의 의견이 옳을 수도 있다는 말을 먼저 꺼내며 대화를 시작했고 반대의견을 낼 때도 내가 보기에는 이번에는 조금 다를 것 같다는 식으로 순화해서 이야기했다. 내가 태도를 이렇게 바꾸자 효과는 바로 나타났다. 어느 누구와의 대화도 좀 더 즐겁게 이어졌다. 이견을 제시할 때도 겸손하게 말을 했더니 사람들은 내 이견을 별로 반박하지도 않고 쉽게 받아 주었다.

"내가 더 이상 논쟁을 하지 않게 되면서부터 내가 잘못을 저질렀을 때도 덜 창피하게 넘어갈 수 있었다. 사람들은 내 편을 들어주었다. 이렇게 태도를 바꾸어가면서 나중에는 이런 태도가 습관이 되어서 지난 50년간 아는 누구도 나의 독선을 보지 못했을 것이다. 새로운 정책을 만들고 싶을 때도 내가 많을 잘하지 못하는데도 불구하고 모든 위원회에서 사람들은 내 의견에 동의해 주었다."

젊은 날 벤저민이 친구의 충고를 받아들이지 않았다면, 오늘 날 우리는 벤저민이 누구인지도 몰랐을 것이다. 그만큼 논쟁을 피하는 것은 세계적인 위인을 탄생시킬 만큼 중요한 일이다.

상대가 틀렸다고 말해서는
얻을 것이 없다

페인의 반어들인 방문이 비즈니스에는 어떤 효과가 있을까? 한 특수 장비를 만들어 파는 미출나라는 남자의 예를 들어보겠다. 그는 고객으로부터 장비를 주문받고 설계도를 먼저 건넨하고 제작을 했다. 그러나 고객이 변심해서 제작 중인 장비에 대해 불평을 늘어놓기 시작했으며 그것을 구매할 수 없다고 했다.

"여러 차례 검토했고 장비는 잘 만들어지고 있었죠. 고객이 주변에서 하는 말에 선동되어 갑자기 변심하게 된 것이지요. 저는 고객을 찾아갔고, 고객은 흥분해서 똑똑적이 되어있었어요. 지읍들의 이야기만 믿고 저한테 수었다고 생각하니까 분해했고 저희 설비를 믿지 않았습니다. 저는 침착하게 말했습니다. 고객에서 원하는 대로 다 해주겠다고, 이미 만들어지고 있는 장비에 들어간 자원가 고스란히 손해를 떠안겠으나, 고객에서 원하는 장비에 대한 새 설계도를 달라고, 그 대신 원하는 대로 맞춰주어서 제작한 장비에 대해서는 전적으로

고객이 책임을 지셔야 한다고 했습니다. 우리가 제작해서 제작 중인 장비를 그대로 진행하신다면 문제가 생길 때 우리가 책임지겠다고 했습니다. 대화하는 동안 고객은 이미 평상심을 되찾고 있었지요. 그대로 원래대로 진행하겠다고 했어요, 그 이후에도 그 고객의 주문을 계속 받을 수 있었지요."

고객이 마흔네에게 이 전문 분야의 일을 모르는 사람이라며 모욕적인 말을 하고 심지어 폭력적이기까지 했을 때, 는 재을 빨이고 변명을 늘어놓았다면 어떻게 되었을까? 그도 최대한의 자세력을 발휘해 고객의 말을 다 들어주었고, 원하는 대로 해주겠다고 했다. 그러지 않았더라면 법적 소송까지 갈 수도 있제작적인 손실도 첨을 것이다. 상대가 틀렸다고 말하는 것이 아무 소용없다는 것을 마흔네는 잘 알고 있었다.

상대가 틀렸더라도
상대의 의견을 끝까지 들어주라

뉴욕의 테일러 목재회사 판매원인 크롤리는 내 강의를 들으면서 업무상의 논쟁을 하지 않겠다고 결심했다. 그는 화가 잔뜩 난 고객사의 목재심사직원의 납품을 받은 목재들이 불량률이 높으니 도로 가져가라고 언성을 높이는 상황을 맞게 되었다. 크롤리는 목재심사직원에게 불량품을 따로 모아달라고 부탁하고 현장을 지켜보았다. 목재는 배송이어서 원래 무른 소재였다. 그 심사원은 나무에 대해 잘 아는 사람이었지만, 배송이라는 특이한 소재에 대해서는 잘 몰랐다. 크롤리는 아는 체하는 말을 전혀 하지 않고 그냥 불량 목재로 판정하는 이유에 대한 조사를 위해서라며 친근한 어조로 물어보기만 했다. 심사관이 불량품이라고 판정할 마다 계속 동의해 주며 원하는 제품이 아니면 구매를 취소할 수 있다고 진정한 말을 이어갔다.

"저는 그의 분노를 들어주면서 중간중간에 세심한 설명을 끼워 넣었고 그는 자기가 불량품이라고 했던 목재들이 사실은 정상제품일 수도 있다고 생각하는 것 같기도 했습니다."

얼마지 않아 심사원의 태도가 바뀌었고, 자신이 배송에 대해서는 지식이 없음을 스스로 인정했고 크롤리의 설명을 듣는 평정심도 찾게 되었다. 나중에 심사관은 목재를 다시 검토했고 모든 제품을 구매했다.

그 심사관이 틀렸다고 바로 쏘아붙이며, 정확한 지식을 그에게 가르치려 들었다면 그 제에은 문제가 생겼을 것이고, 크롤리의 회사도 손해를 보게 되었을 것이다. 크롤리는 고객이 틀렸다는 말을 하지 않았다는 결심만으로 성과를 얻게 되었다.

다른 사람의 기분을
상하지 않게 해야 할 것도 있다

내가 이 책에서 이야기하고 있는 것 중에 새로운 이야기는 전혀 없다. 이미 19세기 이전에 예수는 말했던 것이다. "너와 마주치는 사람과 빨리 화해하라." 마태복음에 나오는 말이다.

고객이든 배우자든, 임금이 지불 되든 상대와 논쟁하지 마라. 상대가 틀렸다고 절대 말하지 마라. 그를 화나게 해서 얻을 게 없다. 사람을 상대하는 데는 적당한 요령이 필요하다.

예수가 탄생하기 2천2백 년 전에 이미 이집트의 왕 악토이는 아들에게 꼭 필요한 충고를 했다. 이 내용은 내가 많은 사람에게 해주고 싶은 충고와 같은 것이다.

"다른 사람의 기분을 상하게 하지 마라. 그래야만 얻을 게 있다."

DAY
089
月 日

데일 카네기

확신에 찬 말을 만들지 않는 방법

확실히 적을 만들지 않는 방법

사람을 설득하는 방법 2;

절대
상대가 틀렸다고
말하지 마라.

다른 사람의 말을 존중하게 받아들이고 있음을 표현하라

공원에서 나의 애완견 렉스와 함께 산책을 하고 있을 때의 일이다. 주위에 아무도 없어서 목줄도 입마개도 하지 않고 있었다. 그런데 경찰을 만났고 목줄과 입마개를 하지 않은 점에 대해 경고를 받았다. 그 경관은 강하게 지적하며 개가 사람에게 위험할 수도 있고 다람쥐를 해칠 수도 있다고 하며, 한 번 더 이렇게 다니면 벌금을 매기겠다고 말했다. 나는 순순히 그의 말을 따르겠다고 했지만, 입마개를 하기 싫어하는 렉스가 가엾어서 다음 산책 때 또 그 경관에게 걸리게 되었다.

나는 누구보다 먼저 위법을 인정했다. "그렇긴 하지만 위법인 건 사실이니까요." 경찰관은 오히려 렉스의 편을 들었다. "이런 작은 개는 사람에게 해가 되지는 않잖아요." "사람에겐 위험이 되지 않겠지만, 다람쥐를 물 수는 있어요"라고 나는 경찰관이 이전에 했던 말을 대신했다. 경찰관은 부드럽게 말했다. "너무 문제를 심각하게 받아들이지는 마시고 저 개를 제가 볼 수 없는 곳으로 데리고 가서 마음껏 뛰어놀게 하세요."

그 경찰도 마찬가지로 자신의 의견을 중요하게 받아들이는 사람에게 부드러워진 것이다. 그때 내가 변명을 늘어놓고 경찰과 논쟁을 벌이기 시작했다면 벌금을 내야만 했을 것이다.

나는 솔직하게 시인하는 편으로 그 경찰관이 할 말을 먼저 꺼냈다. "경찰관님, 제가 경솔했습니다. 변명의 여지가 없어요. 지난번에 또 입마개를 안 채우면 벌금을 매기겠다고 하신 걸 잘 압니다."

경찰관은 부드럽게 말했다. "저도 근처에 사람이 없으면 이런 작은 개는 편하게 뛰어놀게 하고 싶은 기분이 들 겁니다."

자신의 실수를 먼저 인정하면
좋은 결과가 온다

여지껏 비난을 받을 수밖에 없는 입장이 되었을 때는 다른 사람이 말하기 전에 먼저 스스로의 잘못을 인정하는 편이 훨씬 낫다. 다른 사람이 말하기 전에 그 사람이 말하고 싶어 하는 비난을 스스로 쏟아내 버려라. 그러면 상대는 오히려 상한 기분을 풀어버리고 너그러운 태도를 취하게 되고 당신의 잘못을 줄여서 생각하게 된다.

퍼디낸드 E. 워런Ferdinand E. Warren은 상업미술을 하는 작가였는데 까다로운 디렉터에게 외주를 받아 그림을 그리며 난감해졌다. 그래서 그는 나의 인간관계 수업의 내용대로 해보기로 했다.

그 디렉터는 작업 결과물을 보면서 사소적인 입장이 되어 화를 내며 왜 이렇게 작업을 했냐고 다그쳤다. 위런은 바로 자기 비판에 들어갔다. "제 실수에는 변명의 여지도 없고, 오래 작업을 같이 해왔는데도 이런 식의 결과물을 만들어서 너무 창피합니다. 좀 더 신중해야 했습니다. 디렉터님은 최고의 작품을

이끌어내시는 능력이 충분한데 제가 완전히 그림을 망쳤습니다. 처음부터 다시 해보겠습니다."

싸울 의지가 없어진 디렉터는 태도가 바뀌었다. "아니에요, 그렇게까지 수고하실 일은 아닙니다"라고 말하며 일부만 고치고 싶다고 했고 결과물에 대한 칭찬도 늘어놓았다. 최종적으로 고쳐야 할 것은 아주 사소한 디테일이었고 저정할 만 것이 아니었다. 그리고 워런은 다른 외주 프로젝트까지 받아서 돌아왔다.

자신의 실수에 대해 변명하기보다 먼저 인정하는 행위가 좋은 결과를 가져다준다.

싸워서 얻을 것은 적고
양보해서 얻을 것은 많다

매우 독창적인 스타일의 작가였던 엘버트 허버드Elbert Hubbard
는 한때 미국을 떠들썩하게 한 장르였다. 그는 날카로운 문장
을 써 내려가며 주목받았지만 격분 반감도 불러일으켰다. 그러
나 그는 작품과도 탁월한 사람을 상대하는 데는 부드러운 재주
를 가지고 있었다. 작품으로 인해 생각나는 격분을 친구로 만들
어버리는 작가였다.

그의 작품 때문에 몹시 화가 난 한 독자가 허버드에게 편지를
보내오면 이런 답장을 보냈다.

"편지를 받고 곰곰이 생각해 보았습니다. 저도 제 작품에 완
전히 동의할 수는 없었지요. 제 작품에 대해 지적하신 내용을
다시 읽어보니 딸이 안 되는 부분이 보였습니다. 지적해 주셔
서 고맙습니다. 혹시 근처에 오실 일이 있다면, 만나서 이 부
분에 대해 깊이 이야기를 나눠보고 싶습니다. 군건한 악수를
보냅니다."

이런 답장을 보내오는 사람에게 무슨 불만을 또 쏟아낼 수 있
겠는가?

우리는 틀릴 때가 많다. 틀렸을 때는 가능한 빠르고 분명하게
실수를 인정하자. 꼭 옳으려는 생각이 들 때는 부드럽게 요령껏
동의를 구하려고 노력하면 된다. 싸워서 얻을 것은 생각보다
많지 않다. 양보하면 훨씬 많은 것을 얻는다.

사람을 설득하는 방법 3;

만약에 틀렸다면
가능한 빠르고 분명하게
인정하라.

주먹 쥐고 찾아가면
상대도 주먹 쥐고 맞이한다

어떤 일로 당신이 화가 잔뜩 나서 다른 사람에게 그 이야기를
쏟아낸다고 치자. 당신은 속상함을 털어놓았으니 기분이 다소
좋아졌을 것이다. 하지만 상대도 그럴까? 당신의 적대적인
태도로 인해 그가 당신 의견에 동의가 될까?

우드로 윌슨Thomas Woodrow Wilson은 말했다. "당신이 주먹 쥐고 내
게 온다면, 나도 당신처럼 주먹을 쥐고 맞게 될 것이다. 하지만
같이 이른해 보자며 다가온다면 의견이 서로 크게 다르지 않
다는 사실을 알게 될 것이다. 인내심을 갖고 솔직하게 서로 한
께 하겠다는 마음이 있다면 우리는 어떤 것도 같이 할 수 있
을 것이다."

총알보다 마음을 어루만지는 말이
더 강하다

존 록펠러 주니어John D. Rockefeller, Jr.는 1915년 콜로라도에서 가장 욕먹는 사람이었다. 콜로라도 석유 강철회사에 적대적인 광부들이 거센 파업을 강행하고 있었고 임금 인상을 요구했고 유혈사태까지 일어나고 있었다. 전물들이 파괴되고 군대가 개입되었으며 시위대를 향해 총이 발사되어 광부들의 시체가 벌집투성이로 만들어졌다. 이런 상황에서 록펠러는 파업 노동자들의 생각을 바꾸고 싶었다. 결국 록펠러는 이 일을 해냈다.

그는 순간적인 생각으로 일을 진행하지 않았고 2주 동안 마을 사람들을 만나 먼저 이야기를 들었다. 광부, 광부의 아내와 자녀, 이웃 등 많은 사람들의 의견을 고르루 경청하며 파업광부들의 마음을 읽었다.

마침내 파업광부 대표자들 앞에 서서 연설을 했다. 이 연설은 웃을 수 없는 평연성이었고 그 결과는 놀라워서 입중즉날의

파업 사태를 잠재울 수 있었다. 록펠러는 이 연설로 주종자들을 얻었고, 총을 앞에서도 물러서지 않았던 파업 노동자들은 더 이상 임금 인상에 대해서 한 마디도 하지 않고 작업에 복귀했다.

연설문 첫 부분을 다음페이지에 기록하니 꼭 읽어보기를 바란다.

친절하고 우호적인 태도만이 적대감을 풀리친다

줄 록펠러 주니어가 파업 광부들의 대표단에게 한 연설의 시작 부분을 소개한다.

"오늘은 제 삶에서 참으로 중요한 날입니다. 이런 훌륭한 직원 대표 분들과 만나는 운 좋은 날이니까요, 이 자리에 서게 되어 정말 영광스럽습니다. 저는 죽는 날까지 이 모임의 순간을 기억할 것입니다.

시설 이 모임이 2주 전에만 열렸어도 저는 여러분 앞에 낯선 사람으로 서 있었을 것입니다. 아는 얼굴이 거우 몇 정도였겠지요. 2주 동안 저는 남부 탄광의 모든 마을을 찾아 많은 광부님들과 대화를 나누었습니다. 각각의 집을 방문해서 아내분들과 자녀들도 만났습니다. 우리는 모르는 사람으로 만난 게 아니고, 친구로 만난 참니다. 그리고 서로에게 모두 이익이 되는 방안을 찾아가는 기회를 가졌지요. 오늘 제가 이 자

리에 설 수 있는 것은 여러분의 배려 덕분임을 잘 알고 있습니다......"

록펠러가 파업 광부들과 논쟁을 벌이며 냉정하게 입증인상이 험한 이슈를 사전조사로 제시하고 광부들이 잘못 생각하고 있음을 지적하는 연설을 했다고 가정해 보자. 더 큰 폭동만 불러왔을 것이다. 상대가 적대감으로 가득 차있을 때는 논리가 아울 틈이 없다. 친절하고 우호적인 태도만이 유일한 방법이다.

마음을 사로잡는 별꿀 한 방울의 힘을 발휘하라

이미 백몇십 년 전에 링컨은 이런 이야기를 했다.

"별꿀 한 방울이 한 통의 쓸개즙보다 더 많은 파리를 잡는다는 옛날 격언은 진실이다. 사람도 마찬가지다. 다른 사람들을 당신 생각에 동의하게 만들고 싶다면, 당신이 그들에게 진정 진실한 친구라는 확신을 심어주어야 한다. 마음을 사로잡는 별꿀한 방울 한 방울이 그 비결이다. 그것은 상대의 마음을 얻는 가장 확실한 방법이다."

분쟁을 멈추게 하는 것은
우호적인 행동이다

화이트 자동차 회사(White Motor Company)의 2천5백 명 근로자들이 임금인상과 노조가입 의무제를 요구하며 파업을 벌이고 있을 때였다. 로버트 블랙(Robert F. Black) 사장은 이를 비난하지 않았다.

다른 사장님처럼 노조를 협박하거나 공산주의 운운하는 적대적인 표현도 하지 않고, 오히려 파업 노동자들을 칭찬하는 글을 클리블랜드의 한 신문광고에 실었다. 파업 노동자들이 무력을 쓰지 않은 점을 칭찬하는 신문광고를 내기도 했다. 분위기가 다소 누그러지자 블랙 사장은 근로자들이 주변 공터에서 야구를 할 때는 야구 배트와 글러브를 선물했고, 볼링장도 무료로 이용하도록 회사에서 예약하게 했다.

블랙의 친절한 태도는 파업 근로자들을 우호적으로 바뀌게 했다. 심지어 파업 근로자들은 던져줘진 공장 주변의 쓰레기를 치우고 깨끗하게 청소했다. 파업은 타결됐었고 적대감도 남지 않았다.

부드럽고 우호적인 말투는
성공을 가져온다

미국에서 역사상 가장 성공한 변호사라고 인정받는 다니엘 웹스터Daniel Webster는 마치 신을 연상하게 하는 외모라고 할 정도의 미남이었느네, 그런 뛰어난 외모로 신처럼 변론한다는 평을 듣기까지 했다. 웹스터는 강력한 주장을 펼 때 최대한 우호적이고 바르게 변론을 시작했다.

'배심원 여러분이 생각하시겠지만', '이러이러한 점은 신사 분들께서 고려할만한 가치가 있다고 여겨집니다', '여러분이 기억해 주시리라 믿는 몇 가지 사례를 말씀드리자면', '인간 본성에 대해 숙고하고 계신 여러분들께서 이 같은 사실이 얼마나 중요한지 더 잘 아시겠지만'등과 같은 극도의 예의를 차린 겸손한 말투를 썼다.

웹스터는 강하게 밀어붙이지 않았다. 웹스터는 항상 부드럽게 말했고 침착하면서도 우호적인 방식으로 변론했다. 그런 방식은 그를 유명하게 만들었다. 그리고 그런 말투는 미국 역사상 가장 성공한 변호사라는 명예로운 타이틀도 만들어 주었다.

원하는 것을 내세우지 말고 상대의 기분부터 맞춰라

인간관계 수업에서 들었던 것을 실행에 옮긴 스톰 씨는 아주 빠른 인테리를 캐는 데 성공했다. 인테리은 다른 입자인들에게는 한 번도 인테리를 넝춰준 적이 없는 매우 냉정한 사람이었다. 입테리을 만났을 때 스톰 씨는 온화하고 상냥한 얼굴로 상대했다. 그저 살고 있는 이테리가 비싸다는 이야기는 한 마디도 하지 않았다. 이테리 이테리가 얼마나 좋은지에 대해 이야기했다. 진심으로 아낌없이 칭찬을 쏟아내었다. 그리고 집주인이 이테리를 관리하는 방식에 대해서 칭찬했다. 사장이 허탁되지 않아 계속 거주할 수 없어서 안타깝다고 말했다. 집주인은 분평만 늘어놓으며 이테리를 깎으려 하는 입자인들에게서 모욕감을 느끼고 있었는데, 이렇게 자신의 이테리에 대해서 만족해하는 입자인을 보게 되어 안심이라고 했다. 그리고 스톰 씨가 요구하지도 않았는데 스톰 씨가 부담할 수 있는 정도로 입테리을 깎아주었다.

친근하고 공감하며 상대가 소중히 여기는 것을 칭찬해 주는 스톰 씨의 접근 방식이 그의 바람을 이루어준 것이다.

따뜻하고 부드럽게 대하면
원하는 것을 이룰 수 있다

어린 시절 나는 미주리 북서부의 시골 학교에 다녔는데 엘 로 숲길을 걸어 다녔다. 어느 날 학교에서 해와 바람에 대한 우화를 읽었다. 당신도 이미 잘 알고 있는 해와 바람 중에 누가 더 세지 언쟁을 하는 내용이었다.

바람이 말했다. "내가 더 세다는 걸 보여주겠어. 저기 보이는 노인의 코트를 빨리 벗기는 내기를 하기로 하지."

해는 구름 뒤로 숨었고 바람은 세차게 입김을 불어 태풍이 되어 몰아쳤다. 그런데 바람이 강해질수록 노인은 코트를 더 꽁 꽁 여몄다.

바람은 포기했고, 그다음에 해가 힘을 보여주었다. 해는 따뜻 하게 비추며 노인을 향해 미소를 보냈다. 노인은 이마의 송글 송글 맺힌 땀방울을 닦으며 코트를 벗었다. 해는 바람

에게 이야기했다. 친절하고 부드럽게 대하는 것이 분노의 힘보 다 강하다고.

어릴 적 읽었던 이 이야기는 평생의 교훈으로 삼기에 충분하다.

상대를 인정하고 나서
정정 사항을 요청하라

B박사는 보스턴의 신문들에 실리는 가짜 의료 광고가 불쾌했다. 그 도시 전체가 그런 광고 때문에 시끄러웠다. 신문에는 나쁜 전문 방법 광고나 남성 정기도 치료광고가 경쟁적으로 국민적인 내용으로 실리고 구독자들에게 불쾌감을 조성하고 있었다. B박사는 지구의 도를 발하는 몇몇 방법들이 그런 행태를 취하고 있는 것이었다. 시민 단체나 교회 등이 이런 광고를 반대하고 지탄하며 항의했지만 담당자들이 듣지 않았다. B박사는 스스로 나서기로 하고 인간관계 수업에서 듣은 방식대로 해보기로 했다. 그래서 신문사 발행인에게 직접 편지를 썼다.

"저는 언제나 보스턴 헤럴드지Boston Herald를 읽습니다. 선정적이지 않은 기사와 명쾌한 사설이 정말 훌륭하며, 가족 모두 읽기에 좋은 멋진 신문이지요. 그런데 제 친구가 저정한 기록 그의 어린 딸이 신문에 실린 한 광고를 보고 질문을 해 왔는데 너무 당황스러웠다고 합니다. 당신의 신문은 보스턴에 지도 수준 훌륭한 가정에 들어갑니다. 만약 당신께 어린 딸이 있다면 그런 광고들을 읽게 내버려 둘 수 있을까요? 당신의 신문처럼 정말 훌륭한 신문이, 이런 완벽한 신문이 왜 이렇게 누군가 광고를 싣고 있는지 유감입니다."

지도 주로 훌륭한 가정에 들어갑니다. 만약 당신께 어린 딸이 있다면 그런 광고들을 읽게 내버려 둘 수 있을까요? 당신의 신문처럼 정말 훌륭한 신문이, 이런 완벽한 신문이 왜 이렇게 누군가 광고를 싣고 있는지 유감입니다.

그 편지에 대해 발행인은 답장을 보내왔다. 어떤 미네에도 공적도 하지 않던 신문사에서 독자의 의견을 따르기로 한 것이다.

'월요일부터 가능한 모든 불편한 광고를 신지 않겠습니다. 선정적인 내용의 광고는 완전히 없애 버리고 불법적 의료 행위에 관한 광고들도 철저히 점검해서 불쾌감을 주지 않겠습니다. 당신의 진정한 편지는 많은 도움이 되었습니다. 발행인 하도스'

따뜻한 햇볕은
거센 바람보다 강하다

이솝은 사실 노예였다. 예수 탄생 6백 년 전에 크로이소스 궁전에서 노예생활을 하며 인류에게 영원히 남을 이솝우화를 썼다. 2천5백 년 전에 남겨진 교훈이 현시대에도 그대로 적용될 수 있는 내용이다.

햇볕은 바람보다 빨리 코트를 벗길 수 있다는 것은 친절하고 우호적으로 다가가는 것이 위협적인 것보다 더 빨리 원하는 것을 이룸을 보여준다.

링컨의 말을 다시 한번 새기자. "한 방울의 벌꿀은 한 통의 쓸개즙보다 더 많은 파리를 잡는다."

사람을 설득하는 방법 4:

우호적인 자세로
대화를 시작하라.

상대에게 '예스 반응'을
이끌어내는 대화를 시작하라

대화를 할 때는 상대와 당신이 서로 동의하고 있는 내용을 강조하면서 시작하라. 중간중간 그 부분을 강조하라. 서로 의견이 다른 부분부터 이야기를 꺼내지 마라. 가능하다면 양쪽이 다 같은 목적을 추구하고 있다는 것을 강조하고, 단지 방법이 다를 뿐이라는 사실을 계속 강조하라.

상대에게 처음부터 '네'라는 말을 하게 해라. 가능하면 '아니요'라는 말이 나오지 않게 하라.

말을 잘하는 사람들은 처음부터 '예스 반응'을 이끌어 내는 사람이다. 그렇게 하면 당신의 말을 듣는 상대를 긍정적으로 움직이게 하는 심리적 시스템을 작동시킬 수 있다. 마치 당구공이 튕신처럼 말이다. 일단 공을 한 방향으로 치면 나중에 방향을 바꾸기 어렵고, 반대 방향으로 튀어 나가게 하려면 더 큰 힘이 들기 마련이다.

누구나 한 번쯤 말 한마디 위결을 고수하려고 한다

오버스트릿Harry Allen Overstreet 교수는 〈인간 행동에 영향을 미치는 방법The Influence of Mechanism in Education〉이라는 저서에서 이렇게 말했다.

"아니요'라는 반응은 매우 극복하기 힘든 장애물이나 마찬가지이다. 상대가 '아니요'라고 말하는 순간 상대의 자존심은 그를 일관성 있는 사람이 되도록 이끈다. 그에게는 소중한 그의 자존심을 지켜줄 수 있어야 한다. 누구나 어떤 주장을 말하고 나면, 그 내용을 고수할 수밖에 없다. 따라서 처음부터 긍정적인 답변을 하도록 상대의 대화를 이끄는 것이 중요하다."

그것은 전혀 도움이 되지 않는다.

어떤 경우든 마찬가지다. 학생에게, 고객에게, 자녀에게, 배우자에게 처음부터 '아니요'라고 말하게 만들어 버리면 그 부정적 태도를 긍정적으로 바꾸는 데는 성인군자가 가졌을 법한 지혜나 인내심이 필요하다.

'아니오'라는 답을 먼저 듣게 되면
돌이키기가 힘들다

누구나 '아니요'라는 말을 하고 그런 마음을 가지고 있을 때는 말 보다 더 강한 행동을 하게 된다. 사람의 몸속 분비기관, 신경계나 근육 등 몸 전체가 거부하는 방향으로 움직이게 되어 있다. 몸을 움츠리기도 하는 데 그것은 신경계가 어떤 일을 받아들이지 않겠다고 미리 자세로 대비하는 것이다.

어떤 사람이 '내'라고 말을 했을 때는 몸을 앞으로 움직이며 개방적으로 열린 자세를 취하게 된다. 그래서 처음부터 '네'라는 대답을 이끌어낼 수 있다면, 결국 당신이 하고 싶은 방향의 대화로 관심을 유도하는 것이 쉬워진다.

'내 반응'을 그리 어렵지 않다. 많은 사람들이 이 방법을 무시하고 있을 뿐이다. 사람들은 양공하게 처음부터 상대를 적대시해서 자신의 중요한 사람이라는 느낌을 갖고 싶어 한다. 최의를 할 때 시작부터 상대를 분노하게 만들어 버리면 안 된다.

계속 '네'라는 반응이 나오는 질문만 해야 한다

누욕의 한 저축은행 직원인 제임스는 내 강의를 듣고 '예스 반응'을 이끌어낸 경험담을 이야기해 주었다.

"계좌를 개설하러 온 고객에게 서류 작성을 하다가 개인정보 몇 가지는 안 쓰겠다고 했습니다. 제가 인간관계 수업을 듣기 전이었다면 계좌 개설을 못 해 드린다고 말했겠지요. 그런데 지는 우리 은행을 찾은 고객에게 그분이 중요한 사람이라는 느낌을 드려야 한다는 것을 알고 있었습니다. 그래서 저는 은행입장에서 원하는 것을 말하지 않고 고객이 원하는 것을 말했습니다. 바로, 처음부터 '네'라고 반응을 하게 하는 것이지요. 일단 고객의 입장에 동의하고 난 다음, 그분이 일부 정보를 제공하고 싶지 않은 것은 당연하며, 사실 은행 입장에서 반드시 필요한 정보도 아니라고 말씀드렸습니다. 그런데 혹시 고객님이 돌아가신 이후에 은행에 돈이 남아있을 때를 생각해 보면, 그 돈이 고객님과 가장 가까운 가족에게 이체되는

게 맞지 않겠느냐를 말씀드렸습니다. 고객은 당연하다고 대답했지요, 그렇다면 고객님의 가족 정보를 조사야 은행에서 고객님이 바라는 대로 사후에 돈이 전달될 수 있으며 이것은 은행을 위해서가 아니라 고객님을 위한 정보라고 상세히 설명했습니다. 그랬더니 당연히 모든 정보를 기꺼이 제공하셨습니다. 처음부터 '네'라는 대답을 이끌어내다 보니 모든 게 순조롭게 진행됐지요. 그렇더니 당연히 제공하는 모든 필요 정보체공을 기꺼이 제공하셨습니다. 처음부터 '네'라는 대답을 이끌어내다 보니 모든 문제는 완전히 없어졌지요."

상대가 동의할 수밖에 없는 질문만 던져라

소크라테스는 '아테네의 잔소리꾼'이라는 별명을 갖고 있었다. 당대에도 현명한 사람으로 유명했다. 소크라테스는 역사상 몇 몇 사람들만 해낼 수 있었던 일을 했는데, 그것은 인류의 사유 방식을 완전히 바꾸어 놓은 중대한 일이다. 수 십 세기가 지난 지금도 소크라테스는 인생을 피하고 가장 현명한 방식으로 다른 사람들을 설득했던 인물로 존경받고 있다.

소크라테스의 설득방식은 어떤 것일까? 상대가 틀렸음을 인정하게 했을까? 소크라테스는 절대 그렇게 하지 않았다. 소크라테스의 문답법이라 이름 붙은 그의 대화 방식은 '네, 네'를 이끌어내는 것이었다. 그는 상대가 동의할 수밖에 없는 질문만 던졌다. 계속 다음 동의를 받아내는 질문을 했다. 결국 몇 분 전까지 반대 입장에서 비판을 쏟아내던 상대는 자신도 모르게 소크라테스의 의견을 받아들이고 말았다.

언제든 상대방에게 틀렸음을 각인시키고 싶을 때는, 벤벤의 소크라테스를 기억해 보라. 그리고 친근하게 질문을 하라. '네'라는 반응을 이끌어 낼 질문만 해라.

서둘러 걷는 사람이 멀리 간다

중국에는 오랜 세월 동안 전해오는 속담이 있다. "서둘러 걷는 사람이 멀리 간다."

당장에라도 목표 지점에 도착할 듯이 쏜살같이 달리는 사람이 결코 멀리 가지 못한다는 뜻이다. 수천 년 동안 인간 본성에 대해 연구해 온 사람들은 이런 깊은 통찰을 깨달았다.

늘 가슴에 새기자. "서둘러 걷는 사람이 멀리 간다."

사람을 설득하는 방법 5;

상대가
즉각 '네'라고 답할
질문만 하라.

상대의 동의를 얻고 싶을 때는
그의 이야기를 들어주라

다른 사람들이 자신의 생각에 동의하게 만들고 싶을 때 대부분의 사람들은 지나치게 말을 많이 한다. 특히나 세일즈맨은 이런 실수를 쉽게 저지른다. 상대방의 동의를 얻고 싶다면 그가 먼저 이야기를 끝낼 때까지 가만있어라.

아직까지 상대는 자신의 일에 대해 당신보다 더 잘 알고 있다. 그러니 당신은 상대에게 질문만 던져라. 그리고 상대가 이야기하도록 해라. 상대방과 의견이 다를 때 그의 말을 자르고 싶어 말참고 싶은 충동을 느끼게 될 것이다. 그런데 그렇게 하면 일이 안 된다. 상대가 표현하고 싶은 생각으로 가득 차 있는 동안에는 당신의 말에 관심을 가지지 않을 것이다. 인내심을 갖고 그의 말을 끝까지 들어주라. 진심으로 집중해서 들어야 한다. 상대방이 자기 생각을 충분히 더 말로 표현하도록 만들어 주어야 한다. 비즈니스에는 더 이런 방법이 통한다.

상대가 말하게 하면
오히려 득이 된다

미국 최대의 자동차 회사가 차 내부에 쓰일 일 년치 직물의 구매 협상을 할 때였다. 세 군데 업체가 견제를 제시했고 교례젠테이션을 하게 되었다. 업체 중 하나의 대표인 R 씨는 감기가 심해서 말을 하기 어려울 정도였다고 한다. 그는 회의장에 가서 담당자와 사장을 만나게 되었는데 목소리를 내기도 힘든 지경이었다. 그는 말하기 힘든 사정을 종이에 써서 보여 주었고, 그것을 본 그 자동차 회사의 사장이 대신 설명해 주겠다고 나섰다. 사장은 견본을 보여주며 R 씨 대신 교례젠테이션을 하게 되었고 그러다 보니 토론 중에도 계속 R 씨 입장에 서서 대답하게 되었다. R 씨가 한 것은 미소를 띠며 고개를 끄덕인 정도였다. 회의 결과 R 씨가 계약을 따냈는데 엄청난 금액인 50만 야드의 직물 납품 건이었다.

R 씨는 자신의 목소리를 낼 수 없었던 건강 상태가 아니었다면 그 계약을 따지 못했을 거라고 생각했다. 자신은 교례젠테이션을 잘 준비하지 못했고, 다른 사람이 대신 말을 하도록 내버려 두는 것이 오히려 큰 도움이 된다는 것을 알았다.

상대에게 관심이 있다는 것을
보여주고 듣기만 하라

뉴욕의 한 신문에 카다란 금전 관련 구인광고가 실렸다. 뛰어난 능력과 많은 경험을 가진 사람을 뽑겠다는 구인광고였다. 찰스는 이 광고를 보고 이력서를 보냈고 면접을 보게 되었다.

그는 면접장에 가기 전에 월스트리트에서 시간을 보내며 자신이 면접 볼 회사의 사장이자 창업자인 사람에 대해 모든 정보를 알게 되었다.

면접장에서 찰스는 사장에게 말했다. "이렇게 뛰어난 업적을 가진 회사에 면접을 보게 되어 정말 영광입니다. 제가 알기로는 28년 전 방 하나에 책상과 속기사 한 명만으로 창업을 하셨다고 하는데 그게 정말 사실입니까?"

성공한 사람이 창업시절의 어려움에 대한 회상을 하게 되는 것을 덜 연상하지만, 이 사장은 450달러와 아이디어만을 가지고 시작했던 시절부터 이야기했다. 얼마나 좌절했는지, 얼마나 조롱을 받았는지, 공휴일도 쉬지 않고 얼마나 열심히 일했는지, 모든 난관 속에서도 어떻게 성공하게 되었는지에 대한 이야기를 들려주었다. 지금은 월스트리트의 거물급 인사들도 자신을 먼저 찾아오게 되었다는 자부심까지.

찰스는 경력사항에 대한 간단한 질문에만 답한 정도였지만, 비로 채용이 결정되었다. 사장에게 대부분의 말을 하도록 만들어내었고 그것이 호감을 얻게 된 것이다.

훌쩍 뛰어난 사람이 되고 싶어 하면 적을 만들 뿐이다

프랑스의 철학자 프랑수아 모슈푸코는 이렇게 말했다. "적을 만들고 싶다면 친구들보다 뛰어난 사람이 되면 된다. 친구를 만들고 싶다면 친구들이 나보다 뛰어난 사람이 되도록 하면 된다."

친구들이 당신보다 뛰어나면 친구들은 자신이 중요한 사람이 되는 느낌을 갖게 되지만, 당신이 그들보다 낫다는 것을 보여 주면 그들은 열등감을 갖게 되고 시기심만 갖게 될 것이다.

독일에는 이런 냉정한 속담이 있다. "순수한 즐거움이란, 우리가 부러워하는 사람들이 불행해질 때 느끼게 되는 간사한 즐거움이다."

능력보다 운이 좋았다고 말하라

겸손해져야 한다. 자신의 성과를 뺄 때까지 이야기하는 습관을 버려야 한다. 그것이 항상 정확한 성공 비결이다. 이것을 알고 있던 당시 미국에서 가장 유명한 작가였던 쿤Irvin Cobb의 일화를 보자.

쿤은 재판정의 증인석에 앉게 되었는데 이런 질문을 받게 되었다. "쿤 씨는 미국에서 가장 유명한 작가가 맞지요?" 쿤은 이렇게 대답했다. "단지 분수에 넘치게 운이 좋았을 뿐입니다."

우리는 사실 진짜 대단한 사람들이 아니다. 백 년만 지나도 다 잊힐 사람들이 대부분이다. 별 것 아닌 성과를 늘어놓아 다른 사람들을 지겹게 만들기에는 인생은 너무 짧다. 그러니 다른 사람이 이야기하게 만들라. 생각해 보면 당신은 그다지 자랑할 만한 게 없다.

불평을 처리할 때는 안전망을 만들라

사람을 설득하는 방법 6;

다른 사람이 많이
말하도록 만들어라.

당신이 원하는 것을 상대가 입으로 말하게 하라

사람들은 일반적으로 다른 사람이 제안하는 생각을 그대로 받아들이기보다 자기 스스로 고안해 낸 생각을 믿게 된다. 그러니 당신의 의견을 상대에게 강요하는 것은 아닌지, 제안을 하더라도 상대가 깊이 생각해 보도록 만들어서 그가 편안하게 하는 것이 현명하다.

자동차 회사의 임원인 셀츠 씨는 의욕도 없고 기강이 잡히지 않는 세일즈 부서에 열정을 집어넣고 싶었다. 영업회의에서 셀츠는 세일즈맨들이 자신에게 원하는 것을 정확하게 말해보라고 했다. 그는 그들이 말하는 것을 칠판에 적었다. 그리고 말했다. "여러분들이 제게 원하는 것을 전부 다 해드리겠습니다. 그러면 이제는 제가 여러분께 기대할 수 있는 것은 무엇인지 말씀해 주세요."

영업사원들은 셀츠가 그들에게 기대할 수 있는 것을 솔아내가 시작했다. 회사에 대한 충성심, 정직함, 결단력, 희망적인 생각, 팀워크, 노력 등이었다. 회의는 용기와 열정으로 가득 차서 끝났다. 그 결과 판매량은 엄청나게 증가했다. 셀츠가 영업사원들에게 원하는 바를 그들의 입으로 더 말하게 한 것이 비결이었다. 셀츠가 그들에게 약속한 것을 실행하면 세일즈부서 직원들도 스스로 말한 약속을 실천할 수밖에 없는 것이다. 서로 해주고 해야 할 것이 이눈데 주는 일이 활력소가 되었다.

내가 팔고 싶은 것이 아니라
상대가 원하는 것을 팔아라

웨슨은 의류 디자인을 스케치해서 파는 일을 했다. 그는 뉴욕 최고의 스타일리스트들을 찾아갔지만, 그들은 구매를 하지 않았다. 150번의 실패 이후에 인간관계 수업을 듣고 나서 웨슨은 자신이 얼마나 상투적인 방법으로 일해 왔는지 깨달았다.

새로운 방식을 시도해 보기로 한 웨슨은 몇 장의 스케치를 들고 한 스타일리스트에게 찾아가서 부탁을 했다. "이 디자인을 이 당신이 원하는 것이 되려면 어떻게 스케치가 마무리되어야 하는지 가르쳐 주시면 고맙겠어요." 잠시 생각에 잠겨있던 그 스타일리스트는 며칠 뒤에 다시 오라고 했다.

웨슨은 며칠 후 듣게 된 그 스타일리스트의 충고대로 스케치를 마무리했다. 결과는 당연했다. 그 스케치들은 전부 제작되를 마무리했다. 그 후에도 그 스타일리스트는 웨슨에게 수십 점의 다른 스케치들을 주문했고 일은 같은 방식으로 진행되었다. 웨슨은 큰돈을 벌었고 더 큰 수확은 웨슨이 그동안 스케치를 팔지 못했던 이유를 깨달은 것이다.

"저는 제가 생각하는 스케치를 상대에게 얼어붙이고 있었던 겁니다. 구매자들이 직접 디자인을 창조하고 있다는 생각이 들게 해야 하는데 말입니다. 이제는 스케치를 팔려고 노력할 필요가 없어요. 그분들이 그냥 사 가시는 거지요."

상대가 원하는 것을 계속 제안하게 하라

뉴욕의 주지사 시절에 루스벨트는 원하던 방식의 개혁을 이뤄냈다. 그는 공화당의 지도자들 인물들과 좋은 관계를 유지하면서, 그들이 원래 극렬하게 반대했던 개혁을 이뤄야낸 것이다.

루스벨트는 뉴욕 주 행정부에 공석이 생기면 각 당 정치지도자들에게 추천을 부탁했고, 그들이 이해관계가 있는 정치편에서 맡은 후보자를 추천하면 국민들이 원하지 않으니 결국 정치상황에도 좋은 영향을 미칠 수 있다고 부드럽게 거절했다. 루스벨트는 그렇게 계속 그들이 대안의 인물을 제시하게 하면서, 자신이 원하지 않는 인물이라는 티를 내지 않고 것은 모든 대중의 눈높이에 맞지 않는다는 식으로 말했다. 결국 나중에는 그들이 내세우는 후보 중에 루스벨트가 선택할 만한 인물이 남게 되는 것이다. 그러면 감사인사를 하고 그 후보자를

좋은 인물을 선택할 수 있었음에 대한 칭찬으로는 여러 번에 걸쳐 후보를 제안해 온 정치지도자에게 보냈다. 그들이 직접 그 자리에 앉힐 사람을 뽑았다는 느낌을 갖게 했고, 그다음에는 당신이 제안한 인물을 임명했으니 이제 내 요구사항을 당신이 들어줄 차례라는 식으로 일을 진행해 나갔다.

이런 인간관계 덕분에 루스벨트와 정치적 입장이 반대쪽인 정치인들이 결국 루스벨트가 강력히 원했던 여러 방안에 대한 개혁을 지지해 주었다. 루스벨트는 다른 사람들과 이견하는 데 많은 시간과 노력을 기울였고 그들의 의견을 존중하는 식을 취했다.

상대가 결정하게 하면
당신이 원하는 것을 얻는다

인간관계 강의를 듣는 한 수강자동차 딜러는 고객 A 씨 때문에 오랫동안 속이 상해 있었는데 그 구두쇠 고객은 차를 살 차에 구경하고 구경할 때마다 항상 트집을 잡았다. 차의 상태가 좋지 않고, 그에게 어울리지 않으며, 모든 차가 항상 비싸다고 했다.

나는 그 딜러에게 그 고객뿐만 아니라 다른 고객에게도 물건을 팔려고 애쓰지 말라고 충고했다. 고객이 스스로 물건을 사도록 만들어보라고 했다. 일단 고객이 자신이 하고 싶은 대로 하도록 내버려 두는 게 좋고, 고객 자신이 고민해서 직접 결정했다고 느끼도록 만들어야 차 구매가 이루어진다고 조언했다.

딜러는 그 방법대로 해보기로 하고 새로운 중고차 한 대가 들어왔을 때 A 씨에게 전화를 했다. "고객님은 중고차를 잘 판별하시나까 차의 가치를 매겨봐 주십시오. 시운전도 해보시고,

제가 이 중고차를 얼마로 보상해 주고 갖고 와야 하는지 말씀 부탁드립니다." A 씨에게는 자신의 능력을 인정받는 순간이었다. 매장으로 달려온 그는 카다란 미소를 지으며 그 중고차를 살펴보고 딜러까지 드라이브도 해보았다. 그다음 신중하게 딜러가격을 매겼다.

딜러는 감사인사를 하며 "그렇다면 말씀하신 금액으로 보상해 주고 이 차를 인수해 올 때나 고객님께서 같은 금액으로 사시는 건 어떨까요?" 자신이 책정한 금액으로 A 씨는 그 차를 그 자리에서 바로 구입했다.

팔고 싶다면 사고 싶게 하라

대형병원에서 방사선과를 맡고 있는 L 박사는 증축하고 있는 병원 건물에 엑스레이 기계를 새로 구입해야 했다. 그런데 L 박사는 기계를 납품하고 싶어 하는 여러 엑스레이 제조업체 세 일즈맨들의 성화 때문에 업무를 못 볼 정도였다. 그런데 한 제 조사가 편지를 보내왔다.

'저희가 최근에 새로운 엑스레이 기계를 만들었는데, 장비가 완벽한지 모르겠습니다. 저희는 이 장비를 더 개선하고 싶어서 이 분야를 가장 잘 아는 박사님의 조언을 구하고 싶습니다. 한 번 저희 회사를 방문해 주시고, 이 장비가 어떻게 하면 박사님 의 업에도 도움이 될지 조언해 주신다면 경철 감사하겠고 언 제든 연락 주시면 차를 보내 드리겠습니다.'

L 박사는 엑스레이 기계 제조사가 자신의 조언을 구한다는 점 에 놀랐고, 자신이 매우 능력 있고 중요한 사람이 된 느낌이

들었다. L 박사가 그 장비를 보러 갔을 때도 그 회사는 L 박사 에게 장비를 판매하려는 태도는 전혀 보이지 않았고 조언을 듣기 위해 귀를 기울였다. 부족한 점을 찾기 위해 기계를 꼼꼼 히 살펴던 L 박사는 그 장비가 마음에 들어 스스로 구매를 결 정했다.

상대의 아이디어라고 믿게 해야 원하는 결과를 얻는다

에드워드 하우스_{Edward M. House}는 우드로 윌슨_{Woodrow Wilson} 미국 대통령 재임 기간에 큰 영향력을 행사했다고 알려져 있다. 윌슨 대통령은 내각에서 가장 높은 관료들보다도 하우스 대령의 충고에 의지하다시피 했다.

하우스 대령이 대통령에게 어떻게 했기에 그렇게 막강한 영향력을 행사할 수 있었을까? 그 방법은 이미 널리 알려져 있다. 하우스 대령은 그 방법에 대해 아서 스미스_{Arthur Smith}에게 말한 적이 있고, 스미스는 〈세터데이 이브닝 포스트_{The Saturday Evening Post}〉에 그 내용을 실었다.

하우스 대령은 이렇게 말했다고 한다. "저는 대통령의 관심을 가질 수도 있는 생각을 무심하게 쏙 내밀어 그의 머리에 심어 놓지요. 그것은 대통령이 스스로 그 문제에 대해 생각하게 만드는 것인데, 대통령이 생각을 움직이는 건 그 방법이 제일 좋

다는 것을 알게 되었습니다. 며칠 지나고 식사 자리에서 제 게 안을 마치 자신의 생각처럼 제안하시거든요."

하우스 대령이 대통령의 말을 자르고, "그것은 당신 아이디어 가 아닙니다"라고 했을까? 물론 절대 아니다. 컬럼인이 중요할 뿐이므로 하우스는 대통령이 직접 떠올린 아이디어로 믿도록 계속 내버려 두고 좋은 생각이라고 칭찬을 쏟았다.

다른 사람을 지배하고 싶다면 자신을 더 낮춰라

중국의 노자는 2천5백 년 전에 현재에도 적용되는 중요한 말을 했다.

"산골짜기를 흐르는 시냇물은 강과 바다를 존경하는 데 그 이유는 더 아래에서 흐르기 때문이다. 그런 이유 때문에 강과 바다는 모든 산골짜기 시냇물을 지배할 수 있다. 그러므로 다른 사람들보다 위에서 지배하고 싶다면 다른 사람들보다 자신을 낮추어야 한다.

다른 사람들의 앞에 서고 싶다면 그들보다 뒤에 서야 하는 것이다. 그래야만 다른 사람들이 중압감을 느끼지 않는다. 자신들보다 앞에 선다고 해서 마음이 상하지 않는다. 어떤 영향력을 행사하고 싶다면 그렇게 해야 한다."

DAY 126

데일리 캐내기

月 日

협조를 구하는 방법

사람을 설득하는 방법 7 ;

좋은 아이디어를 주고
상대가 스스로 생각해 냈다고
여기게 하라.

틀렸어도 틀렸다고 생각하지 않는 게 사람 본성이다

상대가 완전히 틀리는 경우도 있지만, 상대는 절대 그렇게 생각하지 않는다. 그를 비난하지 마라. 비보도 비난은 할 수 있다. 그를 이해하려 노력해야 한다. 현명하고 너그럽고 남의 마음의 소유자만이 그런 노력을 한다. 다른 사람이 어떤 생각을 하고 어떤 행동을 하는 데는 그럴만한 이유가 있다. 그 이유를 찾아내면 그가 그런 행동을 하는 것이 이해가 될 것이다. 진심으로 그 사람의 입장이 되어 보아야 한다.

스스로에게 물어보자. "내가 저 사람의 입장이었더라면 어떻게 했을까?" 그런 시간을 가져보면 화가 나는 것도 줄일 수 있다. 원인을 찾아보면 그 원인에 따른 결과도 이해하는 마음이 생기기 때문이다.

케네스 구드 Kenneth H. Blanchard는 《친절한 사람이 되는 법》이라는 책에서 말했다. "잠깐만 시간을 내여 당신이 자신에게 가지고

있는 관심과 다른 사람의 문제에 대해 가지고 있는 관심을 비교해 보라. 세상 모든 사람은 다 똑같다는 점도 명심하라. 사람관계를 잘하기 위해서는 다른 사람에게 공감하고 그의 관점을 이해해야 한다."

욕구 사항도 상대의 관점에서
받아들일 수 있게 말하라

나는 공원에서 불을 피우는 것을 혐오했고 나무가 화재로 불타는 것이 너무 두려웠다. 어느 날 나는 나무 아래에서 모닥불을 피우는 아이들을 보고 질겁했다. 엄격한 목소리로 불을 끄라고 했고, 거부한다면 경찰을 부르겠다고 위협했다. 아이들의 관점에는 전혀 관심을 갖지 않고 화가 난 나의 감정을 그대로 쏟아내었다. 아이들은 시무룩한 태도였지만 내 말을 따랐다. 그러나 내가 가고 나면 다시 불을 피웠을 것이다.

내가 인간관계에 대한 지식을 쌓은 후에는 명령을 하는 대신에 아이들의 관점에서 생각하며 모닥불에 다가갔다. "얘들아, 재미있게 먹을 걸 굽고 있구나. 나도 어릴 때 불 피우기를 좋아했지. 사실 지금도 마찬가지야. 그렇지만 여기 공원에서 그러는 건 매우 위험해. 너희들이 나쁜 생각을 갖고 하는 것이 아니라는 건 잘 알지만, 가끔 조심성이 없는 친구들도 있을 수 있단다. 그런 아이들이 너희가 불 피우는 걸 보고 자기들도 따

라 할 것 아니냐? 끝나고 나서 집에 갈 때도 제대로 끄지도 않는 거지. 그러면 마른 잎은 금방 불이 붙어버리고 그게 번지면 나무들이 불타버리는 거지. 불을 피웠다는 이유로 그 아이들이 감옥에 갈 수도 있지 않겠니? 너희가 즐기는 걸 방해하고 싶지는 않아. 잘 노는 건 보기에도 좋단다. 그렇지만 재미있게 놀고 싶다면 저기 모래밭에 있으니 거기서 모닥불을 피우는 건 괜찮을 거 같아. 오늘 재미있게 놀아."

아이들은 스스로 협조하고 싶어 했고 우리는 기분 좋게 헤어졌다. 반대를 하거나 요구사항을 말할 때도 상대의 관점에서 상황을 보고 상대가 스스로 받아들일 수 있게 설득하라.

상대의 입장에서 생각하게 되면
큰 성과를 거둔다

상대의 입장이 되어 저 사람이 저렇게 행동하는 이유가 무엇인지 생각해 보는 것은 쉽지 않다. 시간이 걸린다. 하지만 항상 그렇게 할 수 있다면 당신은 많은 친구를 얻고, 더 적은 탁으로 더 큰 성과를 거둘 수 있다.

하버드 경영대학원 월러스Wallace B. Donham 학장은 말했다. "인터뷰를 할 때는 어떤 말을 할지, 면접관의 관심을 유추해 볼 때 면접관이 어떤 질문을 할지 완벽하게 마릿속에 그려보아야 한다. 면접장 근처에 가서 시간 동안 차성거리며 생각해 보는 것이 좋겠다."

다른 사람의 관점에서 생각해 보고 그 사람의 관점에서 사물을 보는 태도를 가진다면, 당신 인생의 경력에서 중요한 나침반을 찾게 되는 것이다.

사람을 설득하는 방법 8;

진심으로
다른 사람의 관점에서
사물을 보라.

제가 당신이라도
그렇게 생각했을 겁니다

마법 같은 힘을 발휘하는 주문이 있다. 언쟁을 멈추게 하고 서로 선의를 갖게 하며 상대가 내 말에 관심을 가지게 만드는 주문이다.

"당신이 그렇게 생각하는 것이 당연합니다. 제가 당신 입장이라도 아마 틀림없이 당신처럼 생각했을 겁니다." 이렇게 말해주면 화가 잔뜩 난 사람이라도 쉽게 누그러지게 할 수 있다.

이런 말을 하는는 것이 아니다. 완전히 진심을 말하는 것일 수 있다. 왜냐면 상대의 처지에 놓여있다면 그 사람처럼 느낄 수밖에 없기 때문이다.

당신이 알 카포네이 경우라면 아뷀으까 생각해 보자. 당신이 그와 같은 육체와 성격을 물려받았고, 같은 환경에서 자라며 같은 경험을 했다고 치자. 그러면 그와 같은 처지에서 그와 같은 사람이 될 가능성이 높다. 당신이 다람쥐가 아닌 이유는 당

신의 부모가 사람이기 때문이다. 당신이 한드고 가정에서 태어나지 않았기 때문에 당신은 소리는 동물에게 입을 맞추지 않는 것이다.

지금의 당신이 지금의 모습이므로 칭찬받을 거는 없다. 그렇게 태어나고 그렇게 자는 환경 속에 있기 때문이다. 어떤 한스런 사람이 말도 되지 않는 말을 늘어놓고 반스에 쌓여있다면 그 역시 박히 비난받을 거도 별로 없다. 그는 그저 불생할 뿐이다. 그에게 공감하고 동정심을 가진다면 그는 달라질 것이다.

극주운 돕을 열심히 했던 존 고프John Goff는 비틀거리는 주정뱅이를 보고 말했다. "하느님의 은총이 없었다면 저기 비틀거리는 사람이 바로 나 자신일 수도 있다."

상대의 입장이 되어
내 잘못을 진심으로 사과하라

작가 루이자 메이 올컷(Louisa May Alcott)은 〈작은 아씨들〉이라는 작품을 썼는데 나는 그녀에 대한 방송을 제작한 적이 있다. 나는 작가가 매사추세츠주 콩코드 출신임을 알고 있었지만 작가에게 방송에서 뉴햄프셔주 작가의 집이 있다고 말해버렸다. 그 말은 곧 엄청난 반향을 불러일으켜서 매사추세츠주 콩코드 출신인 팬들에게 수없이 비난을 받게 되었다. 그 지역이 유서 깊은 콩코드 출신인 한 여성은 더 심하게 맹렬히 나를 비난했다. 나는 그녀에게 너무 심한 모욕을 당해서, 내가 지명을 잘못 말한 실수를 했으니, 당신은 예의상으로 더 큰 실수를 했다고 지적하고 싶었다. 하지만 나는 꿇어오르는 마음을 가라앉혔다. 성급함은 바보들의 것이다.

나는 그녀에게 생긴 적대감을 호의로 바꾸기로 마음먹고, '내가 올컷의 팬이고 매사추세츠주 콩코드 출신이라면 나도 그렇게 분노할 수도 있었을 것이라고 그녀의 관점이 되어보기로 했

다. 그리고 그다음 그녀에게 전화를 걸었다.

"저에게 편지를 보내셨지요. 감사드리려고 전화했습니다. 저는 메일 가세기입니다. 방송에서 루이자 메이 올컷이 뉴햄프셔주 콩코드 출신이라고 말을 했지요. 저는 용서받을 수 없는 실수를 했어요. 사과하고 싶습니다. 시간을 내서고 편지를 보내 주셔서 감사합니다. 방송을 통해서 이미 사과는 드렸지만, 개인 적으로도 꼭 사과를 드리고 싶었습니다."

"저는 매사추세츠주 콩코드에서 태어났고 저희 집안은 2백 년 동안 그곳에서 일들을 해왔습니다. 그래서 저는 저의 고향에 대해 자부심을 갖고 있습니다. 지금은 그던 편지를 보 낸 게 정말합니다. 당신은 정말 멋진 분이시군요."

상대의 관점에 공감해 줌으로써 상대가 나를 좋아하게 만들고 자기서 즐거움을 느낄 수 있었다.

상대에게 화가 날 때는
이를 정도 화를 사람에 놓아두라

미국 태프트 E(William Howard Taft) 대통령은 결혼을 통해 공감이라는 화한 물질이 적대감을 중화시킨다는 것을 알고 있었다. 태프트는 자서전에서 한 아내의 편지를 누그러뜨렸던 일화를 소개했다.

한 부인이 태프트 대통령을 머리 띠 찾아와 자신의 이름을 어떤 지리에 임명해 달라고 부탁했다. 그녀가 남편은 정치적인 영향력이 막강한 사람이었고 그녀도 힘이 있었다. 많은 상하 원의원들도 그녀의 부탁을 받고 나섰다. 그러나 그 자리는 기술적 전문성이 필요했다. 그래서 그 부인이 대통령에게 편지를 보냈다. 그녀는 태프트 대통령이 감사를 모르는 사람이라고, 그녀는 과거에 대통령을 도와서 행정 편안을 통과시킬 때 자신이 주이화를 설득했던 내가가 이런 것이냐고 불평했다.

대통령은 쾌써서 이렇게 썼다. "그런 무례한 편지를 받으면 마음이 끓어올라 당장 답장을 쓰게 되지만, 그러나지 말고 편지를 사람에 넣고 열쇠로 잠가야 한다. 그리고 이틀 정도 후에 꺼내 보고 답장을 쓰는 게 좋겠다. 나는 이틀이 지난 후 편지를 내 다시 보고 답장을 썼다. 부인에서 실망하신 것을 이해하며, 내 개인적인 편안으로 임명할 수는 없고, 기술적인 전문성이 필요한 자리라는 그 부서 책임자의 추천을 따를 수밖에 없는. 그리고 이드녀이 지금 하고 계신 분야에서 높은 성취를 할 수 있게 되기를 진심으로 바란다는 내용이었다. 그 답장으로 그녀는 마음을 가라앉혔고 내게 보내 편지를 후회한다는 답장을 다시 보내왔다. 그러나 그녀는 바로 마음을 깨진 못했지만, 결국 백악관의 음악회에 가장 먼저 나타나 주었다."

세상 모든 사람이 다 원하는 것

아무리 대단한 사람도
공감을 바라는 건 마찬가지다

미국에서 예술 분야의 최고 매니저라고 불리는 사람은 솔로
몬 휴락Solomon Hurok이다. 이사도라 덩컨, 안나 파블로바 같은 당
대 최고 예술가들의 매니지먼트를 해왔다. 성격이 예민하고 신
경질적인 톱스타들을 다루면서 그는 특별한 교훈을 얻었다.
톱스타일수록 더 공감이 필요하다는 것이었다. 세기의 스타
들이 보이는 기이한 태도에도 공감해 주고 또 공감해주어야
한다.

그는 세계적인 러시아 오페라 가수인 표도르 샬리아핀의 공
연을 기획했다. 샬리아핀은 음악 애호가들을 매료시킬 엄청난
베이스 가수였지만, 어쩔 수 없는 문제를 갖고 있었다. 그는 철
없는 행동을 계속하면서 상대를 지우에 있는 듯 곰곰하게 만
들었다. 공연 당일에 "목이 푸석푸석해서 오늘 밤 노래할 수
없어"라고 선언하기도 했다.

휴락 씨는 아티스트와 말다툼을 벌여서는 안 된다는 것을 알
기에 동정 어린 목소리로 말했다. "정말 안타까워요. 이런 가
여운 사람, 당연히 노래하면 안 되지요. 공연을 취소하겠습니
다. 수천 달러 손해를 보는 게 낫죠"라고 말했다. 그러면 샬리
아핀은 한숨을 쉬며 "오후까지 컨디션을 살펴보지요"라고 말
하고, 저녁시간쯤에 공연을 하겠다고 말했다. 그 대신 조건은
무대에 나가 샬리아핀이 오늘 목 상태가 좋지 않다고 관객들
에게 미리 양해를 구해달라고 했다. 휴락 씨는 기꺼이 그러겠다
고 약속하지만, 그런 공지는 필요 없어졌고, 세계적인 공연은
을 잘 치러졌다.

아이도 어른도 상처를 눈물에 돌이대며 동정을 바란다

아서 게이츠Arthur I. Gates 박사는 저서 〈교육 심리학Education Psychology〉에서 이렇게 말했다.

"인간이라는 좋은 누구나 공감을 열망한다. 아이는 상처를 눈앞에 들이대며 보여 주고, 동정을 얻기 위해서라면 자기 몸에 상처를 내기도 한다. 어른들도 마찬가지인데 자신이 겪은 사고나 질병, 수술에 대해 이야기하려 한다. 그것이 실제가 있든 가상이든, 불행에 대한 자기 연민은 누구나 아는 정도는 가지고 있다."

당신이 상대의 동의를 얻고 싶다면 그의 생각이나 주장이나 욕망에 공감부터 해주라.

사람을 설득하는 방법 9;

다른 사람들의
생각과 욕망에 공감하라.

상대가 훌륭한 사람임을 인정해 주는 것이 먼저다

분석력이 뛰어난 변호사를 하는 J. P. 모건John Pierpont Morgan은 이렇게 말했다. "사람들이 어떤 일을 하는 데는 두 가지 이유가 있기 마련이다. 하나는 듣기에만 그럴듯한 것이며, 나머지 하나는 실제 이유이다."

사람들은 실제 이유를 들어 말하겠지만, 마음속에는 이상이 들어있기 때문에 듣기에 그럴듯한 동기를 만들어 낸다. 그래서 그들의 생각을 바꾸기 위해서는 그들의 고상한 동기에 호소해야 한다.

실제 비즈니스에서 어떻게 적용되는지 보자. 해밀턴 파렐 씨는 불만으로 가득 차 이사하겠다고 위협하는 임차인 때문에 고충스러웠다. 계약이 아직 넉 달이 남아있었지만 임차인은 계약을 무시하고 당장 집을 비우겠다고 했다. 기온까지는 다시 이사를 세놓기 힘들어서 넉 달 치의 돈을 날리게 되는 셈이

었다. 나머지 임대료를 당장 한꺼번에 내놓으라고 화를 내고 싶었지만 다른 전략을 써서 말을 했다. "진심으로 이사를 원하지는 건 아니라고 믿고 있습니다. 당신은 누구보다도 약속을 잘 지키는 분 중에 하나니까요. 그러나 결정을 연기하시고 신중하게 생각해 보십시오. 다음 임대료 내시는 날까지 생각이 바뀌지 않는다면 결정대로 하겠습니다. 하지만 아직도 저는 당신이 약속을 지키는 사람이라고 믿는데 변함이 없으며 계약서 내용을 이행하시는 분이라 믿고 있습니다."

아내와 의논을 하며 생각을 더 해본 임차인은 약속한 날이 되어 임대료를 지불했고 계약을 내용을 이행하며 자신의 명예를 지켰다. 사람들은 누구나 자신이 연락을 지키는 훌륭한 사람임을 인정받는 것을 좋아한다.

DAY138

데일리 캐내기

月　　日

상대의 고귀한 동기에 호소하라

존 록펠러 주니어는 자녀들의 사진을 신문기자들이 마구 찍어 대는 것에 화가 났다. 그는 '내 아이들의 사진을 공개하는 것은 원하지 않습니다'라고 말하지 않았다. 대신에 고귀한 감정에 호소했다.

"여러분도 아이들이 있을 겁니다. 여러분도 잘 아시다시피 어린아이들을 보호해야 한다는 선한 감정에 호소했다. "여러분도 아이들이 있을 겁니다. 여러분도 잘 아시다시피, 아이들이 많은 관심의 주목을 받는 것은 좋지 않다는 것을 잘 아실 겁니다."

록펠러는 세상 사람들의 가슴 깊수한 곳에 있는 고귀한 욕구, 어린이들을 보호해야 한다는 선한 감정에 호소했다. "여러분도 아이들이 있을 겁니다. 여러분도 잘 아시다시피, 아이들이 많은 관심의 주목을 받는 것은 좋지 않다는 것을 잘 아실 것입니다."

《세터데이 이브닝 포스트》와 《레이디스 홈 저널》이라는 양대 매체의 소유주로 큰 부와 명예를 얻은 사이러스 커티스Cyrus H. K. Curtis는 원래 매우 가난했다. 그가 사업을 시작할 때는 원고료를 지금보다 돈도 없었다. 돈으로는 유명인의 원고를 받을 수

없었기에 커티스는 고귀한 동기에 호소했다. 루후이 명작 〈작은 아씨들〉의 작가인 루이자 메이 올컷을 설득하여 원고를 받았는데 고귀에게 적은 금액이지만 고귀의 선한 의지를 칭찬한 원고료를 자선단체에 기부하도록 설득하는 데 성공했다. 그런 설득력이 커티스를 당대 최고의 언론사 소유주가 되게 했다.

세상 사람들이 하는 호소

사람을 설득하는 방법 10:

상대의 고귀한 동기에
호소하라.

드라마틱하게
사람들의 관심을 끌어 온라

〈필라델피아 이브닝 불리틴(Philadelphia_Bulletin)〉이라는 매체가 중상모략을 받고 있을 때였다. 광고주들 사이에 이 매체가 광고가 너무 많고 뉴스는 적어서 독자들의 관심이 떨어지고 있다는 소문이 돌았다. 그래서 이들은 대처방안을 마련했다.

기사를 모두 모아서 한 권의 책으로 발행하고, 책의 이름은 〈One Day〉, 즉 하루분양의 기사를 의미하는 것으로 지었다. 책은 307페이지에 달했다. 그리고 적정한 책값으로 당시에 2달러 정도였는데, 하루치 신문 가격인 2센트로 정했다. 이렇게 책을 발행하는 이베트로 이 매체는 엄청난 양의 흥미로운 기사를 단 하루치의 신문에 담았다는 사실을 극적으로 보여줄 수 있었다. 대단히 인상적인 일이었다.

미키마우스라는 캐릭터는 과신 직전의 회사를 살려내고 백과사전에 까지 등재될 수 있었다. 해리 알렉산더(Harry Alexander)는

자기 회사 제품과 경쟁사 제품 간의 가상의 부싱 시험을 방송해서 직원들의 시기를 느높이고 엄청난 홍보효과로 연었다. 한 사탕화자는 사탕진열대에 아름다운 조명을 비춘 것으로 판매량을 두 배로 올렸다. 크라이슬러라는 자동차에 코끼리를 올려 놓고 차가 얼마나 튼튼한지 보여주었다.

사람들은 늘 관심을 가질 만한 것에만 관심을 가진다. 드라마틱하게 사람들의 관심을 모으는 것은 상당히 효과가 있다.

긴 설명보다
드라마틱한 쇼맨십을 보여주라

콘드그림 브랜드에 대한 철저한 조사를 마치고 시장 보고서를 브리핑해야 했던 제이스 보언턴은 그 방대한 내용을 광고주에게 설명하지만, 어떤 성과도 연지 못했다. 실패를 맛본 그는 자료의 목록이나 자료 같은 건 준비하지 않는 대신 극적으로 보일 수 있도록 다른 준비를 했다.

그는 32통의 경쟁사들 콘드그림을 한 줄로 세워 테이블에 올려놓았다. 각각의 패키지에는 제품 조사 결과를 항목별로 간단하게 손 메모지를 붙였다. 아무런 설명도 하지 않았고 광고주들 각자의 콘드그림을 집어 들고 메모지의 정보를 읽으며 진열된 32통의 콘드그림을 그 자체가 훌륭했던 것이다. 우호적이고 흥미로운 대화가 시작되었다. 그는 드라마틱하게 소맨십을 보여주는 방법을 사용한 것이다.

사람을 설득하는 방법 11;

상대를 설득하고 싶을 때는
아이디어를 드라마틱하게
보여주라.

얼음 찬 되게 하려면
서로의 경쟁심을 자극해야 한다

찰스 슈왑Charles Michael Schwab는 생산량이 떨어지는 한 공장의 문제를 이렇게 해결했다. 낮 근무가 끝나고 야간 근무조가 막 일을 시작할 시간이었다. 슈왑비는 가까이 있는 직원에게 물었다. "오늘 주간 근무조는 주조물을 몇 회 녹였습니까?" 직원은 "여섯 번이라고 대답했고, 슈왑비는 한마디 말도 없이 분필로 바닥에 크게 6이라는 숫자를 써놓고 가버렸다. 야간 근무조가 근무를 하기 위해 공장에 들어서면서 바닥에 쓰인 6이라는 숫자를 보고 무슨 의미인지 직원에게 물었다. "사장님이 오셔서 낮 근무조가 주조물을 몇 회 녹였느지 묻고는 그렇게 써놓고 갔어요."

다음 날 아침에는 바닥에 6이 지워지고 7이라고 쓰였다. 그러고 낮 근무조는 그 숫자를 보고 야간 근무조가 더 일을 많이 한 것이라고 판단하니 한 예대로 이겨야겠다 싶어 정고, 그럼 되는 배는 10이라는 숫자를 써놓았다. 점점 큰 숫자로 바

뀌었다. 이 공장은 불로 생산량이 활기차으로 높아지였다. 단지 분필로 바닥에 숫자 하나를 써놓기만 했을 뿐인데 말이다.

비결은 찰스 슈왑비가 직접 말했듯. "어떤 일이 잘 되게 만들려면 경쟁심을 자극해야 한다. 누가 더 많은 돈을 버느가 하는 지저분한 경쟁이 아니라 다른 사람보다 더 뛰어나고자 하는 욕망을 일으키는 것이 진정한 경쟁이다."

더 이상 광부밖이 얼음 때는 최후의 수단을 써라

욕망이 있는 상대를 설득할 때는
자극이 필요하다

패기가 있는 사람은 다른 사람보다 뛰어나고 싶은 욕망과 도전정신이 있기 마련이고, 그런 사람을 설득할 때는 약간의 자극이 도움이 된다.

이용 군대를 모집해서 승리로 이끌었던 루스벨트는 전장에서 돌아오자마자 뉴욕 주지사 후보가 되었는데, 그때 반대파였던 민주당이 루스벨트가 뉴욕 주의 주민이 아니라는 사실을 알게 되었다. 뉴욕의 주지사가 뉴욕 주민이 아닌 사람이 되기는 어려웠다. 루스벨트가 시류를 검토할 수밖에 없었을 때 토머스 플랫Thomas Platt이라는 상원의원이 루스벨트의 도전정신을 자극했다. "미국 스페인전의 영웅이 겁쟁이였다고요?" 그래서 루스벨트는 시류를 하지 않고 줄마하며 미국의 역사를 바꾸었다.

뉴욕 주지사 시절에 알 스미스Al Smith는 악명 높은 싱싱 교도

소의 교도소장에 누군가를 임명해야 하는데, 그 자리는 위험하기도 했고 온갖 스캔들도 많아서 이곳을 통제할 만한 강한 성격의 소유자가 필요했다. 적임자가 로스Ross라는 사람이라 생각해 그를 찾아갔다. 로스는 자신의 경력을 생각해야 했고, 그 자리가 위험을 감수할 만한 가치가 있는지 고민이 되었다. 그때 스미스는 몸을 뒤로 젖히며 말했다. "워낙 힘든 곳이라 당신 같은 젊은이 일장에서는 겁을 먹을 수 있을 거요. 정말 대단한 사람이어야 그곳에서 버틸 수 있습니다." 그 말을 듣고 로스는 그 자리를 맡아서 한편 해paradial해 볼생각이 들었다. 결국 로스는 지독한 감옥을 개혁하는 기록까지 만들어 냈다.

더 이상 방법이 없을 때는 최후의 수단을 써라

폐기 당하는 사람에게는
도전의 기회를 줘라

사람을 상대할 때는 그 사람의 본성을 파악할 필요가 있는데, 특히 폐기가 당하는 사람은 다른 사람보다 뛰어나고 싶은 욕망의 도전정신도 훨씬 더 크기 마련이다.

파이어스톤이라는 대형 타이어 회사Firestone Tire and Rubber Company를 창립한 하비 파이어스톤Harvey Firestone은 이런 말을 했다. "남 다르으로 좋은 사람을 대해 줄 수는 없다. 그 사람들을 회사에 오래 고용할 수도 있다. 좋은 직원을 뽑고 오래 일하게 만드는 방법은 개의어다."

성공하는 사람들은 평가 승부를 불태울 만한 것, 게임처럼 승패가 갈리는 기회에 도전하는 것을 좋아한다. 자신의 가치를 입증할 기회, 다른 사람을 앞서 나갈 기회, 승리할 기회 등이다. 이런 것을 좋아하는 폐기 당하는 사람을 설득할 때는 도전하고 싶게 만들다.

사람을 설득하는 방법 12;

상대에게 무엇을 시키고 싶을 때는

도전할 의욕을 불러일으켜라.

사람을 설득하는 12가지 방법

1. 논쟁에서 이기는 방법은 논쟁을 피하는 것이다.

2. 절대 상대가 틀렸다고 말하지 마라.

3. 만약에 틀렸다면 가능한 빠르고 분명하게 인정하라.

4. 우호적인 자세로 대화를 시작하라.

5. 다른 사람들이 즉시 '네'라고 답하는 질문만 하라.

6. 다른 사람이 많이 말하도록 만들어라.

7. 좋은 아이디어를 주고
상대가 스스로 생각해 냈다고 여기게 하라.

8. 진심으로 다른 사람의 관점에서 사물을 보라.

9. 다른 사람들의 생각과 욕망에 공감하라.

10. 상대의 고귀한 동기에 호소하라.

11. 상대를 설득하고 싶을 때는
아이디어를 극적이고 드라마틱하게 보여주라.

12. 상대에게 무엇을 시키고 싶을 때는
도전할 의욕을 불러일으켜라.

비판을 해야 할 때는
칭찬을 먼저 하라

비판을 해야 할 때는 이 말을 명심하라. '이발사는 길을 깎기 전에 거품부터 바른다.'

윌리엄 매킨리William McKinley는 대통령 선거 준비에 한창일 때 유세장에서 친조연설을 할 정치가의 연설문을 검토하고 있었다. 이 연설문을 쓴 저명한 공화당원은 자신감에 가득 차서 매킨리 앞에서 읽었다. 매킨리가 생각하기에는 연설문이 괜찮은 부분이 있었지만, 비난을 몰고 올 수도 있는 내용이었다. 그렇지만 작성자의 기분을 상하게 해서는 안 된다고 생각했다. 그래서 체치 있게 다시 작성하도록 만들었다.

"정말 멋지고 훌륭한 연설문입니다. 이보다 더 잘 쓸 수 있는 사람은 없을 것 같아요. 여러 경우에 잘 맞는 이야기입니다. 그런데 냉정하고 타당한 내용이지만, 정당의 관점에서 본다면 그 효과에 대해 생각을 다시 해보아야만 합니다. 집에 돌아가

시면 제가 지적한 부분을 다시 생각해서 연설문을 써보십시오." 매킨리는 연설문 곳곳을 수정하라고 표시했고, 그는 매킨리의 말을 따라 연설문을 고쳤고, 선거 유세에서 대단히 효력을 발휘한 연설가가 되었다.

상대가 심각할 잘못을
저질렀을 때도 칭찬부터 먼저 하라

링컨 대통령이 썼던 유명한 편지 내용을 한번 보자. 링컨이 사
건에 휘말리며 급히 쓴 썼던 이 편지는 1926년에 공매를 통해 그
당시 돈으로는 엄청난 금액이 팔리기도 했다.

이 편지는 1986년 남북전쟁 중에 링컨이 부대 장군들이 연일
패배하던 시기였고 탈영병이 속출했다. 암울했고 혼돈의 시기
에 링컨은 불만을 가지고 있던 후커Joseph Hooker 장군에게 편지
를 썼다.

"나는 당신을 포토맥군 사령관으로 임명했습니다. 나는 물론
당신이 충분한 자격이 있다는 것을 잘 알고 있습니다. 하지만
내가 장군에게 만족하지 못하는 몇 가지를 말려드리고 싶습
니다. 당신은 용감하고 노련한 군인입니다. 당신은 군인으로서
정치에 개입하지 않는 점도 믿고 있습니다. 당신은 확신도 있
고 야심도 있습니다. 그 야심이 적절한 범위 안에서는 이익을
가져다줄 것입니다. 하지만 군을 지휘할 때 너무 야심에 의지

해서 반사이드Ambrose Burnside 장군에게 반대했습니다. 그런 점은
국가에 대한 잘못이고, 명예로운 장교결에게도 잘못을 저지
른 것입니다......"

후커 장군은 심각한 잘못을 저지른 상태였지만, 그 잘못에 대
해 말하기 전에 칭찬을 하고 있는 점에 주목해야 한다.

상대가 약속을 어겼을 때조차 칭찬을 먼저 하라

위크 컴퍼니의 W. 고우 씨는 한 건물을 짓는 계약을 따냈어 계획대로 진행하고 있었고 완공 직전 상태였다. 하지만 건물 외관의 청동 장식을 만드는 업체가 정해진 납제에 납품할 수 없다고 알려 와서 큰 난관을 맞게 되었다. 완공 날제를 지키지 못하면 엄청난 위야금을 물어야 되는 상황이었다.

고우 씨는 전화 통화를 하고 사정을 했지만 아무 소용이 없었다. 그래서 필라델피아에서 뉴욕까지 그 업체를 찾아갔다. 고우 씨는 그 업체의 사무실에 들어갔을 때 청장부터 먼저 했다. "제가 가졌던 청동 세공 공장 중에서 가장 깨끗하고 멋진 공장입니다." 그 말에 업체 사장은 자부심을 느꼈고 공장 구경까지 시켜주었다. 공장을 견학하는 동안에도 고우 씨는 그 공장의 제조 방식을 칭찬하면서, 경쟁사들에 비해서 어떤 면에서 더 훌륭한지, 기계를 하나하나에 까지 관심을 보였고 사장은 자신이 발명한 기계들에 대해서 자랑스럽게 설명했다. 사장

은 점심에 고우 씨를 초대했는데 그 자리에서도 고우 씨는 자신이 이 업체를 찾아온 목적을 말하지 않고 있었다. 식사 후에 사장은 먼저 나서서 다른 주문 건은 더 미루더라도 고우 씨가 원하는 대로 일정을 맞추겠다고 말했고, 고우 씨는 건물 완공 계약을 지킬 수 있었다.

상대가 약속을 어겨 화가 치밀어 오를 때조차 먼저 상대의 장점을 진심으로 칭찬하는 것은 어려운 일이지만 꼭 필요하다.

기쁨을 상하지 않게 하면서
사람을 바꾸는 방법 1;

칭찬과 진심어린 감사로
대화를 시작하라.

기분 상하지 않게
비판하는 방법을 찾아라

찰스 슈워브가 자신의 철강 공장에서 담배를 피우고 있는 직원들을 마주쳤다. 금연 표시가 있는 곳이었다. 슈워브는 담배를 피우지 말라고 말하지 않았다. 오히려 직원들에게 시가를 나누어 주었다. "이 시가는 밖에 나가서 피우면 고맙겠네"라고 말했다. 슈워브는 직원들에게 잔소리하지 않고, 오히려 매우 고급스러운 시가를 선물로 주면서 그들이 스스로 중요한 사람이 된 느낌을 주었다. 슈워브 회사의 직원들은 슈워브를 존경했다.

미국 최초의 백화점을 세웠던 존 워너메이커는 어느 날 자신의 백화점 계산대 앞에 서있는 한 고객을 보았다. 그런데 계산대를 지키는 직원은 한 명도 없고, 판매사원들은 다른 쪽에 서서 웃고 떠들고 있었다. 워너메이커는 아무 말도 하지 않고 계산대로 가서 직접 그 고객의 계산을 처리하고, 판매 직원에게 그 상품을 포장해 드리라고 하고는 돌아서서 있다.

직접적인 비판은 상대의 기분을 상하게 하거나, 심지어 적개심을 불러일으키기도 한다. 그렇게 하지 않으면서 그 사람을 바꾸는 것이 중요하다.

기분을 상하지 않게 하면서
사람을 바꾸는 방법 2:

상대의 잘못을 비판하지 말고
간접적으로 생각을 전하라.

DAY
데일 카네기
15<u>3</u>
月 日

비판을 마음 받지 않게 하는 법

자신의 결점을 먼저 인정하면서
상대의 실수를 말하라

내 조카인 조세핀이 뉴욕에 와서 내 비서로 일하게 되었다. 그 아이는 나이가 19세이며 직장 경험은 전혀 없었다. 물론 지금의 조세핀은 가장 완벽한 비서가 되었다. 그러나 처음에 그 아이는 고쳐야 할 점이 많았다. 그래서 야단치려고 마음을 먹기도 했다. 그때 나를 되돌아보았다. 내가 열아홉 살에 어땠는지, 그때 했던 바보 같은 실수들도 생각해 보았다. 조세핀의 미래 성공률이 내가 열아홉이었던 때보다 더 낫다는 생각도 들었다. 그리고 그 아이를 충분히 칭찬해주지 못했음을 깨달았다.

"이건 실수구나. 조세핀. 그런데 내가 저질렀던 실수에 비하면 이건 큰 실수도 아니야. 경험을 통해 생기는 거야. 내가 네 나이였을 때 보다 너는 훨씬 잘하고 있어. 하지만 이럴 때에는 이렇게 하는 게 더 좋을지 않을까?"

상대방을 비판할 때 자신의 결함을 먼저 인정하면서 이야기를 시작한다면, 상대도 비판을 수용하기 쉬워진다.

상대를 먼저 칭찬하고
자신의 잘못을 꺼라

1909년 폰 뷜로는 독일 제국의 총리였고, 당시에 왕은 거만한 기도 유명한 독일의 마지막 황제, 빌 헬름이었다. 어느 날 이 오만한 왕은 믿을 수 없는 발언을 했다. "독일만이 영국에 우호적인 국가이며, 우리는 일본의 위협에 대비해서 해군을 키우고 있다. 영국이 러시아와 프랑스로부터 패배의 치욕을 겪지 않도록 구해 줄 수 있는 것도 나뿐이다. 영국이 남아프리카의 전쟁에서 승리할 수 있었던 것도 나의 전술 덕분이다."

평화가 유지되던 유럽의 백 년 역사에 그 누구도 감히 왕이 읊을 수 없는 말들이었다. 영국은 완전히 충격에 되었고, 독일 정치인들은 이성을 잃어 버렸다. 왕은 이런 발언들이 쏟아지자 왕은 폰 뷜로 총리에게 다 떠넘기고 싶었다. 총리가 왕에게 이렇게 말하라고 보고했다고 발표하도록 시켰다. 거만하는 총리에게 "당신은 나를 배신로 생각하는 게 분명해"하며 역정을 냈다.

폰 뷜로는 그런 왕을 비난하기 전에 먼저 칭찬해야 한다는 사실을 알고 있었다.

"저는 폐하께서 군에 대한 지식과 자연과학에 많은 지식을 갖고 계신다는 것을 압니다. 폐하께서 기압계나, 엑스선 등에 대해 설명해 주실 때 정말 감탄했습니다. 저는 과학에 대해서는 무지하니까, 그런데 저는 그림 무지함에 대한 보상으로 약간의 역사 지식을 갖고 있습니다. 특히 외교에 대해서는 좀 편이지요." 그렇게 말을 하자 폰 뷜로는 왕을 자신이 돗대로 할 수 있었다.

기분을 상하지 않게 하면서
사람을 바꾸는 방법 3;

상대를 비판하기 전에
자신의 단점부터
말하라.

다른 사람들이 나를 위해
일하도록 만들어라

오언 영이라는 유명인의 전기를 쓰던 작가가 오언 영 씨의 사무실에서 일했던 직원을 인터뷰했다. 그 직원은 오언 영 씨가 한 번도 직원들에게 명령을 내리는 모습을 보지 못했다고 했다. 영 씨는 언제나 제안을 했을 뿐이었다.

"셔틀 들어 '이것을 하세요' 대신에 '이런 걸 고려해 볼 수도 있지 않을까요?'라고 말했어요. 영은 언제나 다른 사람이 자신을 위해 일할 기회를 주었고, 어떤 일을 하라고 명령하지 않았지요. 다른 사람이 영 씨를 위해 어떤 일을 하도록 그냥 두었어요. 그리고 그들이 실수를 하면 실수를 통해 배우게 했어요."

이런 오언 영의 방법은 다른 사람들이 잘못을 스스로 쉽게 고쳐나갈 수 있게 한다. 상대의 자부심을 거스르지 않고, 그 사람이 중요한 사람이라는 느낌을 주는 것이다. 이런 방법은 상대가 협조하고 싶은 마음이 들게 한다.

아무도 명령을 좋아하지 않는다

기분을 상하지 않게 하면서
사람을 바꾸는 방법 4 ;

직접적인 명령보다
질문을 하라.

DAY 159
데일 카네기
9月 日

친밀한 상황에서도
상대의 체면을 세워 주어야 한다

다른 사람의 체면을 세워 주는 것이 좋다. 정말 중요한 일이다.

그런데도 다른 사람의 감정을 함부로 다루고 마음대로 하고 싶은 대로 하고, 또 다른 사람 앞에서 직원이나 아이들을 비난하는 사람들이 많다. 다른 사람의 자존심을 상하게 한 것에 대해서는 터럭만큼도 않는다. 다른 사람을 배려하는 한두 마디의 말이나 다른 사람을 이해해 보려고 노력하는 것

만으로도 서로 기분 좋은 관계를 만들어 갈 수 있다.

특히나 어쩔 수 없이 잔인할을 하는 사람이나 회사의 직원을 해고해야 하는 상황에서는 반드시 이런 내용을 명심해야 한다.

다른 사람의 체면을 세워 주라

해고할 때는 특히나
직원의 체면을 살려주라

경영을 하거나 관리자의 입장에서 직원을 해고할 때는 특히나 주의해야 할 점이 있다. 다음은 공인회계사 마션 그렌저가 그런 상황일 때 어떻게 대처했는지에 대해 한 이야기다.

"직원을 해고하는 일은 언제나 힘든 일입니다. 해고당하는 입장에선 더 힘들겠지만요. 저희 회사의 특성상 매년 3월에는 많은 직원을 해고하게 됩니다. 어느 누구도 손에 피를 묻히고 싶어 하진 않지요. 그동안 해고당하는 사람이 좋거났다고 느끼게 하는 해고 처리 방식이 관행이 되었습니다.

최근에 저는 해고당하는 직원들을 더 배려하는 상황을 만들어 보기로 마음먹었지요. 한 사람씩 대면하기 전에 그가 그동안 했던 일에 대해 심사평가해보았습니다. "스미스 씨, 뉴크로로 가셔서 임하셨을 때 정말 어려운 일을 맡으셨지요. 현장에서 큰 일을 해내셨다는 것을 알고 있고 회사는 당신에 대해 자부심을

가지고 있다는 것을 알아주세요. 당신은 능력이 출중하고 어디서든 큰 도움이 될 분입니다. 그렇게 말하고 나서 어쩔 수 없는 해고에 대한 내용을 이야기했습니다. 효과는 좋았습니다.

그들은 해고된 이후에도 기분 나빠하거지 않았고, 회사가 다시 그들을 필요로 할 때 예정을 가지고 와주었습니다."

승리의 감격에 도취될 때도 패배자의 체면을 세워주라

다툼을 중재하는 입장이라면 명심해야 할 것이 있다. 그것은 드와이트 모로우가 밝혀준 방법이다. 모든 말썽이라도 딸을 접을 처리할 수 없는 사람들까지 화해시키는 특별한 능력을 갖고 있었다. 그는 양쪽의 좋은 면을 따져보고, 그것을 먼저 강조하면서 칭찬했다. 한쪽이 이루어질 때도 한쪽을 칭찬했다고 티내하지 않았다. 왜냐면 양쪽 모두의 체면을 세워주어야 하기 때문이다.

유능한 사람은 자신이 승리했어도 승리에 도취되지 않는다. 1922년 오랜 전쟁 끝에 터키는 그리스를 이기고 터키 영토에서 적들을 몰아냈다. 터키인들은 패배한 적들에게 자국을 떠나으며 승리를 자축했다. 그러나 터키의 지도자인 무스타파 케말은 승리의 기쁨을 보이지 않았다. 그리고 그리스 장군들이 케말의 부대에 항복하러 왔을 때 그들의 손을 잡고 정중하게 예우했다. 중진 사항에 대해 자세히 설명한 다음 그리스의 이픔을 달래주었다. 그리고 "아무리 뛰어난 장군들이라도 전쟁에서 패배는 패배하게 됩니다"라고 하면서 그리스 장군들을 격려했다. 승리의 감격에 도취되어 있는 순간에도 다른 사람의 체면을 세워준 사례이다.

기분을 상하지 않게 하면서
사람을 바꾸는 방법 5;

다른 사람의 체면을
세워 주라.

몇 마디의 칭찬이
획기적인 결과를 만들어 낸다

피트 발로는 평생을 서커스단에서 개와 조랑말을 데리고 쇼를 벌여주는 사람이었다. 나는 피트가 개들을 조련하고 연기를 가르치는 모습을 지켜봤었다. 깨가 좀 더 훌륭하게 되면 피트는 칭찬하며 개에게 주었고, 또 연습을 계속 시키며 칭찬을 했다. 동물 조련사들은 이미 수백 년 전부터 이런 방법을 사용하고 있다.

우리는 왜 사람의 마음을 바꾸고 싶을 때 개를 조련하는 상식적인 방법을 쓰지 않을까? 체찍 대신 먹이를 사용하지 않까? 비난 대신 칭찬을 하면 더 좋지 않을까? 조금이라도 나아지면 칭찬을 해보자, 누구든 격려를 받게 되면 계속 더 나아지도록 노력하게 된다.

앞에서 말했던 루이스 로스라는 싱싱 교도소장은 극악무도한 범죄자들조차 칭찬받으면 더 긍정적 결과를 만들어 낸다는 사실을 발견했다. "죄수들의 노력에 대해 적절한 인정을 해주는 것은 사소한 잘못에 대해 비난하는 것보다 그들의 협조를 구하고, 개활을 시키는데 훨씬 좋은 결과를 만들 수 있다."

몇 마디 칭찬이 자신의 앞날을 바꾸어 놓았던 기억을 잊지 말자.

품으로도 존경받았다.

칭찬과 격려는 천재도 만들어낸다

나폴리의 한 공장에서 일하는 열 살쯤 된 소년이 있었다. 소년은 가수가 되고 싶었지만, 음악 선생은 그를 단념하게 했다. "나는 노래를 부르기 어려워. 특별한 목소리라고 할 수가 없어. 바람 빠진 소리나 내고 있어."

하지만 소년의 가난한 엄마는 아들을 안아주며 칭찬하고 격려했다. 언젠가는 소년이 꼭 무대에 설 수 있다는 것을 엄마는 믿고 있다고 말했다. 소년의 노래가 계속 발전하고 있다는 것을 느낀다고 했다. 가난한 농부였던 엄마는 맨발로 지내며 신발값까지 모아 아들의 레슨비를 냈다. 물론 이 엄마의 격려는 소년의 인생을 바꾸었다. 그 소년의 이름은 바로 우리가 모두 잘 아는 엔리코 카루소Enrico Caruso다. 그는 천사처럼 노래한다는 평을 받았고, 완벽한 성량임에도 자연스러운 음색에까지 지녀 목소리 천재로 불린다. 세계에서 가장 개런티를 많이 받는 테너가 되고 나서도 겸손이나 허세가 없는 성

몇 마디의 칭찬과 인정은
한 사람의 인생을 바꾼다

작가가 꼭 되고 싶었던 런던의 한 청년이 있었다. 그의 앞날에는 모든 것이 막혀 있었다. 학교는 고작 4년을 다녔고 아버지는 감옥에 갇혔으며, 음식을 구할 수 없는 배고픈 날이 이어졌다. 더군다나 창고에서 일해야 했고 빈민가의 컴컴한 다락방에서 잠이 들었다. 자신감이 떨어진 청년은 아무도 모르게 쳐 원고를 이웃집 우체통에 보냈다. 그러나 원고를 받은 이들은 모두 거절했다. 어느 날 드디어 작품이 선택받기도 했지만, 원고료는 한 푼도 받지 못했다. 그런데 어떤 편집자에게 원고는 채택받지 못했어도 청찬은 받았다. 그 편집자는 그의 능력을 인정한다고 말해 주었다. 청년은 너무나 기뻐서 눈물을 흘리며 길에 다녔다.

몇 마디의 칭찬과 인정으로 그의 인생은 바뀌었다. 그 격려가 없었더라면 더 이상 끝을 쓸 용기를 내지 못하고 평생 작가 못 살래는 다락방과 창고에서 지냈을 것이다. 그의 이름은 모르는 사람이 없는 찰스 디킨스Charles John Huffam Dickens다.

DAY
데일 카네기
165
月 日

자긍을 주어 성공으로 이끄는 법

좋은 자극은 숨겨진 재능을
끄집어내어 사람을 바꾼다

상대에게 좋은 자극을 주어 그가 가지고 있는 숨겨진 보물 같은 재능을 깨닫게 만든다면, 그 사람을 변화시키는 데서 그치지 않고, 완전히 다른 사람으로 바꿔놓을 수도 있다.

윌리엄 제임스William James는 하버드 대학 교수로 미국에서 가장 뛰어난 심리학자이며 철학자였다. 그는 이렇게 말했다.

"우리는 우리의 잠재력을 절반도 쓰지 않고 있다. 우리가 가지고 있는 육체적 정신적 자신의 매우 일부만을 이용하고 있는 것이다. 사람들은 다양한 능력을 가지고 있어도 습관적으로 그것을 사용하지 않고 있다."

당신이 최대한으로 사용하지 않는 능력 중에는 바로 다른 사람들의 잠재된 가능성을 알아내어 그 사람을 칭찬하고 격려하는 마법을 부리지 않는 것도 있다.

기름을 상하지 않게 하면서
사람을 바꾸는 방법 6;

약간의 발전에도 칭찬해 주고,
계속 칭찬하라.

칭찬을 하면
칭찬한 대로 되어간다

아니스트 젠트 부인은 뉴욕에 살고 있는 나이 지긋인데, 가정부를 한 명 고용했다. 그런데 젠트부인은 이 가정부가 전에 일했던 집주인에게 그녀에 대해 물어보았다. 단정하지 못하고 집을 더럽게 관리한다는 좋지 않은 평가를 들었다. 젠트 부인은 이 가정부가 첫 출근한 날 어떻게 말했을까?

젠트 부인과 그 가정부는 잘 지냈다. 그리고 젠트 부인이 말한 대로 가정부는 일을 해내었다. 집은 윤이 났고 심지어 근무 시간 이외에도 열심히 집 청소를 했다.

"당신이 전에 일했던 집주인에게 전화를 해봤어요. 당신에 대해 물어봤습니다. 그녀는 당신이 정직해서 믿을 수 있는 사람이라고 했어요. 요리도 잘하고 아이들도 잘 돌보았다고, 그런데 당신이 조금 단정하지 못한 부분이 있어서 집이 항상 깨끗하지는 않았다고 했어요. 나는 사실 그녀의 말이 거짓이라고 생각해요. 깔끔한 당신의 옷차림을 보면 누구나 알 수 있죠. 당신이 얼마나 집을 깔끔하게 청소할지를, 나는 당신과 잘 지낼 것 같은 느낌이 들어요."

높은 평가를 미리 받으면
높은 성과를 낸다

볼드윈 기관차Baldwin Locomotive Works의 사장인 새뮤얼 블라이드Samuel M. Blythe은 사람들의 심리에 대해 말한 것이 있다. "일반적으로 사람들은 자신의 능력보다 높이 평가해 받을 때 가까이 평가대로 되어 간다."

다시 말해서 상대의 어떤 부분을 개선시키고 싶다면 그 부분에서 이미 그 사람이 뛰어나다고 평가하라는 것이다. 상대가 가졌으면 하는 장점을 이미 가지고 있다고 공개적으로 말하는 것도 좋겠다. 그가 기꺼이 그 바람에 따르고 싶어질 만큼 훌륭한 평가를 미리 해주는 것이다. 그 사람은 다른 사람을 실망시키지 않기 위해 엄청나게 노력할 것이다.

셰익스피어는 스스로 그런 평가를 내리고 행동하라고 말하기도 했다. "당신이 가지지 않은 장점도 이미 가진 것처럼 행동하라."

누구라도 특별한 재능이 있다는 말을 믿고 싶어 한다

프랑스 가수 조제트 르블랑은 이웃 호텔의 주방 보조로 일하는 한 여성과의 일화를 이야기했다. 그녀는 '접시닦이 마리'라고 불리는 하녀였는데 몸과 마음이 모두 심각한 상태였다. 소위 사팔뜨기라 불리는 눈을 가졌고 다리가 엉거주춤했으며 자신의 감정을 표현하지 못할 정도로 자존감이 낮은 상태였다.

어느 날 조제트는 식탁을 깨끗이 치우고 있는 마리를 친절히 살피며 말했다. "당신 안에는 보물이 들어 있어요"라고, 그것은 솔직한 심정이었다. 조제트는 이미 관찰을 통해 마리가 가진 장점을 찾아내었고 말해 주었다. 마리는 접시를 내려놓고 잠도 생각에 잠기며 말했다. "저는 그런 칭찬을 받은 적이 없어서 믿어지지도 않아요."

그러나 마리는 처음 그녀의 말을 되뇌어 보았고 처음 듣는 칭찬에 믿음을 가지려 노력했다. 자신이 보잘것없다고 믿었던 마리에게 변화가 일어났다.

자신에게도 특별한 재능이 있다는 것을 믿기 시작한 마리는 얼굴을 가꾸기 시작했고, 못생긴 외모도 어느 정도는 예쁠 수 있었다. 얼마 후 마리는 주방장의 조카와 결혼하게 되었고, 조 제트에게 감사 인사를 하러 왔다. "저는 진짜 숙녀가 될 거에 요"라고 말했다. 조제트는 '접시닦이 마리'에게도 좋은 평판을 주고 싶었고, 그런 말 한마디가 항상 기죽어 있던 그녀의 삶을 바꾸어 놓은 것이다.

대우를 해주면
대우받은 대로 행동하게 된다

"개에게 나쁜 이름을 붙여주면 그 개를 매달아 놓고 싶어질 것
이다"라는 속담이 있다. 반대로 개에게 좋은 이름을 붙여 준
다면 어떨까? 그렇게 하면 어떤 일이 일어날까?

심리 교도소장 로스는 말했다. "사기꾼에게 숙지 않을 방법이
딱 한 가지 있지요. 명예를 소중히 여기는 신사로 그 사기꾼을
대우해 주는 겁니다. 그 사람이 그런 대우를 받는 것을 당연
한 것처럼 행동해야 합니다. 그러면 그는 그런 대접에 기분 좋
아지게 되고 그런 평판에 부응하려고 합니다. 누군가 자신을
믿어 주는 것 자체로 자부심을 갖는 거죠. 사기꾼들은 명
분 교도소장의 말이나 믿을 만하다.

기분을 상하지 않게 하면서
사람을 바꾸는 방법 7;

좋은 평판을 주어
거기에 부응하게 하라.

상대에게는 재능이 있어서 쉬운 일이라고 느끼게 하라

한 친구가 춤을 배우고 있었다. 20년 전에 댄스를 배웠던 이후 모든 처음 시도였다. 그래서 첫 번째 댄스 강사는 진실을 말해 줬었다. 모든 자세가 다 엉망이고 가르쳐도 다음에 다시 마찬가지를 틀어서라고, 그 말에 친구는 낙담했고, 춤을 배울 의지가 없어져서 고만두었다고 한다.

새롭게 만난 댄스강사는 어쩌면 거짓말을 했을 수도 있다. 친구의 댄스가 오래된 스타일이지만 근본적인 자질은 괜찮아 보인다고 했다. 몇 가지 스텝을 배우면 좋아질 거라고 했다. 그 강사는 제대로 하는 동작에 대해서는 계속 칭찬을 했고, 실수에 대해서는 크게 말하지 않았다. 친구가 타고난 리듬감이 있다고 했다. 친구는 자신의 춤이 보잘것없는 점을 알고 있지만, 그 강사의 말을 믿고 싶었다. 강사가 댄스에 소질이 있다고 말해 주지 않았더라면 계속하기 힘들었을 거라고, 그런 칭찬을 이 격려가 되었고 더 잘해보고 싶은 생각이 들었다고 했다.

배우자에게, 자녀에게, 또는 회사의 직원에게 하고 있는 일을 잘하지 못한다고, 그 일에 재능이 없다고, 계속 틀린 것을 지적해 보라. 그것은 하고 싶은 의욕을 모두 없애 버리는 것이다. 반대로 해보라. 격려를 하고 고치 하고 있는 일이 그에게는 쉬운 일처럼 여기게 만들어보라.

잘못이 있다면 고치기 쉽게 느끼게 하라

상대가 사적받을 수 있도록
자질이 충분하다고 말하라

상대가 무엇을 배우고 있거나, 무슨 일을 하고 있을 때, 그 분야에서 아직 개발되지는 않았지만 타고난 재주가 있다고 믿게 만들라. 그러면 상대는 더 열심히 위해 연습하고, 또 연습하게 될 것이다. 그것이 바로 로웰 토머스Lowell Thomas가 사용했던 방법이다. 그는 인간관계 분야에서는 예술가라고도 평가할 만한 사람이다. 그는 사람들의 능력을 뽑아내고 자기 확신을 주는 사람이다.

나는 토머스 부부와 토요일 밤을 보내며 모닥불 앞에서 브리지 게임을 하게 되었다. 나는 처음에 할 수 없다고 했다. 브리지 게임에 대해서 아는 게 전혀 없고 그것은 언제나 나에게 어려운 대상이었다. 토머스는 말했다. "데일, 당신에게 절대 어려운 게임이 아니야." "기억력 좋으면 할 수 있는데, 당신은 이미 기억력에 대한 글도 쓴 적이 있을 정도니 브리지 게임은 아무것도 아니야. 당신은 소질이 이미 충분해." 그 말을 듣고 나

는 테이블에 앉아 시작했다. 나에게 타고난 소질이 있다는 이야기를 듣고, 게임이 더 이상 어렵게 느껴지지 않았다.

상대에게 개발되지 않은
타고난 소질이 있음을 말해주라

브리지 게임을 하다 보면 엘리 컬버트슨Ely Culbertson이라는 이름이 언급되기 마련이다. 그는 브리지 게임에 대한 책을 쓴 사람이고 그 책은 세계적으로 많이 팔렸다. 그런데 컬버트슨도 아내의 격려를 전문가가 되었다. 브리지 게임에 타고난 재주가 있다고 확신을 갖게 해 준 아내 덕분에 이를 직업으로 삼게 되었다.

컬버트슨은 1922년 미주리로 건너왔는데 철학과 사회학을 강의하고 싶었지만 교수자리를 구하지 못했고, 석탄 사업도 키피 사업도 하려 했지만 실패했다. 교자식한 성격 탓에 브리지 게임이 카드를 다룰 생각조차 못했으니 누구에게 가르칠 생각은 당연히 꿈도 꾸지 못했다. 그는 심지어 게임을 하게 되었을 때는 상대를 피곤하게 하는 질문을 계속했고, 게임이 끝난 뒤엔 게임 과정을 복기하려 들었다. 그때 컬버트슨은 조세핀 딜문이라는 한 브리지 게임 강사와 결혼하게 되었는데 그녀는

남편이 특별하게 카드를 분석한다는 것에 주목했고, 게임에 대한 개발되지 않은 천재성이 컬버트슨에게 있다고 설득했다. 그리고 컬버트슨은 브리지 게임을 직업으로 선택하게 되었고, 세계적으로 백만 권이 남게 팔리는 책도 쓰게 되었다.

기분을 상하지 않게 하면서 사람을 바꾸는 방법 8;

잘못은 고치기 쉬운 것 이라 여기게 하고,

할 일은 하기 쉬운 일처럼 느끼게 하라.

상대가 원하는 대로 해주지 못할 때도 기분 좋게 하라

1915년 유럽에서는 1년도 넘게 큰 전쟁이 진행되고 있었고, 미국도 곧 끝에 빠져 있었다. 우드로 월슨 대통령은 유럽에 평화를 보내기로 했는데, 당신 국무장관인 윌리엄 제닝스 브라이언은 자신이 특사가 되고 싶어 했다. 브라이언 장관은 임무를 수행해서 자신의 이름을 널리 알리는 기회를 잡고 싶었던 것이다. 하지만 월슨 대통령은 브라이언이 아니라 하우스 대령을 특사로 임명했다. 그런데 월슨 대통령은 이 곤란하다고 생각해서 임명하게 되었던 그란티 월슨 대통령

은 하우스 대령에게 따른 임무도 줬었다. 브라이언 장관의 기분을 상하지 않게 하면서, 그가 특사로 임명되지 못한 이 곤란한 상황을

나중에 하우스 대령은 이렇게 말했다. "브라이언이 아니라 내가 평화특사가 되었다는 말에 곧 실망했다. 그러나 나는 '아니 내 대통령이라도 이런 일을 드러내놓고 공식적으로 하지는 않을 것인데, 당신이 유럽 방문은 너무 많은 관심을 끌게 될 것이라는 것이 곤란하다고

이다. 사람들이 당신이 유럽에 가는 이유를 궁금해하면서 너무 주목을 끌게 될 것이다'라고 말했다."

하우스대령은 브라이언이 그런 일을 하기에는 너무 중요한 사람이라고 말했고, 브라이언은 이 말에 만족했다.

거절할 때도 진심을 다해 좋은 기억으로 남게 하라

작가 오 헨리O. Henry 본명 William Sydney Porter는 자신의 소설을 받아 들여 준 출판사보다 거절한 더블데이 페이지라는 출판사에 더 더 호감을 느꼈다. 그 출판사가 자신의 단편소설을 매우 상 낭하고 호의적인 태도로 거절했기 때문이다.

어떤 제안을 거절당했을 때는 누구나 기분이 상하기 마련이 고, 좌절감도 느껴지며, 심지어 거절한 대상에 대해 적개심을 가지게 될 수도 있다. 상대를 기분 좋게 하면서 진심을 다해 응대하며 거절하는 것은 오래 아름다운 기억으로 남게 한다.

상대가 하는 일을 하더라도
중요한 사람임을 느끼게 하라

뉴욕에서 가장 큰 인쇄업체 J. A. 원트사의 대표 원트 사장은 기계를 다루는 한 직원이 태도가 마음에 들지 않아 애무 때도를 바꾸고 싶었다. 그 직원의 업무는 수많은 인쇄 기계들이 항상 잘 돌아가게 관리하는 것이었다. 그는 늘 근무시간이 길고 일이 너무 많아 조수를 뽑아달라고 불평했다. 원트는 근무시간을 줄이지도, 조수를 붙여주지도 않으면서 그 직원을 기분 좋게 만들었다. 그는 일단 공장 한쪽에 그 직원의 개인 사무실 공간을 만들어 주었다. 그리고 '서비스부 부장'이라는 간판을 그 사무실 문에 붙여 주었다. 그는 불평 없이 즐겁게 일했다.

그는 그런 사무실 공간과 직함을 가지게 되면서 시키는 대로 일하고 기계를 수리나 하는 사람이 아니라고 느꼈다. 한 부서의 부서장인 것이다. 자신이 중요한 사람이라는 느낌을 가지게 된 것이다.

칭찬과 권한을 주면
사람들은 더 자부심을 가진다

나폴레옹은 배지와 도금이라는 훈장을 만들었고 1,500명이
나 되는 병사들에게 훈장을 수여했다. 18명의 장군에게 '프랑
스 원수'라는 임명장을 주었으며, 군대에게는 항상 '위대한 군
대'라고 수식어를 붙였다. 주변에서 참전용사들에게 장난감 따
위나 나누어 주는 것이라는 소리를 듣게 되자, 나폴레옹은 말
했다. "남자들은 언제나 장난감에 지배된다." 나폴레옹이 쓰던
방식은 누구에게나 효과가 있을 것이다.

내 친구 젠트 부인은 소년들이 마당을 뛰어다니며 잔디를 망
치는 일이 거슬렸다. 야단을 치기도 하고 살살 타이르기도 했
지만 소용이 없었다. 이다른 방법을 썼다. 소년들 중에 가장 속
을 썩이는 한 녀석에게 직함을 준 것이다. 젠트 부인은 그 소
년을 '경위'로 임명하고 잔디에 들어오게 감시하는
임무를 맡겼다. 잔디 관리는 그날부터 잘 되었다.

인간의 본성이란 이런 것이다. 기분을 상하게 하지 말고 상대
를 바로잡을 수 있는 방법을 연구하라.

정중한 편지나 메일로 특별한 인연을 만든다

몇몇 편지들은 기적을 만들어 냈었다. 그중 하나인 벤저민 플랭클린의 편지를 보자. 젊은 날 플랭클린은 자신의 재능을 전부 잡은 인쇄업체에 투자했는데 그 후 의회의 서기관으로 일하게 되었고, 의회의 인쇄 관련 일을 자신의 인쇄업체에 전부 수주하였다. 그러나 의회에 속해있는 위원 한 명이 그에 전부 수주하였다. 그러나 의회에 속해있는 위원 한 명이 그 플랭클린을 싫어했던 사람이었다. 한때부터 플랭클린을 그를 자기편으로 만들어야 했지만 어떤 방법을 쓸지 고민이었다. 플랭클린은 호의를 베푼다고 해도 괜한 의심을 불러일으킬 수 있는 상황이었다.

플랭클린은 오히려 그 위원 위원에게 부탁을 하기로 했다. 상대가 증가위를 부탁이어야 했다. 그의 허영심을 올려주고 그를 인정해 주는 부탁이어야 했다. 그래서 플랭클린은 그 위원의 지적 수준에 걸맞하고 있다는 사실을 은연중에 보여줄 수 있는 부탁을 했다. 플랭클린은 그의 서재에 희귀한 책들이 있

는 것을 알고 있기에 진귀한 책 한 권을 지무해 그 귀한 책을 꼭 보고 싶으니 며칠만 빌려줄 수 있겠냐고 부탁을 했다. 그는 그 책을 바로 보내주었고 며칠 후 플랭클린은 그 책을 관주면서 정중한 감사의 편지를 같이 돌려보냈다. 물론 그런 진귀한 책을 소장하고 있는 그 위원의 높은 지적 수준을 칭찬하는 언급했다. 다음 의회에서 그 위원은 공손한 태도로 플랭클린에게 먼저 말을 걸었고, 그 이후에도 모든 면에서 플랭클린에게 도움이 되었다. 두 사람은 좋은 친구가 되어 오랜 우정을 나누었다.

당신이 원하는 일을 상대가 기꺼이 하게 하는 방법

기분을 상하지 않게 하면서
사람을 바꾸는 방법 9;

당신의 제안을
상대가 즐겁게
받아들이게 하라.

부부생활 중에 지속적인 잔소리는 불행을 초래한다

나폴레옹 보나파르트의 조카였던 나폴레옹 3세는 세상에서 가장 아름다운 여인이라는 소명을 듣던 마리 외제니라는 여성과 사랑에 빠져 결혼까지 했다. 주변에서는 지위가 낮은 그녀의 집안을 들추며 반대했다. 그러나 나폴레옹은 그런 말들에 굴하지 않았고, 외제니의 젊고 매력적인 아름다움에 깊이 빠져들 만큼 행복했다. 나폴레옹 3세와 외제니 부부는 부와 권력을 가진 완벽한 환경 속에서 출발했다. 그러나 시간이 지날수록 나폴레옹 3세는 아내 노래으로 외제니의 잔소리를 멈추게 할 수 없었다.

나폴레옹 3세의 모든 일과를 다 알아야만 했던 외제니는 회의 중인 집무실에도 거리낌 없이 느다들었다. 남편이 혼자 다른 여성에게 한누이라도 빨까 봐 혼자 두기를 못했다. 울기도 하고 불평을 계속하는 잔소리는 끝이 없었다. 열 개가 넘는 호화로운 궁전을 갖고 있던 나폴레옹 3세는 그 어떤 곳에도 자

신만의 집무실을 가질 수 없었다. 이런 잔소리의 간섭 끝에 외제니는 무엇을 얻었을까? 이런 상황에서 오랜 세월 잡혀한을 느낀 나폴레옹 3세는 밖에 촛문으로 몰래 빠져나가서 모자를 둘러쓰고 쏘다녔다. 심지어 다른 여성을 찾는 경우도 있었다. 그에게아 외제니는 외쳤다. "가장 두려워했던 일이 내게 닥쳐 닫니고, 사실 일이 닥친 게 아니라 스스로 초래한 일인 걸 몰랐다.

완벽한 사랑도 잔소리 앞에서는
오래 지켜지지 못한다

사랑을 파괴하는 가장 끔찍한 무기가 바로 잔소리다. 잔소리는 뱀의 독처럼 사랑을 죽인다.

톨스토이 부부는 어떤 면에서 볼 때나 행복해야 하는 게 당연했다. 톨스토이는 세계 문학사에서 가장 유명한 소설인 전쟁과 평화, 안나 카레니나 같은 작품을 탄생시켰고, 수많은 팬들이 톨스토이를 추종하며 그가 내뱉는 말들을 받아 적는 이도 있었다. 톨스토이 부부는 명성과 재산과 사회적 지위를 얻고 있었다. 그런데 톨스토이는 완벽하게 행복했다. 그러나 톨스토이가 어느 날부터 조금씩 변해갔고 자신이 쓴 위대한 작품들을 부끄러워하기 시작했으며, 평화주의자가 되었고 전쟁과 가난을 없애려는 운동을 하였다. 젊은 날의 과오를 고백하고 예수의 가르침을 실천하기 위해 자신의 땅을 나누어 주고 청빈한 삶을 살기 시작했다. 밭일을 하고 스스로 자기 신발을 만들어 신고 청소도 직접 했다.

한 인간으로서 톨스토이의 생애는 비극이었는데, 그 원인이 결혼이었다. 아내는 사치를 좋아했고 명성을 더 높이고 싶었고 돈을 추구했다. 아내는 간소리를 그치지 않고 톨스토이의 작품들이 가져다 줄 돈에만 관심이 있었다. 82세의 톨스토이는 이 비극적인 결혼 생활을 더 이상 견딜 수 없어 집을 나갔고 주검으로 돌아왔다. 나중에 톨스토이의 부인은 자신의 끊임없이 남편에게 간소리한 것을 깊이 후회했다.

끝없는 잔소리는
위대한 사람의 삶도 망치게 한다

사람들은 평정의 삶에서 가장 큰 비극은 안셀을 당한 것이라고 생각하지만, 어떤 면에서 보면 결혼이었다. 23년의 결혼 생활이 매일 끊임없이 매기를 지르는 날들이었다. 링컨 부인은 언제나 불평을 달고 살며 남편을 비난했다. 링컨은 아예 귀가 구부러졌고 결혼생활도 이상했느니 부인은 고집을 피워나갔었다. 모자 비겁으로 튀어나온 링컨의 커다란 귀와 비뚤어진 코, 너무 손과 발 등 외모에 대해서도 불평했다. 링컨 부부는 모든 것이 달랐다. 배움도 배경도 취향도 성격도 다 달랐다. 그들은 서로에게 끝없이 짜증을 부리오는 존재였다.

링컨에 대해서 가장 잘 아는 언버트 베버리지Albert J. Beveridge는 말했다. "링컨 부인의 날카로운 목소리는 길 건너 편에서도 들렸으며 그녀의 끊임없이 폭발하는 분노는 동조연한 사실이었다."

링컨의 모든 행동에 불만을 가진 부인의 끝없는 잔소리는 링컨을 바꾸어 놓았을까? 오히려 링컨으로 하여금 자신의 결혼을 후회하게 만들 뿐이었다. 오직 부인을 피해 다니고 싶어 했다. 링컨 부인의 잔소리는 자신도 남편도 결혼 생활도 비극으로 이끌 뿐이었다.

결혼생활을 행복하게 하는 비결 1;

절대로
잔소리하면
안 된다.

행복한 결혼 생활은 무엇보다 인간의 삶을 아름답게 한다

영국의 수상이었던 디즈레일리B^{enjamin Disraeli}는 특이한 결혼을 했다. 평소에도 사랑만을 위해 결혼하는 것은 비효율적이라 했던 그는 오래 독신생활을 하다가 35세의 나이에 15살이나 연상이었던 부유한 미망인과 결혼했다. 디즈레일리가 선택한 여성은 늙었고, 아름답지도 않았고, 똑똑하지도 않았다. 그러나 그녀는 결혼 생활에서 무엇을 해야 하는지 알고 있었다.

그녀는 남편과 경쟁하려 하지 않았고, 디즈레일리가 늦게 귀가하면 그를 편히 쉬게 해 주었고 받아도 직업했다. 디즈레일리는 편안한 집에 점차 빨리 들어오고 싶어졌다. 긴장을 풀고 아내의 따뜻한 사랑을 받는 것이 행복했다. 하루 일과를 아내에게 이야기하고 싶어서 서둘러 집으로 갔다. 그녀는 똑똑하지 않던 그녀는 점점 남편의 협력자가 되었고 조언자가 되었다. 어떤 일이 생겨도 남편은 실패하지 않을 것이라 격려해 주었

다. 그녀에게 맞은 재산은 남편을 편하게 해 줄 수 있다는 이유에서만 의미 있었다.

디즈레일리가 "당신도 알다시피 나는 당신이 부자라서 결혼한 거예요."라고 하면 아내는 "그럼요, 하지만 다시 결혼해야 한다면, 사랑해서 하게 될 거예요, 그렇죠?"라고 농담을 했다.

배우자의 방식을
존중하고 간섭하지 마라

헨리 제임스Henry James는 이렇게 말했다. "다른 사람과 교제할 때 가장 중요한 것은 상대가 행복해하는 나름대로의 방식을 존중하고 간섭하지 말아야 한다는 것이다. 상대의 방식이 꼭 적극으로 자신의 방식에 개입하지 않는 한 그것은 지켜줘야 한다."

리랜드 포스터 우드Leland Foster Wood는 결혼에 대해 이렇게 말했다. "성공적으로 결혼 생활을 하기 위해서는 올바른 배우자를 만나는 게 다가 아니라, 당신 자신이 먼저 올바른 사람이 되어야 한다."

결혼생활을 행복하게 하는 비결 2;

배우자를
자기 식으로
바꾸려 하지 마라.

행복한 가정생활을 하고 싶다면 가족을 비난하지 마라

영국 수상 중에서도 가장 위엄 있었고, 근엄한 사람이었던 윌리엄 글래드스턴William Ewart Gladstone 은 난로 앞 양탄자 위에서 보여주었던 어울리지 않는 장면으로 더 유명했다. 글래드스턴은 아내의 손을 잡고 춤을 추면서 이런 노래를 지어 불렀다. "지저분한 남편과 얼가닥 아내, 우리는 인생의 기쁨과 고난을 함께 노래하며 이겨낸다네."

글래드스턴은 공적으로는 무서운 카리스마형이었지만, 집에서는 비난이라고는 평생 단 한 마디도 하지 않았다. 아침에 식탁에 앉았는데 다른 가족이 모두 아직 자고 있는 것을 알았을 때도 노래를 불러 부드럽게 깨웠다. 가족들은 영국에서 가장 바쁜 사람이 식탁에서 같이 아침 식사를 해주기를 기다리고 있다는 사실을 깨달았다. 인간관계에 능숙하고, 상대를 배려할 줄 알았던 글래드스턴은 집 안에서 가족 누구도 비난하지 않은 비결로 행복한 삶을 보낼 수 있었다.

이혼의 가장 큰 이유는 배우자를 비판하는 것이다

도로시 딕스Dorothy Dix와 엘리자베스 Elizabeth Meriwether Gilme는 불행한 결혼 생활의 원인에 대한 연구자로서 미국 최고이며, 절반 이상의 결혼이 실패한다고 했다. 낭만적인 결혼이 이혼으로 산산이 부서지는 가장 큰 이유는 비판이다. 의미도 없고 배우자의 마음만 아프게 하는 것이 비판이다.

결혼 생활을 행복하게 하는 비결 3;

가족을 비난하지 마라.

아이들 야단치기 전에 자신의 아픈 시절을 돌아보라

지나를 야단치지 않아야겠지만 꼭 야단을 쳐야 한다면, 미국 저널리즘의 교전 《아들아, 아빠지가 잠시 잊고 있었다》를 먼저 읽으라고 말하고 싶다.

아들아, 아빠지가 잠시 잊고 있었다. _1

아들아, 내 이야기를 들어보아라. 지금 너는 잠들어 있단다. 잠 을 팔 하고는 빰 아래 집어넣고 마리카락은 촉촉한 앞이마에 붙어 있단다. 혼자 가만히 너의 방에 들어왔단다. 조금 전 서재 에서 걷더기 힘도 후회가 물컹덜더구나. 최책감에 마음 아파 하며 아빠는 지금 네 침대 옆에 앉아 있단다.

마음에 걸리는 일들이 있단다. 아빠가 너에게 짜증을 내었다. 네가 학교 갈 준비를 할 때 수건에 얼굴을 대기만 한다고 야단 쳤다. 신발을 깨끗이 닦지 않는다고 한다. 네가 물건을 을 던져 놓고 하면 아기젓한 소리를 치기도 했다.

아침 식사 중에도 잔소리를 했다. 음식을 흘린다고, 꾹꾹 씹

어 먹지 않는다고, 팔꿈치를 식탁에 올려놓는다고, 빵에 버터 를 너무 많이 바른다고.

내가 차를 타러 나갈 때 내가 손을 흔들며, "아빠, 안녕" 이 라고 인사해 주었지만, 나는 얼굴을 찌푸리면서 "어깨 좀 펴!"라고 했다.

내가 서재에서 서류를 보고 있을 때 네가 살짝 얼굴 로 문을 열고 문간에 서있을 때도 내가 "뭐? 원하는 게 뭐지?" 라고 짜증스럽게 말했다.

아이는 아직 아주 작은
사람이라는 걸 명심하라

아들아, 아빠지가 잠시 잊고 있었다. _2

내일부터 아빠지는 진짜 아빠가 될 거야. 너와 친구가 되고, 네가 아플 때 같이 아프고, 네가 웃으면 아빠도 웃을 거야. 주문을 외우듯 나 자신에게 말할 거야. "이 아이는 아직 아이일 뿐이야. 아주 작은 사람."

너를 어른처럼 생각했다. 이렇게 침대에 누워있는 너를 보니 아직 정말 아기인데 말이야. 내가 너무 많은 것을 바랐고 요구했다. 사랑한다. 내 아들.

나는 아무 말도 하지 않고 담요와 두 팔로 너를 안아주었다. 그리고 나는 네 방으로 갔다. 그런데 갑자기 내 손에서 서류가 스르르 미끄러졌다. 갑자기 어떤 커다란 두려움이 나를 사로잡는 거야. 도대체 나는 습관적으로 무슨 짓을 하고 있었나? 야단치는 게 습관이 되었던 거야. 내가 널 사랑하지 않는 게 아니라, 어린 너에게 너무 많은 걸 기대하고 있었던 거지. 나 자신에게 적용해야 할 잣대를 가지고 너를 판단하고 있었던 거다.

너의 성격은 좋은 점도 진실한 점도 많다. 너의 작은 마음은 저 높은 산을 넘고 나오는 새벽보다도 넓어. 아단만 치는 내게 달려와 잘 자라고 인사해 주는 행동만 봐도 알 수 있지. 아들아, 난 어둠 속에서 내 옆에 이렇게 앉아있다. 내가 부끄럽구나.

남자는 여자의 외모에 대해 를 칭찬해 주어야 한다

Popenoe가 말했다. 배우자를 찾는 사람들은 높은 지위를 가진 사람을 찾는 게 아니라 자신의 허영에 대해서도 기꺼이 칭찬해 주고, 자신을 좀 더 나은 사람으로 느끼게 만들어 줄 사람을 찾는 것이다.

노스웰레스 가족관계연구소 소장인 폴 포페노Paul Bowman

여성들이 잘 보이고 싶고 옷을 잘 입고 하는 노래에 대해 남성들은 인정해 주어야 한다. 킹거리에서 한 커플이 다른 커플을 마주치는 경우, 여성은 그 커플을 보는 경우가 드물다. 상대 쪽 여성이 얼마나 옷을 잘 입고 있는지 등 외모에 관심을 가지고 본다.

98세에 들어가신 나의 할머니는 그 연세에도 빛처럼 넌 전 사진을 보시며 눈이 밝아지지 않아서 결론을 하셨다. "내가 무슨 옷을 입고 있나?"라고, 자식의 얼굴도 잘 못 알아보던 할머니

가 수십 년 전 자신이 입었던 옷이 궁금하셨던 것이다.

프랑스 남자들은 여성들의 드레스나 모자에 대해 칭찬을 보내야 한다는 것을 배운다. 프랑스에는 5천만 명의 남자들이 있는데, 그들은 그렇게 배우고 자란다. 다른 나라 남자들도 꼭 배워야 한다.

식탁을 차린 준 아내에게
구체적으로 감사함을 표현하라

한 농장의 여성이 하루는 저녁식탁의 남편 접시에 건초를 쌓아 올려 두었다. 남자가 화가 나서 당신이 미쳤냐고 말했다.

"당신은 내가 20년 동안 음식을 만들었는데도 아무 말도 한 적이 없어요. 건초를 먹지 않는다고 말해준 적도 없지요."

카드 시대의 모스크바 상류층 귀족들은 예의를 소중히 했다. 저녁 식사 후에는 요리사를 불러 칭찬을 하는 것이 전통이었다. 그런데 요리사보다 당신의 아내를 배려해 주지 않을 이유가 있는가? 생선을 잘 먹고 나면 아내에게 생선이 잘 구워졌다고 말하라. 박수를 보내주면 더 좋다.

그런 칭찬을 하는 김에 더 나아가 아내가 당신에게 주는 행복이 얼마나 큰 지 말해 주라. 영국 역사상 가장 위대한 정치가라는 평을 듣는 디즈레일리 수상은 '이 작은 여성인 내 아내에게 빠지고 있는 것이 얼마나 않았는지 세상에 알리며 얼마며 심어있었다.

헌신과 인정이 있어야
행복한 부부가 된다

할리우드에서 결혼을 한다는 것은 위험한 일이다. 어떤 보험사도 결혼을 도박이라고 생각해서 결혼에 대한 보험 계약을 체결하고 싶지 않을 것이다. 그러나 드물게 대단히 행복한 부부도 있다.

워너 백스터 부부인데 아내인 백스터 부인은 결혼과 동시에 은퇴했다. 아내의 희생 덕분에 결혼 생활이 행복했음을 백스터는 잊지 않았다. "아내는 늘 무대의 결혼을 그리워했다. 그래서 나는 아내가 나의 감격을 오롯이 받고 있다는 걸 느끼게 하기 위해 노력했다."

남편의 헌신과 아내에 대한 인정이 행복을 만들어 준다. 헌신과 인정이 진실된 것이라면 아내가 행복할 것이고 따라서 남편도 행복하기 마련이다.

모든 사람을 행복하게 만드는 가장 쉬운 방법

결혼 생활을 행복하게 하는 비결 4;
진심으로 칭찬하라.

사소한 관심이
행복한 결혼을 만든다

원래부터 꽃은 사랑을 전하는 역할을 했다. 그러나 남편들이 꽃다발을 들고 집에 들어가는 날이 얼마나 있는가? 당장 저녁이라도 장미 한 다발을 안겨주면 아내가? 특히 남자들이 평생 잊지 말아야 할 넘치는 아내의 생일과 결혼기념일이다.

시카고의 조지 새버스George Sabbath 판사는 4만 건의 부부간 재판을 진행하고 2천 쌍을 화해시킨 경험을 가지고 있는데 그는 이런 말을 했다. "불행한 결혼 생활의 이유는 사소한 것들에 있어요. 아침에 남편이 출근할 때 아내가 손을 흔들어 주는 간단한 행동만으로도 수많은 이혼을 피할 수 있습니다."

시인 로버트 브라우닝은 아내 엘리자베스 브라우닝과 역사에 남을 정도로 아름다운 사랑을 했고, 그 사랑을 지켜갔다. 그 비결은 작은 칭찬과 관심이었다. 아픈 아내에 대한 그의 배려가 얼마나 세심했으면, 아내 엘리자베스가 이렇게 말했을 정도

다. "이제는 내가 진짜 천사가 아닌지 궁금해진다나?"

사소한 일들이 연속되는 것이 결혼 생활이며, 이 사소한 것들을 무시하는 부부에게는 고통이 따른다.

자잘한 행복을 미루면 안 된다

자잘한 행복을 미루면 안 된다.

'사랑은 하찮은 일들로 떠나고 나를 아프게 한다.'

에드나 밀레이라는 시인이 쓴 간결한 시다.

미국 네바다주 리노에서는 일주일에 여섯 번 이혼 재판이 열린다는데 결혼 10건 중에 1건은 이혼으로 끝난다. 이 중에 진짜 비극적인 이유는 별로 없다. 사랑은 하찮은 이유 때문에 떠나게 된다.

가슴에 붙이는 가슴에 새기는 해야 할 말이 있다.

"나의 길은 단 한 번 지나가는 길이다. 그러므로 내가 사람들에게 친절을 베풀거나 도움을 주어야 한다면 그렇게 할 수 있는 그 순간에 해야 한다. 미루어도 안 되고, 무시해도 안 된다. 이 길은 다시 돌아서 가지는 않을 것이므로."

행복한 가정생활로 다시 돌아갈 수 있는 길이 아니다.

결혼 생활을 행복하게 하는 비결 5:

작은 관심을 가져라.

결혼 생활을 이야기로 하는 에너지는 예의다

미국에서 가장 유명한 연설가인 월터 담로쉬Walter Damrosch는 행복한 가정생활의 비결을 나에게 말해준 적이 있다. "어떤 배우자를 선택하느냐 다음으로 중요한 것은 결혼 이후에 지키는 예의입니다. 남편이나 아내가 모르는 사람들에게 친절을 베푸는 만큼만 서로에게 해도 얼마나 좋을까요."

우리가 가족들보다 낯선 사람들에게 더욱 예의를 차린다는 사실을 알 것이다. 밖에서 사람을 만날 때 상대의 말허리를 자르며, "그 지겨운 이야기를 또 들어야 돼?"라고 말하지 않을 것이다. 허락도 없이 남의 메일을 보는지, 개인적인 비밀을 꼬치꼬치 캐묻지는 않을 것이다. 그러나 우리는 세상에서 가장 소중한 가족들에게 작은 실수에도 모욕을 준다.

도로시 딕스가 한 말이다. "참으로 놀라운 사실은, 비열하고 모욕적이고 상처를 주는 말을 하는 사람들이 바로 가족들이다."

헨리 리스너는 말했다. "예의라는 부서진 문에는 관심 두지 않고 그 문 뒤의 정원에 핀 꽃에만 관심 갖는 태도가 문제입니다."

자동차의 연료처럼 예의는 결혼 생활을 유지하는 에너지다.

타인에게는 친절하면서 가족에게 인생을 놓이지 마라

고객이나 동료에게 감히 소리 높여 이야기할 엄두조차 내지 못하는 많은 남편들이 아내에게 소리치는 것을 별 뿔 아니라고 여긴다. 하지만 사람의 행복을 생각해 보면 일보다 결혼이 훨씬 더 중요하다.

만족스러운 결혼생활을 하는 평범한 사람은 혼자 외딴이 사는 천재보다 훨씬 더 행복하다. 세계적인 천재를 만든 러시아의 대문호 투르게네프는 말했다. "내가 집에 와서 저녁을 먹을 지릴 궁금해하는 여성이 어딘가에 있다면, 내 모든 천재성, 내 작품들을 다 버려도 좋겠다"라고.

도스토옙스키는 결혼의 반 이상이 실패라고 말했다. "결혼에 비교해 본다면, 인간의 탄생은 하나의 에피소드일 뿐이다. 죽음 조차도 사소한 일이다. 고만큼 결혼은 중요하다. 사람들이 자기 일에서 성공하기 위해 쏟아붓는 진만큼 가정생활에서 성

공하는 데 노력을 들이지 않은 것은 안타깝다. 행복한 가정을 만드는 것이 수백만 달러를 버는 것보다 훨씬 더 중요하지만, 자신의 결혼을 성공적으로 만들기 위해 진지한 고민을 하는 사람은 거의 없다."

행복하게 살기 원한다면 알아야 할 것

남편들은 아내에게
계속 칭찬의 말을 하라

도도 듣기 싫은 몇 마디 칭찬에 아내는 살림을 더 잘하게 된다. 작년에 산 옷을 입었을 때 아내가 얼마나 아름다웠는지 말해 주면 아내는 올해 나온 신상품을 쳐다보지도 않을 것이다.

결혼 생활을 행복하게 하는 비결 6;

부부간에 예의를 지켜라.

행복하게 살기 원한다면 알아야 할 것

결혼생활을 행복하게 하는 6가지 비결

1. 잔소리하지 마라.

2. 배우자를 바꾸려 하지 마라.

3. 비판하지 마라.

4. 진심으로 칭찬하라.

5. 작은 관심을 가져라.

6. 부부 간에 예의를 지켜라.

어제와 내일의 걱정을 차단하고
오늘을 충실하게 살아라.
한 번에 하나씩의 일을 처리하고
기분 좋은 일이 있는 것처럼 웃어라.

자기 관리론을 잘 활용하기 위한 8가지 제안

1. 자정을 극복하는 방법을 내 것으로 만들겠다는 간절한 욕망을 가져라.

2. 적어도 2번 이상 읽고 다음 장을 넘겨라.

3. 읽다가 멈추고, 각각의 제안을 어떻게 적용할지 스스로에게 물어보라.

4. 중요한 부분에는 밑줄을 쳐라.

5. 매달 이 책을 다시 읽어라.

6. 책에서 배운 원리를 적절한 기회에 실천하라.

7. 매주마다 얼마나 스스로 발전했는지 점검하라.

8. 생활 속에서 어떻게 이 책의 제안을 적용했는지 계속 기록하라.

눈앞에 분명히 놓여있는 것을
행동으로 옮겨라

토마스 칼라일은 이런 말을 했다. "멀리 희미하게 보이는 것을 보려 애쓰지 말고, 눈앞에 분명히 놓여있는 것을 행동으로 옮겨야 한다."

모든걸 중환병원의 평범한 의대생인 윌리엄 오슬러는 의사 자격시험을 통과할 수 있을지, 앞으로 어디에서 경력을 쌓아야 할지, 어떻게 먹고살지 진로를 고민하며 걱정이 많았다. 그런데 토마스 칼라일의 문장을 읽고는 당대 최고로 유명한 의사가 되었다. 그는 존스홉킨스 의대를 세웠고, 당시 의학계에서 가장 명예로운 자리인, 영국 왕실이 그 공로를 인정하여 임명하는 옥스퍼드 의대 흠정교수가 되었고 기사 작위도 받았다.

이 문장을 읽은 지 42년 뒤에 윌리엄 오슬러 경Sir William Osler은 예일대에서 강연을 하며 말했다. "저는 평범한 능력을 가지지 사람입니다. 저의 인생 비결은 백업니다. 철벽으로 인생이 남들을

분리시키는 것입니다. 저는 내자신을 항단히 닫단한 배의 각 부분이 저로 격벽되어 안전한 방수 공간이 만들어지는 것을 보았습니다. 그때 우리 삶의 내일들도 격리시켜야 한다는 것을 알게 있습니다. 여러분의 인생이라는 긴 항해를 안전하게 하려면 '어제와 내일을 차단하는 오늘이라는 공간을 만들어야 합니다.

인생의 모든 단계에서 철벽으로 죽어버린 과거를 완벽하게 단절시키고 있나요? 또 다른 철벽으로 이직 태어나지 않은 내일, 즉 차단하고 있나요? 그래야 안전합니다. 아제의 짐과 내일의 집까지 오늘 지고 가면 아무리 튼튼한 사람도 휘청거리 집니다. 스스로 구원해야 할 닫은 바로 지금입니다. 미래를 걱정하는 것은 에너지 낭비이며 정신적 스트레스만 불러옵니다. 과거와 미래를 철저히 차단하세요, 오늘을 살아가는 습관을 가지려고 노력하세요."

어제와 내일을 차단하고
오늘에 충실해라

어제와 내일을 차단하고 오늘을 산다는 윌리엄 오슬러 경의 많은 내일을 위한 노력을 하지 말라고 충고하는 것이 아니다. 내일을 맞이하는 최고의 방법은 열정을 집중해서 오늘 해야 할 일을 하는 데 있다는 뜻이다. 그것이 미래를 잘 준비하게 하는 방법이다.

그는 주기도문 중에 "오늘 우리에게 일용할 양식을 주시옵소서"라는 기도로 하루를 시작하라고 했다. 이 기도는 오늘 필요한 양식만을 바란다는 점이 중요하다. 내일 가뭄이 올 때를 대비해 양식이나, 미래에 내가 직장을 잃게 될 경우 먹고살 양식을 바라는 것이 아니다. 그저 오늘의 양식을 구하라고 한다. 오늘 주어진 빵이 우리가 실제 먹을 수 있는 빵이다.

오래전 돈이 한 푼도 없던 철학자, 예수가 힘든 사람들 앞에 서서 가르침을 주었느데 오랫동안 사람들의 마음에 새겨졌다.

'그러므로 내일 일을 위하여 걱정하지 말지어다. 내일 일은 내일이 염려할 것이고, 괴로움은 그날로 족하니라.'

많은 사람들이 이런 예수의 가르침을 거부해 왔다. "내일을 걱정해야 한다. 가족을 위해 보험을 들어야 하고, 노년을 대비해 저축을 해야 한다. 남들보다 앞서려면 계획을 세우고 준비해야 한다."라고 말한다.

당연히 내일에 대해 생각해야 한다. 세심하게 계획하고 대비해야 한다. 하지만 걱정을 해서는 안 된다는 뜻이다.

'모래시계 인생관'을 가져보라

2차 세계대전 중에 유럽에서 북부 중이었던 테드 벤저미노[Ted Bengermino]는 각경이 너무 심해서 병에 걸리고 말았다. 사상자나 부상자 등 전쟁 중의 병사를 신원에 대한 기록을 정리하는 일을 했던 그는 노심초사하며 건강을 상했던 것이다. 체중이 15킬로그램이나 빠지고 지루 그는 결국 육군 병원에 입원했느니 거기서 군의관의 한마디로 다시 일어서게 되었다.

"당신의 삶을 모래시계라고 생각해 보세요. 위쪽의 수많은 모래알은 전부를 가운데 부분을 통과해서 아래로 고르게 떨어지지요. 그 중 누군가 분명에 한가번에 떨어진 모래알을 통과시키려 한다면 모래시계를 망가뜨리는 수밖에 없어요. 우리 삶은 모래시계와 마찬가지입니다. 모래알이 좋은 관을 통과하는 것처럼 한 번에 하나씩, 천천히 고르게 처리해야만 우리 육체나 정신은 잘 관리됩니다."

그냥 이후로 테드는 인생관을 모래시계로 세웠다. 한 번에 하나의 일을 꼬박꼬박 하는 것이 그를 견디게 해 줬었다. 제대후 직장에서 처리 집을 수 있었던 것도 '모래시계 인생관' 덕분이었다. 직장 생활 중에도 전쟁 때의 특검은 문제에 마주치게 되었는데, 긴장하고 걱정하는 대신 한 번에 모래알 하나를 통과시키듯 감정 소모 없이 천천히 모락모락 효율적으로 많은 일을 할 수 있었다.

오늘 밤 해질 때까지가
모든 삶의 전부다

살아가는 아버지와 두려운 내일이라는 부담 속에서 사람들은 견디지 못하고 무너지기도 하며, 정신적 질환을 앓게 되는 경우도 있다.

"내일 일을 염려하지 말라"는 예수의 가르침이나 "오늘을 살라"는 월리엄 오슬러 경의 교훈에 따라 가치 있는 삶을 살면 행복할 수 있다.

우리는 두 가지 시간에 만나는 지점에 서 있다. 하나는 영원히 살아가는 과거이며, 다른 하나는 기록된 시간 다음에 계속 맞물려 이어지는 미래이다. 그런데 우리는 과거도 미래도 살 수 없다. 우리가 살 수 있는 유일한 날은 오늘이다. 지금 이 순간부터 오늘 밤 잠들 때까지다.

로버트 스티븐슨은 말했다. "아무리 무거운 짐

을 어깨에 지고 있더라도 오늘 밤이 되기 전까지 견디지만 버티라고 하며 버틸 수 있다. 사람들은 아무리 힘든 일이라도 하루 동안은 할 수 있다. 오늘 해가 질 때까지 다정하게 인내하고 사랑하며 살 수 있다. 우리 삶에서 의미 있는 시간은 오늘 밤 해질 때까지가 전부다."

오늘을 충실하게 살아라
Robert Louis Stevenson

현명한 사람에게는 하루하루가 새로운 삶이다

남편을 잃고 우울증에 빠지고 또도 한 잎던 E.K. 실즈 부인이 있었다. 중고차를 사서 끌고 다니며 책을 팔러 다니는 일을 하던 그녀는 가난과 외로움의 고통 속에서 자살을 생각하게 되었다. 자동차 할부금과 월세를 내지 못할까 두려웠다. 자살하지 못하는 이유는 장례비용조차 남기지 못해 동생에게 부담을 줄 것이 걱정되어서였다.

그녀는 어제다 신문기사 하나를 읽게 되었는데 그 글이 그녀를 절망의 늪에서 건져냈고, 다시 살 용기를 가져다주었다.

'현명한 사람에게는 매일매일이 새로운 삶이다'라는 글이었다. 한 번에 하루씩만 살아간다면 그건 그렇게 어려운 일이 아닐 것이라는 생각이 들었다. 그녀는 그 문장을 써서 자동차 안에 붙여두고, 어제를 잊고 내일을 걱정하지 않는 법을 훈련했다.

오늘은 새로운 삶이기에.

"이 문장으로 바다며 외로움과 가난에 대한 걱정 극복했습니다. 지금은 제법 성공한 편이고 행복하고 삶에 대한 열의로 가득 차 있습니다. 이제 저는 어떤 고통을 저에게 주더라도 두려워하지 않을 자신이 있어요. 미래를 두려워할 필요가 없으니까요. 한 번에 하루씩만 살게 되었거든요. 현명한 사람에게는 하루하루가 새로운 삶이다라는 것을 잘 아니까요."

오늘만이 나의 것이니 향락의 장미를 감상하라

인간 본성 중에 가장 비극적인 것은 삶을 미루려는 경향이다. 왜 오늘 창밖에 핀 꽃을 감상하지 않고, 눈으로 볼 수도 없는 먼 곳의 꽃밭을 꿈꾸는 것인가? 왜 우리는 그토록 어리석을까?

로마의 시인 호라티우스Flaccus Quintus Horatius는 이런 시를 썼다.

'행복한 사람은 오늘을 나의 것이라고 말할 수 있는 사람.

내일이 최악의 날이 되더라도, 나는 오늘을 살겠노라.

굳건한 정신으로 이렇게 말할 수 있는 사람.'

나의 모든 시간은 충실하게 사는 오늘 뿐이다

에반스 프로덕트 컴퍼니Evans Products Company의 사장이었던 에반스는 매우 힘든 시기를 거쳐 왔다. 가난한 집에서 자랐고 신문팔이 생활을 했으며 부양가족이 일곱 명이나 되었다. 55달러를 빌려 시작한 사업을 잘 이어가던 중에 보증을 서준 친구의 파산으로 전 재산을 잃고 엄청난 빚까지 남게 되었다. 그는 지나친 걱정으로 먹지도 자지도 못하는 병에 걸려 쓰러졌는데 입원 중에 더 나빠져서 걸을 수도 없게 되었고 앞으로 2주 밖에 못 산다는 시한부 선고를 들었다.

유언장을 작성하고 생이 끝나기를 기다리던 때 그는 이제 걱정해 봐야 아무 소용이 없다는 생각이 들었고, 편한 잠을 자게 되었다. 어차피 모든 문제가 자신과 함께 세상에서 사라질 것이라는 생각에 편히 잠들 수 있었던 것이다. 그렇게 잠도 자고 먹을 수도 있게 되면서 다시 목발을 짚고 걷게 되었다. 그러다가 6주 후에는 자동차 부품 중에 작은 블록을 판매하는 일을 시작하게 되었다. 사업을 할 때보다 형편없는 적은 수입이었지만 감사하는 마음이 들었다.

'더 이상 걱정하지 말자. 과거의 일을 후회하지 말고, 미래를 두려워할 필요도 없다. 오늘 블록을 판매하는 일에만 집중하자'라는 교훈을 얻었기 때문이다.

그 후로 그의 일은 빠르게 성장하였고 자신의 이름을 붙인 회사의 사장이 되었고 나중에 그 회사는 뉴욕 증권거래소에 상장이 되는 대기업으로 자리 잡게 되었다.

내일에 대한 걱정이 바보짓이며, 오늘을 충실하게 살면 된다는 교훈이 엄청난 성과를 만들어 준 것이다.

오늘을 충실하게 살아라

오늘만 빼고 모든 것은 변한다

"모든 것은 변한다. 단 하나, 모든 것이 변한다는 법칙만 빼고." 그리스 철학자 헤라클레이토스가 제자들을 앞에 두고 한 말이다.

"같은 강물에 발을 두 번 담글 수 없다"라고 말한 그는 삶이 멈추는 변화의 연속임을 강조했다. 강물도 사람도 계속 변한다. 유일하게 확실한 것은 오늘 뿐이다. 아무도 예측할 수 없고, 불확실성으로 가득 찬 미래의 문제를 걱정하느라 오늘을 살아가는 아름다움을 누리지 못하면 안 된다.

고대 로마인들이 이런 오늘의 중요함을 두 단어로 표현했다. '카르페 디엠'이다. 오늘을 즐기라 모든 오늘을 붙잡으라는 의미다.

로웰 토마스는 이것을 인생관으로 삼았다. 나는 그의 농장에

서 주말을 보낼 때 벽에 걸린 액자의 글귀를 보았다.

'오늘은 여호와께서 정하신 것이라
오늘 우리가 즐거워하고 기뻐하리로다.'

존 러스킨은 책상 위에 '오늘'이라는 단어가 새겨진 돌멩이를 올려놓았다.

새벽에 인사를 바치고
오늘을 잘 보살피라

나는 가을에 시 한 편을 분여놓았는데, 헐리엄 오슬러 경도 책상 위에 걷은 시를 써 분여놓았다고 한다. 인도의 극작가 칼 리다사가 쓴 시다.

오늘을 잘 살피라
내일은 희망찬 환상이 된다.
그러므로 오늘을 잘 보살피라.
이것이 새벽에 바치는 인사다.

새벽에 바치는 인사

오늘을 잘 보살피라.
오늘이 인생이요, 인생 중의 인생이다.
오늘이라는 짧은 순간에
당신이라는 존재의 진실과 실체가
성장의 축복과
행동의 아름다움과
결심의 영광이 모두 들어 있다.
어제는 꿈일 뿐이고
내일은 환상일 뿐이니

걱정에 대해 알아야 할 지식 1;

과거와 미래를
철벽으로 차단하고

오늘이라는 공간 안에서
살아가라.

얼마 두려움이라는 안갯속에서 나오라

Carrie는 각정 해결법을 장인했는데, 나는 그에게 직접 설명을 들으며 탄복했다.

세계적인 기업인 캐리어사의 대표 윌리스 캐리어Willis Haviland

그가 뉴욕의 한 회사에서 실무자로 일할 때 한 공장의 공기 중 분순물을 제거해서 제품의 손상을 막아주는, 당시로서는 전혀 새로운 기법인 공기 정화 장치를 설치하는 업무를 진행했다. 엄청나 자신 가치를 가진 아이어마한 공정이었다. 처음 진행하면서 예상치 못한 문제들이 불거졌다. 그는 마침내 충격을 받은 듯 충격적인 상황이었다고 말했다. 위장이 뒤틀리고 잠도 못 잘 지경이었다. 그러다 각정을 멈추기로 하고 문제를 해결할 방법을 찾기 시작했다. 그때 효과를 보아 그는 30년 남개 자신이 고안한 그 각정해결법을 이용해서 오늘날 캐리어사를 창업해서 세계적인 기업으로 이끌어 있었다.

그의 각정해결법은 이런 것이다. 1단계, 두려움을 버리고 있는 그대로의 상황을 분석하고 그의의 각정의 결과를 생각해 본다. 2단계, 콰이의 결과가 나오고 그것을 어째된 수 없다면 받아들이기로 한다. 3단계, 그 콰이의 상황을 개선할 수 있도록 차분하게 시간과 노력을 기울인다.

캐리어가 사용한 각정해결법이 훌륭한 이유는 무엇일까? 걱정은 인가처럼 각정이 우리 앞을 가려서 아무것도 못 보게 하는 상황에서 우리 자신을 꼬집어내기 때문이다. 그 안갯속에서 일단 밖으로 나와서 땅을 딛고 서서 상황을 정면으로 바라보기 때문이다.

윌리엄 제임스 교수는 말했다. "기꺼이 받아들이라. 이미 일어난 일을 받아들이는 것이다. 기꺼이 받아들이라. 일어난 재앙이든, 모든 불행을 극복하게 하는 첫 단계이다."

최악의 생활을 받아들이고
새로 시작하라

중국의 철학자 린위탕은 이렇게 말했다.

"진정한 마음의 평화는 최악을 받아들이는 데서 온다. 이것은 심리적으로 볼 때, 에너지를 자유롭게 풀어주는 역할을 한다."

최악을 받아들이면 오히려 새로운 에너지가 솟구친다. 이미 더 이상 잃을 게 없다는 것을 알게 되기 때문이다. 그러면 이제부터 얻을 수 있는 것만 남는다.

윌리스 캐리어는 "최악의 상황이 닥치니까 오히려 마음이 편해지고, 며칠 동안 느끼지 못한 평화가 찾아왔습니다. 그때부터 '생각이라는 걸 시작했지요.'"

많은 사람이 분노 속에서 자신을 망가뜨린다. 최악의 상황을 그대로 다음 이를 개선시키는 노력을 해야 한다. 화부하려는 노력 대신에 억울함만 가득해서 굽적한 경험과의 곁렬한 전투만 해서는 안 된다. 결구 행동한 것은 없고 저정만 가득한 우

울을 앓는 일이 없어야 한다.

작정을 해결해 줄 공식

걱정에 대해 알아야 할 지식 2:

1. 걱정의 상황이 무엇인지 생각하라.

2. 어쩔 수 없다면 받아들일 준비를 하라.

3. 차분하게 걱정의 상황을 개선시킬 노력을 하라.

걱정이라는 감정적 질병에
대비하라

미국에는 한때 천연두 예방접종이 큰 관심을 모았다. 병원, 소 방서, 경찰서, 큰 공장에도 예방접종소가 설치되었고, 몇 천 명 의 의사와 간호사가 밤낮을 가리지 않고 시민들에게 접종했 다. 당시 뉴욕에서 8명이 천연두에 걸려 그중에 2명이나 사망 했기 때문이다. 다시 정리해 보면 인구 800만이 넘는 도시에 서 2명이 사망했다. 그런데 내가 뉴욕에서 37년 넘게 살고 있 지만, 걱정이라는 감정적 질병에 대비하라고 말해준 사람은 단 한 명도 없다. 걱정이라는 질병은 천연두보다 만 배도 넘게 피해를 끼쳤음에도 말이다.

미국인 10명 중에 한 명은 걱정이나 정서적 갈등 때문에 신경 쇠약에 걸릴 것이라는 사실을 아무도 경고하지 않았다.

컬표 콜로라도 의료 협회의 수석의사인 고바 박사는 걱정이 미치는 영향을 설명했다. "병원을 찾는 환자의 70퍼센트는 두

려움과 걱정만 없어도 병이 나을 것이다. 신경성 소화불량, 위 궤양, 심장병, 불면증, 특별한 두통과 마비 증상들이 걱정을 버 리면 나을 수 있는 병들이다."

두려움은 걱정을 낳고 걱정은 사람을 긴장시켜서 조화롭게 만 들어 신경에 영향을 미치기도 하고, 위에 분비를 비정상적으 로 하여 궤양을 일으키기도 한다.

격정은 신체 곳곳을
골고루 파괴한다

프랑스 철학자 몽테뉴는 시장으로 당선된 후 이들에게 연설했다.

"저는 여러분이 평가해주신 일을 기꺼이 제 손에 받아들이겠지만, 신과 폐하께까지 가져오지는 않겠습니다."

격정 때문에 류머티즘과 관절염에 걸리기까지 하는데 관절염 분야의 권위자인 고별 대학교의 러셀 세실Russell L. Cecil 박사는 관절염을 일으키는 원인을 네 가지로 꼽았다. 걱정, 생활 과로, 가정 과신, 외로움과 걱정, 해묵은 원한 등이다.

물론 관절염이 이런 감정적 요인으로만 비롯되는 것은 아니다. 관절염이 종류도 다양하고 원인도 다양하다. 하지만 가장 흔한 요인이 네 가지다. 나의 친구 한 명은 대공황으로 경제적 타격을 입자 그의 아내가 갑자기 관절염을 앓기 시작했다고 말했다. 약도 식이요법도 소용없었지만, 경제적 상황이 나아지는 순간 씻은 듯 사라졌다고 했다. 이해가 안 될 수 있지

만 심지어 격정은 충치를 만들기도 한다. 윌리엄 맥고니글 박사는 "격정, 두려움, 잔소리 등으로 생긴 불쾌한 감정은 신체의 칼슘 균형을 깨뜨린다. 따라서 충치를 만들 수 있다"라고 말했다. 실제로 그의 환자 중에는 치아 상태가 완벽했던 남자가 아내의 걱정스러운 입원으로 충치가 9개나 생긴 경우도 있었다.

마음에 평안을 주고 원기를 회복시키는 가장 큰 힘은 건전한 신앙생활, 수면, 음악, 웃음이다. 신을 믿고 푹 자고, 좋은 음악을 사랑하고 인생의 즐거운 면을 보라.

걱정과 긴장 속에 살면
빨리 늙고 일찍 죽는다

영화배우 매르 오베른Merle Oberon을 인터뷰했을 때, 그녀는 자신의 가장 중요한 자산인 외모를 망가뜨리는 것은 '걱정'이기에 걱정을 하지 않으려고 노력한다고 했다. 계속 오디션을 보던 무명시절 걱정 때문에 얼굴이 상한 것을 확인했던 경험이 있었고, 믿을 건 외모인데 걱정 때문에 모든 걸 망가뜨릴 뻔한 것이다.

걱정만큼 여성의 얼굴을 나이 들어 보이게 하고 상하게 하는 것은 없다. 걱정을 계속하게 되면 표정이 얼을 자신도 모르게 꽉 다물게 되며 주름도 생긴다. 제푸린 얼굴이 되어 버리는 것이다. 머리는 하얗게 세고 탈모가 생긴다. 괴부는 푸석푸석해지고 각종 괴부 질환이 생길 수도 있다.

제2차 세계대전동안 대략 33만 명의 군인이 전장에서 사망했다. 느네 같은 기간 동안 심장병으로 사망한 민간인이 무려 200만 명에 달한다는 조사가 있다. 심장질환자의 절반은 걱정과 긴장으로 병을 얻었고 수명을 잃은 것이다. 알베르스 카렐이 "걱정과 싸우는 방법을 모르는 기업인은 일찍 죽는다"라고 말했는데 이들을 죽음으로 몬 질환이 바로 심장병이었다.

남부 중인이나 중국인들은 걱정에서 시작된 심장병을 앓는 경우가 적으며 그것은 자기 상황을 심각하게 받아들이기 때문이라고 한다. 긴장 속에 살면 절대로 안 되는 이유다.

편안을 유지하는
면역력이라는 자산을 사용한다

윌리엄 제임스는 "하느님은 우리의 죄를 용서하시지만, 우리의 신경체계는 용서가 없다"라고 말했다. 해마다 5가지 가장 무서운 전염병으로 사망한 사람들의 수보다 자신한 사람이 숙가 더 많다. 바로 걱정 때문이다.

고대 중국의 잔인한 고문방식이 하나 있는데 죄수에게 물방울을 똑똑 떨어뜨리는 것이었다. 아무 고통도 없을 것 같지 않나? 그러나 가장 끔찍한 고통이었다. 손방울 뛰어 중일 물이 똑 떨어지는 주머니 말에 새워놓는 것이다. 끝임없이 계속 떨어지는 물방울 소리는 점점 크게 느껴지게 되고 말더 위로 떨어지는 점점 크게 미치게 만들었다. 이런 고문이 집집 소리처럼 들려서 죄수를 미치게 만들었다. 이런 고문이 엄마나 잔인한 것인지 일상가에 스페인 종교재판과 히틀러 시대 독일 강제수용소에서도 자행되었다. 걱정은 똑똑 떨어지는 물과 같고 고정은 엄청난 고통으로 사람들을 미치게 하고 죽게 만든다.

월케이스 카렐 박사는 내적 자아가 평안한 사람들은 현대 시 한복판에서도 신경질환에 대한 면역력이 있다고 했다. 오늘날 이렇게 혼란스러운 도시에 살면서 내적 자아를 평안하게 유지하는 것이 가능할까? 가능하다. 인간은 대부분 자신이 생각하는 것보다 훨씬 강하며 우리가 이용해 볼 생각조차 하지 않는 커다란 내적 자산을 가지고 있다.

스스로 그린 삶을 살면서
노력하면 성공한다

헨리 데이비드 소로 Henry David Thoreau 는 이렇게 말했다.

"사람은 의식적으로 노력하면 삶의 가치를 높일 수 있는 능력

을 가지고 있다. 그것보다 더 우리에게 용기를 주는 것은 없다.

자신이 꿈꾸는 방향으로 나아갈 수 있고, 자신이 그려나가는

삶을 살고자 노력하는 사람은 원래 기대했던 것보다 큰 성공

을 거둔다."

사실을 직면하고
걱정 말고 할 수 있는 일을 하라

시한부 선고를 받았던 율가 자베에라는 여성의 걱정을 풀어내고 어떤 생각을 가졌었는지 그 과정을 써서 내게 편지를 보내왔다.

"저는 서서히 고통스럽게 죽어갈 것이라는 선고를 8년 전에 받았습니다. 미국 최고의 의사를 찾아가서 받은 진단이었습니다. 저는 눈부셨어요, 미국 최고의 의사를 찾아가서 받은 진단이었습니다. 저는 눈앞이 캄캄해지며 나무 역할을 했었습니다. 저는 아직 젊은데 나무 역할을 했었습니다. 저는 아직 젊은데 나무 역할을 했었습니다. 저는 죽음부정이며 가까이 있는 주치의에게 전화를 걸었습니다. 저는 죽음부정이며 가까이 있는 주치의에게 전화를 걸었습니다. 저는 아직 젊은데 나무 역할을 했었습니다. 저는 아직 젊은데 나무 역할을 했었습니다.

"저는 아직 젊은데 나무 역할을 했었습니다. 저는 아직 젊은데 나무 역할을 했었습니다. 저는 아직 젊은데 나무 역할을 했었습니다. 저는 아직 젊은데 나무 역할을 했었습니다.

제 걱정은 상황이 경우 보통 하루에 10분씩 30일간 방사선 치료를 받지만, 저는 49일 동안 하루 14분씩 받았습니다. 이상한 몸에 빠가 뛰어나오고 남덩이처럼 받이 무거워졌지만 저는 걱정하지 않았습니다. 웃었습니다. 마음을 즐겁게 하고 칠방과 싸웠습니다. 기적처럼 저는 암을 이겨냈지요. 제 평생 가장 건강한 시기를 보내고 있습니다. 사실에 직면하고, 걱정은 버리고, 할 수 있는 일을 하는 것이 비결이었습니다."

걱정에 대해 알아야 할 지식 3;

걱정과 싸우는 법을 모르면
일찍 죽게 된다.

격정 해결법 3단계

1. 격정을 앞에고 싶다면 얼마임 오늘의 경의 말대로 하라. '오늘에 충실한 삶을 살아라. 미래에 대해서 조바심을 내지 말고 잠들기 전까지 주어진 오늘의 삶에 충실하면 된다.

2. 커다란 문제가 닥치면, 윌리스 캐리어가 창안한 '격정 해결법'을 사용하라.

   1단계, 두려움을 버리고 있는 그대로의 상황을 분석하고 최악의 결과를 생각해 본다.

   2단계, 최악의 결과가 나오고 그것을 어쩔 수 없다면 받아들이기로 한다.

   3단계, 그 최악의 상황을 개선할 수 있도록 차분하게 시간과 노력을 기울인다.

3. 격정이 건강에 미치는 나쁜 영향을 중요시하라. '격정과 싸우는 법을 모르면 일찍 죽게 된다.'

기초 지식 없이
결정을 내리려 하지 마라

걱정거리를 해결하기 위해서 문제를 분석하는 세 가지 기본 단계를 익혀야 한다.

1. 사실을 파악하기.

2. 사실을 분석하기.

3. 결단을 내리고 실천하기.

이것은 아리스토텔레스가 이미 가르쳤던 방법이다. 하루하루를 고통스럽게 하는 문제를 해결하려면 이 방법을 써야 한다.

첫 번째 단계인 '사실을 파악하기'는 왜 중요할까? 사실을 제대로 파악하지 못하면 문제를 현명하게 해결하려는 시도를 할 수 없기 때문이다. 사실을 정확히 알지 못하면 혼란한 마음속에서 아무것도 할 수 없다.

컬럼비아 대학의 학장, 허버트 호크스Herbert E. Hawkes는 "혼란은 걱정의 가장 큰 원인"이라고 말했다.

"모든 걱정의 반은 결정을 내릴 때 기초적인 지식이 부족한 상태에서 결정하려고 하기 때문에 생긴다. 다음 주 화요일 3시에 처리할 문제가 있으면 나는 그때까지 어떤 결정도 하지 않는다. 오직 그 문제와 관련된 사실을 파악하는 데만 몰두한다. 걱정도 안달복달도 하지 않고 잠도 잘 잔다. 화요일이 될 때까지 모든 사실을 파악하면 보통은 문제가 저절로 해결되어 있다. 내 삶에는 걱정이 파고들 여지가 없다. 공정하게 사실을 파악하는 데 집중하면 걱정이라는 지식이라는 빛 안에서 증발하게 된다."

내가 아니라 남의 문제라고
생각하며 냉정히 판단하라

"우리는 생각하는 수고로움을 덜기 위해 온갖 방법을 동원한다"
라고 토머스 에디슨Thomas Alva Edison이 말했다. 우리는 이미 생각
을 먼저 해놓고 고정을 뒷전에 해 사실만 찾고, 즉 자신이
지는 생각조차 하지 않는다. 내 편이 되어 줄 사실, 즉 자신의
편견을 정당화해 줄 사실만을 찾는다. 앤드류 모로아가 말한
걸, "우리는 자신의 욕망에 부합하는 것들만 진실이라고 여긴
다. 다른 것은 더 화나게 만드는 존재라고 생각한다."

그러나 문제를 해결하기가 이렇게 당황한다. 2 더하기 2
가 5라고 믿어 버린다면 수학문제를 풀 수 있을까? 세상에는
2 더하기 2를 5라고 고집을 부리거나 심지어 500이라고까지
우기면서 자신의 삶을 고통에 빠지게 하고 타인까지 끌고 들
어가는 사람이 많다.

해결 방법은 무엇일까? 먼저 사고와 감정을 분리시켜 보자. 궁

정하고 객관적으로 사실을 파악하는 것이 가장 중요하다. 거
정에 휩싸인 상태에서는 당연히 어떤을 읽으며. 걱정하는 동
안에는 감정이 이성을 지배한다. 그래서 문제에서 좀 떨어져서
사실을 객관적으로 바라보는 데 도움을 될 두 가지 방법을 써보
는 것이다.

첫째, 사실을 파악하면서 내가 아니라 다른 사람들을 위해 정보
를 모은다고 생각해라. 그렇게 하면 냉정한 시각을 가지고
감정적으로 판단하지 않게 된다. 둘째, 상대편을 변호하는 입
장이 되어본다. 내게 불리한 사실을 모으는 것이다. 나의 바람
과 다른 사실, 내가 믿고 싶지 않은 사실을 모두 모아 본다.

이런 과정을 통해 사실과 정보를 모은 다음, 내 입장과 상대의
입장을 모두 글로 써본다. 분명히 진실은 양극단의 사이에 놓
여 있다.

문제를 분석하고 해결하는 방법

공정한 판단을 위해
정확한 사실을 파악하라

아는 누구도 사실을 파악하지 않고서 공정한 판단을 내릴 수 없다. 토마스 에디슨은 자신이 직면한 문제에 관한 사실을 빼 곡히 적어놓은 노트를 2,500권이나 유품으로 남겼다.

어떤 문제에 부딪혔을 때 첫 번째 해야 할 일은 무조건 사실을 파악하는 것이다. 사실을 공정하게 파악하기 전에는 문제 해결을 하겠다는 시도조차 해서는 안 된다. 사실을 다 모았다고 해도 문제를 분석하기 전까지는 그것들이 소용이 없다. 종 이에 사실을 적어놓고 보는 것만으로도 현명한 결정을 내릴 가능성이 높다.

찰스 캐터링(Charles Franklin Kettering)은 "문제를 명확하게 정의하기 만 해도 절반은 해결한 것과 마찬가지다"라고 말했다.

문제를 명확히 정의하기만 해도 절반은 해결한 것이다

아시아에서 큰 성공을 거둔 사업가인 감겐 마치펭크가 문제 해결방법을 적용해 부족을 건진 사연을 보자.

그는 1942년 일본이 상하이를 침공했을 때 대형 보험회사의 상하이 지사에서 근무했다. 일본은 회사의 모든 자산을 청산하려는 명령을 내렸고 그 역할을 할 군인 한 명을 파견했다. 그도 회사의 모든 자산 목록을 그 일본 군인에게 넘겼는데, 유대주권 한 문서를 빼놓았다. 이것은 그가 중국 지사의 자산이었기 때문에 현금화할 수밖에 없었다. 그러나 그도 자신이 사무실을 비운 사이 일본 군인이 유가증권 문제에 관한 사실을 알게 되었다. 당시 저항의 결과는 일본을 내었다는 소레 전체 들게 될지라도 정당의 결과는 일본으로 끌려가는 것이었다. 그 고문실에 끌려가면 죽한 방대의 고문실에 끌려가는 것이었다. 그는 두려움에 히말하게 절려 있다가 이미 수년 동안 익혀온 각광거리를 해결하는 자신의 방법을 쓰기로 했다. 그것은 일단 노트에 두 가지 질문과 답을 적는 것이었다.

1. 내가 걱정하고 있는 것은 무엇인가?
답) 내일 아침 일본 헌병대의 고문실에 끌려가는 것이 두렵다.

2. 내가 할 수 있는 일은 무엇인가?

첫째, 일본 군인에게 모든 내용을 설명한다.
예상 결과) 통역관이 통역하는 동안 그도 충분을 맞추지 않을 것이다. 그러면 그 건인한 사람으로 인해 나는 죽게 될 것이다.

둘째, 탈출한다.
예상 결과) 그것은 불가능하고 잡히면 바로 총살형을 당할 것이다.

셋째, 회사에 가지 않는다.
예상 결과) 그 일본 군인이 더 의심할 것이고 고문실에 보낼 것이다.

넷째, 월요일 아침에 가서 평소대로 출근한다.
예상 결과) 그사이 진정이 되어서 나를 가만 놔둘 수도 있다. 일본 군인이 이 나를 괴롭힌다더라도 최소한 설명할 시간을 끌 수는 있다.

문제를 명확히 분석하고
행동에 옮겨라

그는 네 번째 계획을 실행했고, 월요일 아침에 가뿐한 얼굴로 출근했다. 그리고 별 탈 없이 이 일은 마무리되었고, 모든 일본 군인은 도쿄로 돌아가게 되었다.

그가 고문실에 끌려가지 않을 수 있었던 이유는, 일요일 오후에 침착하게 할 수 있는 실천 방법과 그 결과를 적어보고 최선을 선택했던 것이다. 그리고 분석을 하고 행동에 옮겼기 때문이다. 허둥대면서 순간의 중동대로 잘못된 행동을 하거나 잠도 못 자고 수심이 가득해서 사무실에 있다면 일본 군인은 그의 표정만 보고도 의심을 더 했을 것이다.

여러 번의 각정 해결 방법을 사용해 보았던 그는 그런 심각한 상황에서도 결정을 내리는 일이 얼마나 중요한지 알게 되었다. 목표에 가까이 가지도 못하고 결정도 같은 자리에서 같은 각정만 하고 있다면 신경쇠약에 걸리고 지옥을 만나게 된다. 명확한 결정을 내리기만 해도 각정의 50퍼센트는 저절로 사라진다. 문제 해결 4단계는 각정의 대부분을 사라지게 하는 것을 그는 명확히 알고 있었다.

1. 내가 각정하는 문제를 명확하게 글로 써본다.
2. 내가 무슨 일을 할 수 있는지 써본다.
3. 무엇을 할지 결정을 한다.
4. 결정한 대로 즉각 실행에 옮긴다.

결정을 했다면
결과에 대한 관심을 가지지 마라

윌리엄 제임스는 "일단 결정을 내리고 실천에 옮기면 한다면, 결과에 대한 관심은 전혀 가지지 마라"라고 했다. 결과에 대한 관심은 결과에 대한 걱정이나 마찬가지다. 사실에 따른 신중한 결정을 실천에 옮기기만 하면 되는 것이다. 중간에 머추거나 주저하거나 뒤로 물고 걱정에 대한 의심을 하려 하지 마라. 위심은 또 다른 의심을 낳기 때문에 뒤도 들어가보면 안 된다.

오클라호마주에서 유명한, 석유 기업가 웨이트 필립스waite Phillips에게 문제 해결 어떻게 하는지 물어봤어있다. "당면한 문제를 펼요, 이상으로 생각하면 혼란스러워지고 걱정에 빠질 수 밖에 없습니다. 너무 많은 조사나 생각이 해로울 수도 있어요. 결정한 대로 행동하고 뒤돌아보지 마십시오."

이런 방법으로 골치 아픈 걱정거리를 해결하라. 일단 결론을 쓰고 답을 작성해 보라.

1. 내가 걱정하고 있는 것은 무엇인가?

2. 내가 할 수 있는 일은 무엇인가?

3. 어떤 방식으로 문제를 해결할 것인가?

4. 언제부터 행동으로 옮길 것인가?

'이제 무엇을 해야 할까?'라는 질문만 하라

알렉시스 카렐 박사의 말을 반드시 기억하라. "걱정과 싸우는 법을 모르는 기업인은 일찍 죽는다." 누구나 마찬가지이지만 특히 사람을 하는 사람이 여기에 해당된다.

레온 쉼킨[Leon Shimkin]은 뉴욕 록펠러 센터에 있는 대형 출판사 사이먼 앤 슈스터[Simon & Schuster]의 공동 경영자이다. 그는 자신의 걱정을 줄이는 방법을 이야기했다. "15년간 이 자리에 있으면서 하루의 반은 여러 가지 회의를 하면서 보냈다. 이것을 할까, 저것을 할까, 자리리 아무 일도 하지 않게 않게 논의하는 동안 회의 참석자들은 예민해졌다. 논쟁이 이어지면서 한 걸음도 앞으로 나아가지 못하게 되고 밤만 되면 누군가 되었다. 컨은 일을 15년이나 해왔으니 더 나은 방법이 있을 거라는 생각도 안 했다. 그런데 내가 새로운 방법을 만들어냈다. 그 이후로 8년 동안 실천하고 업무의 효율성이 높아졌고 건강해지고 행복해졌다. 15년간 해왔던 회의 절차를 전부 버렸다. 심

각한 문제에 빠진 회의참석자가 세심하게 자신의 실수를 밝히면, 그에게 '이제 무엇을 해야 할까?'라고 질문을 하는 식이었다. 그래서 새로운 규칙을 만들었는데 다음 네 가지로 질문에 대한 답을 작성해 제출하도록 한 것이다."

질문 1> 무엇이 문제인가?

질문 2> 문제의 원인은 무엇인가?

질문 3> 문제를 해결할 방법은 어떤 것들이 있는가?

질문 4> 당신은 그중에 어떤 해결 방안을 선택하겠는가?

격정을 분석하는 4가지 방법

1. 사실을 파악하라.

"세상 걱정의 절반은 결정을 내리는 데 필요한 기초 지식이 부족한 상태에서 결정하려고 하기 때문에 생긴다." _컬럼비아 대학

교 호크스 학장

2. 모든 사실을 신중하게 검토하고 결정을 내려라.

3. 결정을 내리고 난 뒤에는 실천에 옮겨라.

결과에 대한 관심은 버려라.

4. 다음 질문에 대한 답을 글로 써라.

1) 문제가 무엇인가?

2) 문제의 원인은 무엇인가?

3) 문제를 해결할 방법에는 어떤 것들이 있나?

4) 가장 적합한 해결 방법은 무엇인가?

너무 바쁘면 걱정할 시간이 없다

윈스턴 처칠Sir Winston Leonard Spencer-Churchill은 2차 세계대전이 한창일 때 하루 18시간씩 일을 했다. 책임감이 너무나 큰 자리에 있으니 걱정이 많지 않으냐고 누군가 물으니 그가 답했다. "너무 바빠서 걱정할 시간이 없습니다."

제너럴 모터스 연구소의 책임자였던 찰스 케터링Charles F. Kettering은 퇴자 후 자동차 시동장치 개발을 시작했을 때 여러 어려움을 만났다. 첫간을 연구실로 쓸 정도로 가난해서 아내가 피아노 레슨을 해서 먹고살았다. 당시에 걱정이 되지 않았느냐는 질문에 그의 아내는 대답했다. "저는 걱정을 하느라 잠도 못 잘 정도였느니 남편은 그렇지 않았어요, 일에 몰두하다 보니 걱정할 겨를도 없었던 거죠."

과학자 루이 파스퇴르Louis Pasteur는 '도서관과 실험실에서 찾는 평화'라는 주제의 이야기를 했는데, 그런 곳에 처박혀 있는 사

람들은 연구에 집중한 나머지 걱정할 틈조차 없다는 의미였다. 연구자들이 신경쇠약을 앓는 일이 극도로 드물다고 하는데 걱정조차 사치일 정도로 정신적 여유가 없기 때문이다.

바쁘게 사는 것은 걱정을 몰아내는 가장 좋은 방법인데, 심리학이 밝혀낸 기본 법칙에 해당한다. 특별한 두뇌의 인간이라도 정해진 시간에 '하나' 이상의 생각을 할 수 없다는 것이다. 동시에 두 가지 생각을 할 수는 없다. 하나의 감정은 다른 감정을 몰아낸다.

마음속의 걱정을 몰아내는 법

다양한 활동을 하는 것은 가장 좋은 약 처방이다

전쟁에 참여했다가 끔찍한 전쟁의 참상을 겪게 되어 신경증적인 병에 걸린 군인들이 후방으로 이송되었을 때 의사들은 '계속 바쁘게 움직이라'는 처방을 내렸다. 군인 환자들은 아무 생각할 틈도 없이 여러 활동을 해야 했다. 낚시, 야구, 골프, 댄스, 정원 가꾸기 등 야외활동을 계속하게 되니 지나간 괴로운 경험을 떠올릴 시간이 없었고 점차 회복할 수 있었다.

요즘도 정신과에서 사용하는 용어인 '작업요법'은 일을 하는 것으로 약 처방을 대신하는 것이다. 이미 고대 그리스 의사들이 예수 탄생 500년 전에 주장한 치료법이다. 정신과 의사들은 바쁘게 일하며 사는 것이 최고의 정신질환 치료제 중 하나라고 말한다.

헨리 롱펠로우Longfellow, Henry Wadsworth는 아내가 세상을 떠나고 슬픔에서 벗어나지 못했다. 그러나 그에게는 어린 세 자녀가

있었고, 엄마역할까지 해나가야 했다. 아이들을 바쁘게 키웠고, 나중에 그 경험으로 《아이들의 시간》이라는 시를 썼다. 단테의 작품을 번역하기도 하며 바쁘게 지내는 동안 슬픔을 잊게 되었다.

격정에 지쳐 쓰러지는 매는 일과를 끝내고 난 뒤에, 상상만이 발휘되고 공상을 떠올리며 작은 실수도 크게 생각하게 되는 것이다.

격정을 지료하는 방법은 진정적인 일에 몰두하며 열심히 하는 것이다.

'노동'을 통해 얻는 용기는
자기 신뢰와 같은 것이다

베드 제독은 남극에서 5개월 동안 홀로 지내야만 했다. 그의 오두막은 거대한 방하 위 만녀설에 파묻혔고 주변에 생물은 아무것도 없었다. 숨을 내뿜으면 순식간에 얼어붙는 공기 소리가 들릴 정도였는데 그는 나중에 《홀로》라는 책을 써서 그 때의 어둠 속 시간들에 대해 말했다. 캄캄한 세상에서 정신을 유지하려면 정신없이 바쁘게 지내야 했다.

"밤에 랜턴을 끄기 전에 내일 할 일을 계획해 놓았다. 탐험용 타임을 뚫는 데 1시간, 눈 치우기 30분, 연료통 청소 1시간, 음식 저장 타닐 벽 정비 1시간, 썰매 고치기 2시간 등으로 할 일과 시간을 정했다. 이렇게 하면서 스스로를 통제할 수 있었다. 목적이 없는 하루하루는 베틸 수 없었다."

각정이 매오를 때마다 확실히 효과가 임증된 방법, '노동'이라는 훌륭한 약이 있음을 기억하자.

하버드대 임상의학과 리처드 캐봇 박사는 이렇게 말했다. "의심이나 망설임, 두려움으로 영혼이 마비 증상을 겪는 사람들이 일을 통해 극복하는 모습을 보는 것이 만족스럽다. 노동을 통해 얻는 용기는 철학자 에머슨이 찬양하던 '자기 신뢰와 같은 것이다."

계속 일하면 고민할 여유가 생기지 않는다

조지 버나드 쇼George Bernard Shaw는 말했다. "비참해지는 비결은 자신이 행복한지 아닌지를 고민할 여유를 갖는 것이다."

곰이 내가 행복한지 아닌지 고민할 필요가 있을까? 소매를 걷어붙이고 부지런히 움직여라. 그러면 피가 순환하고 정신도 맑아진다. 몸속에 긍정적인 활력이 솟아올라 적정을 몰아낼 것이다. 바쁘게 일하고 계속 바쁘게 일하라. 가장 가성비 높은 효과적인 약이 바로 '노동'이다.

걱정하는 습관을 없애는 방법 1;

늘 바쁘게 살아라.

걱정이 많은 사람은
절망 속에 사로잡히지 않으려면
일에 집중해야 한다.

해야 말을 수만 있어도
아무 걱정 하지 말라

로버트 무어라는 남자의 이야기다. 그는 2차 세계대전 때 인도차이나 반도 근처의 바닷속 잠수함에 있었다. 15시 간 동안이나 적군의 배가 투하하는 폭탄을 피해 바닷속 가장 깊은 곳까지 내려간 잠수함에서 조마조마하고 바닷속 가장 에는 폭탄이 계속 투하되고 있었고 그중 하나라도 반경 5미터 인에서 터진다면 잠수함에 구멍이 날 것이고 모두 죽는 것은 당연했다. 계속 폭탄은 투하되고 있었고 잠수함 속의 인원 모두는 동작이 금지된 채로 침상에 가만히 누워있으라는 명령을 받고 있었다. 숨도 못 쉴 정도로 두려웠고, 모든 전원을 끈 바람에 실내는 38도까지 온도가 올라갔다. 그런 데위 속에서도 그는 한기를 느껴서 체온을 그대로 입고 있었다.

그 시간 동안 과거의 삶이 떠올랐는데 인내하기 전에 그는 행복이었다. 낯은 급여나 승진 등에 대해 불평하던 시간들, 집도 차도 없고 아내에게 옷 한 벌 제대로 사주지 못해 걱정하

던 일, 늘 보기 싫은 상사 때문에 기분이 나빠져서 귀가하던 나날들. 사소한 일로 아내와 다투던 일, 이마의 작은 흉터까지……. 늘 불평과 걱정만 하던 일들이 떠올랐다. 하지만 15시 간 동안 적의 공격을 받으며 꼼짝없이 바다 깊은 곳에서 당연히 죽게 될 것이라는 공포에 빨려서 그 모든 과거의 걱정은 아무것도 아닌 하잖은 것들임을 알게 되었다. 그곳에서 다짐했다. "살아서 해와 달을 볼 수 있다면, 다시는 절대 따위 걱정하지 않을 것이다"라고.

작은 걱정으로 자신을 괴롭히지 않는 법

사소한 일들 신경 쓰기에
우리 삶은 너무 짧다

영국의 수상, 벤저민 디즈레일리는 "사소한 일에 신경 쓰고 있기엔 인생이 너무 짧다"라고 했다. 프랑스 소설가 앙드레 모루아는 이 말에 큰 영향을 받았다.

"디즈레일리의 많은 제가 겪었던 수많은 고통의 시기를 극복할 수 있게 했다. 우리는 무시해 버려도 될 사소한 일 때문에 속상해한다. 지구상에서 고작 몇십 년을 너를 살다 갈 인생인데, 머지않아 잊게 될 작렬이나 하면서 시간을 낭비한다. 가치 있는 행동과 감정, 원대한 생각, 진정한 사랑, 오래도록 남을 일에 시간을 바쳐야 한다. 사소한 일 따위에 신경 쓰기에는 우리 삶은 너무 짧다."

고대 아테네의 유명한 정치가 페리클레스가 이미 2400년 전에 한 말이다. "여러분, 우리는 사소한 일에 너무나 많은 시간을 들이고 있소."

딱정뻘게가 겨루를 죽이듯
겨룬은 사람을 쓰러뜨린다

플로리다주 통스 패크 인데에는 식물학자들이 대략 수령을
400년으로 추정하는 거대한 나무의 잔해가 있다. 원래 콜롬버
스가 상륙했을 무렵에 이 나무는 모두 정도의 크기였고, 청교
도들이 미국이라는 나라를 세울 무렵에는 지금이 절반 정도
높이였을 것이다. 14세기나 벼락을 맞았고, 400년 동안 수많은
폭사태와 폭풍을 견디내셨을 것이다.

이 거대한 나무를 공격해서 쓰러뜨린 것은 겨우 딱정벌레 무
리들이었다. 딱정벌레는 나무껍질을 파고 들어갔고 연약하지
만 끊임없는 공격을 계속하였다. 거대한 나무는 겹겹 힘을 잃
고 죽어갔다. 오랜 세월 한 자리에 서서 어떤 거대한 자연재해
에도 고개도 없던 숲의 거인은 손톱으로 눌러 죽일 수
도 있는 미약한 딱정벌레 따위에 의해 쓰러진 것이다.

우리의 모습이 이 '숲의 거인'과 비슷하다. 살면서 폭풍과 산사

태가 닥치면 어떤 방법을 쓰는 견뎌내지만, '겨정'이라는 딱정
벌레만큼 사소하고 작은 것들에 충두러게 무너지고 만다.

겨정이 당신을 쓰러뜨리기 전에 겨정을 죽여내야 한다. 사소한
일 따위에 신경 쓰지 마라.

걱정하는 습관을 없애는 방법 2;

무시해 버려야 하는 사소한 일 따위에
속상해하지 마라.

사소한 일에 신경 쓰기에는
인생이 너무 짧다.

평균의 법칙을 적용하면
걱정의 90퍼센트는 없어진다

나는 성장기에 걱정이 참 많았다. 폭풍우가 불어닥치면 벼락을 맞아 죽을까 봐 두려웠고, 흉년이 이어져서 굶주릴까 봐 걱정였다. 죽어서 지옥에 가면 어쩌나 싶기도 했고, 동네 큰 아이가 겁을 주면 더 무서워졌고, 내가 아는 애들 대부분 여자아이들이 나를 비웃을까 봐 걱정했다. 나와 결혼하려는 여자가 없으면 어쩌나 싶었고, 늘 이렇게 하나 걱정이었다.

어른이 되어 내가 어린 시절 걱정했던 문제들 중에 99퍼센트는 실제 일어나지 않는다는 걸 알게 되었다. 번개를 무서워했지만, 한 해 동안 벼락에 맞아 죽는 확률은 35만 분의 1밖에 되지 않는 걸 알았다.

이런 걱정들은 어쩔 수 없이 하는 걱정이지만, 생각만으로 만들 안 되는 걱정을 많이 한다. 걱정으로 한숨짓지 말고 '평균의 법칙'을 적용하여 내 걱정이 사실인지 아닌지 따져본다면 걱정을 90퍼센트 줄일 수 있다.

세계적인 보험사인 로이즈 Lloyd's는 일어나지 않을 일에 대한 걱정으로 고민하는 사람들의 심리를 꿰뚫어서 큰 돈을 번다. 재난이 일어나는지 안 일어나는지 내기를 걸면서, '보험'이라는 이름을 쓴다. 그러나 평균의 법칙은 맞춘다. 로이즈가 200년 동안 지속적으로 성장해 있고, 인간의 심리는 바뀌지 않기 때문이다. 사람들이 재난에 대비해 보험을 들지만, 평균의 법칙으로 따져보면 그런 재난은 쉽게 일어나지 않으니까 말이다.

실제 일어나지도 않을 일에 걱정하지 마라

내가 아는 허버트 셀린저 부부는 항상 걱정이 하나도 없는 사람들 같았다. 특히 셀린저 부인은 침착하고 조용해서 걱정으로 끙끙대던 적이 전혀 없어 보였다. 어느 날 그녀에게 다음 이야기를 들었다.

"저는 걱정 때문에 인생을 망칠 뻔했어요. 저는 어른이 되어 11년 동안 스스로 만든 걱정 지옥에서 살았습니다. 늘 신경이 곤두서 있었고 속하는 성격이었어요. 쇼핑을 나가서 물건을 고르면서도 '다리미를 켜놓고 외출한 건 아닐까? 집에 불이 나면 어쩌지? 아이들이 교통사고를 당하면 어쩌지?' 등등 오만가지 걱정을 하게 되어서 첫 결혼을 실제로 실패했지요.

지금의 남편, 변호사인 허버트와 재혼하게 되면서 달라졌습니다. 남편은 침착하고 분석적이라서 어떤 일이 생겨도 걱정을 안 했어요. 항상 말했지요. 마음을 편하게 먹고, 정말 걱정하

는 게 멀지 들어다보라고. 평균의 법칙에 따르면 그 일이 실제로 일어날 수 있을지 생각해 보라고.

한번은 운전 중에 폭풍우를 만나 차가 미끄러지고 헤드도 자 동을 제대로 안 해서 도랑에 차가 처박히게 될까봐 두려웠어요. 남편은 천천히 운전하고 있으니 아무 일도 없을 거고, 차가 도랑에 빠진다고 해도 평균의 법칙으로 따져보면 우리는 다치지 않을 거라고 말해주었지요. 저는 남편이 침착한 태도 덕분에 마음이 진정되었습니다. 평균의 법칙에 따르면 그런 일은 일어나지 않는다는 많은 제 걱정의 90퍼센트를 없애 주었고 저는 평화로운 생활을 할 수 있게 되었습니다."

기록을 살펴보고 통계를 확인하여 걱정거리를 없애라

뉴욕 주지사 앨 스미스 Alfred Emanuel Smith, Jr는 반대파들의 공격을 받으면 이렇게 대답했다. "기록을 살펴봅시다." 그렇게 말하고는 사실을 제시했다. 앞으로 당신이 어떤 일 때문에 걱정하게 될 때는 그의 조언을 따르는 게 현명할 것이다. 기록을 살펴보고, 그게 정말 걱정거리가 되는지 그런 근거가 있는지 따져보는 것이다.

미국 해군은 군대의 사기를 높이기 위해 통계를 이용하고 있다. 군인들은 유조선에 배치되었을 때 어뢰에 맞을 경우 배가 폭발해서 모두 사망한다고 생각했다. 하지만 이것은 사실이 아니었다. 그래서 해군은 정확한 수치를 발표해서 안심시켰다. '유조선이 어뢰를 맞게 될 경우, 100척 중에 60척은 침몰하지 않는다. 침몰한 40척 중에서도 단 5척만이 10분 내에 침몰했다. 그러나 그 시간이면 배를 탈출하기에 충분하고 사상자도 극소수에 불과하다.'

이런 발표는 군의 사기를 높일 수 있었다. 한 군인의 말을 빌리면 "평균의 법칙 덕분에 우리는 불안감이 사라졌고, 유조선의 모든 군인들은 안심이 되었습니다. 위기가 설령 닥친다고 해도 우리에게는 기회가 있고, 평균의 법칙으로 따져보면 전사하지 않는다는 것을 알게 되었으니까요."

걱정이 당신을 망치기 전에 평균의 법칙을 따져보라.

걱정하는 습관을 없애는 방법 3;

기록을 살펴보라. 통계를 찾아보라.

평균의 법칙에 따르면
걱정하고 있는 일이
일어날 가능성이 90퍼센트 줄어든다.

이미 그렇게 되었다면
그 사실을 받아들이라

나는 한쪽 손가락이 내 깨로 어떤 시절 다락에서 내려오다가 못에 걸리는 바람에 손가락이 철 것이다. 나는 죽음 가라고 생각했고, 무시운 일이었다. 그러나 지금은 내가 왼손 손가락이 네 깨라는 사실을 잊고 살아간다. 몇 년 전에 사랑가 한 사람을 만났느네 그도 왼손이 없었다. 그도 한쪽 손으로 살아가는 것을 개의치 않는다고 말했다. 바늘에 설을 꿰멜 때 말고는.

물론 일어나지 않았어야 할 일을 겪었고, 그 때문에 힘든 시기도 있었지만, 어쩔 수 없는 상황일 때 인간은 놀랄 만큼 빨리 적응하고, 대범한 사람은 그 상황 자체를 잊기도 한다.

내팔뚝에는 앞스비듬의 한 성인 유저에 쓰인 "이미 그러니 어쩔 수 없다"라는 글자가 있다. 나의 손가락도 그 남자의 손목도 이미 그러니 어쩔 수 없는 것이다.

할다 보면 '이미 그렇게 된' 안타까운 상황을 마주하게 될 수도 있다. 그 상황을 어쩔 수 없는 것으로 여기고 받아들이며 더 많은 일을 하든지, 아니면 받아들이지 않고 반발하고 신경을 쓰고 인생을 망칠 것이지는 우리의 선택이다.

철학자 헐리엄 제임스는 이렇게 말했다. "이미 그렇다는 사실을 기꺼이 받아들이라. 그런 태도는 모든 비극을 극복하는 첫 번째 비결이다."

우리 내면의 놀랍고 강력한 힘을 사용하라

사실 '이미 그렇게 되었으니 어쩔 수 없다'라는 교훈을 받아들이는 것은 절대 쉽지 않다. 스스로에게 계속 주지 시켜야 한다.

조지 5세는 이런 글을 작은 액자를 배경삼 궁전의 서재에 걸어뒀다고 한다. "답을 따 달라고 매를 쓰거나, 엎질러진 우유 때문에 울지 않게 하소서."

말도 안 되는 터무니없는 것을 가지려 원하지 말고, 이미 일어난 일을 억울해하지 말라는 뜻이다.

철학자 쇼펜하우어Arthur Schopenhauer 도 비슷한 말을 했다. "삶이라는 여행길에 체념은 가장 중요한 준비물이다."

각자 주어진 환경이 있고, 그 환경 자체가 우리를 행복하게 하거나 불행하게 만들도록 바들 수는 없다. 우리의 감정은 환경에 어떻게 반응하느냐에 달려있다. 에수는 천국이 우리 안에

있다고 말했지만, 지옥도 마찬가지다.

어쩔 수 없는 상황에서 커다란 재난과 불행을 만날 수도 있겠지만 우리는 견뎌낼 수 있다. 우리 내면에는 놀라울 정도로 강력한 힘이 있다. 그 힘을 사용한다면 어떤 시련도 이겨낼 수 있다. 사람은 생각보다 강하다.

이미 받아진 일은 받아들이고
인생과 화해하라

엘라자베스 크라란는 여성에게서 받은 편지 내용을 요약한다.

"저는 조카를 가족들과 함께 키웠어요. 좋아하는 일을 하면서 사랑하는 조카를 키울 때 제 삶은 만족스러웠습니다. 조카를 키울 때의 느낌은 바닥에 떨어진 빵조각이 케이크가 되어 돌아오는 듯 늘 살룸 같았지요. 온 나라가 북이프라카에서 전해온 승전보에 들썩이던 날 그 전투에 참여했던 조카의 전사통지를 받았습니다. 저는 더 이상 살 이유가 없어졌습니다. 슬프고 억울하고 화가 났습니다. 그토록 착한 아이가 왜 죽어야 했는지 혼란을 받아들일 수가 없었습니다. 인도 고민도 혼자 저박해서 슬픔에 젖겨 이내로 죽는 날까지 지내기로 심했습니다. 일을 고만두기로 하면서 책상을 낡기지 정리하던다가 조카의 편지를 발견했습니다. 아이마가 들어가서서 슬픔에 잠겨있을 때 조카가 보내준 편지였어요.

'우리는 할머니가 보고 싶을 거고, 이모는 더욱 그리워지겠지요. 하지만 이모가 꿋꿋하게 견뎌낼 거란 믿어요. 이모는 강한 분이니까요. 저는 이모가 주신 진리의 말을 소중히 간직하고 있어요, 그건 제가 어디에 있든, 엄마나 멀리 있든, 언제나 웃고 남자답게 받아들이라는 말씀이에요, 항상 기억하고 있어요.'

조카의 편지를 읽고 또 읽으며 조카가 바로 옆에서 말하는 것처럼 느껴진 저는 단지 일을 시작했습니다. 그 아이가 바란 것처럼 잘 버텨낼 거라고 다짐했고 군인들에게 위문편지를 썼어요, 군인들은 모두 누군가의 자식이니까요. 저는 취미를 만들고 친구를 사귀고 수업도 들으며 하루하루 안배한 삶을 누리고 있습니다. 조카가 그걸 원하기 때문이고, 인생과 화해한 덕분입니다."

방법이 있다면 찾아야 하고
없다면 신경 쓰지 말라

시인 월트 휘트먼(Walter Whitman)은 이렇게 소리치듯 시를 썼다.

'오, 밤과 폭풍과 굶주린 바다,
비난과 사고와 거절에 직면할 때
나무나 동물처럼 하게 하소서.'

나는 12년간 목축업을 했다. 내가 키우던 젖소들 중에서 비가 오지 않아서 목초지가 바싹 말라서, 진눈깨비가 주작주의 내리고 주위서 화를 내는 내색은 한 마리도 없었다. 소들은 밤에 폭풍우가 내리고 굶주려도 침착하게 견뎠다. 신경증에 걸리지 않았고 위궤양도 걸리지 않았다. 하물며 나무들은 더 침착하게 버텼다.

이것은 우리가 실면서 마주하게 되는 모든 역경에 무조건 어떤 경우든 굴복하라는 말이 아니다. 운명론을 말하는 것이 아

니다. 상황을 이겨낼 수 있는 기회가 조금이라도 있다면 우리는 싸워야 한다. 하지만 이미 벌어진 일이고 돌이킬 수 없는 상황이라면, 애쓰지 말고 받아들여야 한다는 뜻이다.

컬럼비아대 학장 호크스 박사는 메디구스의 노래 한 구절을 좌우명으로 삼았다.

'하늘 아래 모든 병은 치료법이 있거나 없다. 있다면 찾아야 하고 없다면 신경 쓰지 말아야 한다.'

파할 수 없는 일을 대처하는 방법

자신의 위치를 넘어서는 일은
걱정하지 말라

나는 이 책을 쓰기 위해 수많은 미국의 유명 기업가들을 인터뷰했는데 놀라운 것은 이 기업가들 중 정말 많은 사람이 어쩔 수 없는 일은 받아들이고, 걱정 자체를 하지 않는다는 것이다. 그렇지 않았더라면 과도한 스트레스로 이미 쓰러졌을 것이고 이 터무니를 할 수도 없었을 것이다.

전국에 체인망이 있는 패션 스토어의 설립자 J.C. 페니J. C. Penney는 이렇게 말했다. "저는 전 재산을 잃어도 걱정을 하지 않을 겁니다. 걱정을 하는 것으로 얻을 건 없는 걸 아니까요. 그저 최선을 다할 겁니다. 결과는 신에게 맡기고요."

헨리 포드Henry Ford도 말했다. "저는 제가 처리할 수 없는 일은 그냥 잊어서 걱정가도록 내버려 둡니다."

크라이슬러 사장 K.T. 켈러K. T. Keller에게 걱정하지 않는 방법을

물어보았다. "힘든 일이 닥칠 때는 제가 할 수 있는 일이 있다면 그 일을 합니다. 할 수 없는 일이라면 그냥 잊어버립니다. 미래를 걱정하지 않습니다. 앞으로 벌어질 일은 그 누구도 예측할 수 없는 사람은 없으니까요. 미래에 영향을 미치는 요인은 수도 없이 많고, 그 누구도 이런 요인이 어떻게 만들어지는지 알 수 없습니다. 그런데 걱정만 할 텐데요."

켈러 사장이 말한 것은 모바일 철학자 에픽테토스가 1900년 전에 가르쳤던 것과 같다. "행복으로 가는 길은 오직 하나이니 우리의 의지를 넘어서는 일은 걱정하지 않는 것입니다."

폭풍우를 만난 나무는
가지를 구부려야 살아남는다.

엘지 매코믹Elsie MacCormic이 이런 글을 썼다. "우리가 피할 수 없는 일과 싸우기를 멈춘다면 그 에너지를 좀 더 풍요한 삶을 사는 데 쓸 수 있다."

어쩔 수 없는 일과 싸우면서 동시에 새로운 가치를 창조해 나갈 만큼 활력이 넘치는 사람은 없다. 이것 아니면 저것을 선택해야 하는 것이 삶이다. 인생에서 폭풍우를 피할 수 없을 때는 몸을 구부리든지, 아니면 꼿꼿이 버티다가 부러지든지 둘 중 하나를 선택해야 한다.

나는 미주리주의 농장에 많은 나무를 심었다. 처음에는 쑥쑥 자라는 걸 보고 놀랄 정도였다. 그러다 진눈깨비와 폭풍이 몰아닥치고 나뭇가지마다 얼음이 수북이 쌓였다. 어떤 나무가지는 고개를 숙이지 않고 버티다가 눈의 무게를 못 견디고 부러졌다. 그런 나무는 결국 베어내야 한다. 그 나무들은 북부

지방의 큰 숲이 가진 지혜를 배우지 못한 것이다. 나는 캐나다의 엄청난 상록수림에 많이 가봤는데 진눈깨비와 얼음 때문에 쓰러진 나무는 한 그루도 없었다. 이 나무들은 오랜 경험으로 순응하는 방법, 즉 가지를 구부려야 함을 알고 있다. 어쩔 수 없는 일은 받아들이는 방법을 알고 있었던 것이다.

브라질의 전통 운동을 가르치는 사범들은 제자에게 이렇게 말한다. "버드나무처럼 휘어라. 참나무처럼 버티지 마라."

바꿀 수 없으면 받아들이고
바꿀 수 있으면 용기를 내라

자동차 타이어는 도로에서 많은 충격을 받으면서도 버틴다. 타이어가 세공업자들은 처음에는 충격을 지탱하는 타이어를 만들었다고 한다. 하지만 조금 쓰다가 타이어가 찢어져서 버려야 했다. 그 후에 충격을 흡수하는 타이어를 만들었더니 제 기능을 하는 것을 보았다. 우리도 마찬가지다. 삶이 힘들고 험한 길을 가는 동안 충격을 흡수해 버티는 방법을 배워야만 좀 더 편안한 행로를 걸을 수 있다.

충격을 흡수하지 않고 지탱한다면, 버드나무처럼 휘어지지 않고 참나무처럼 버틴다면 어떻게 될까? 우리는 수많은 내적 갈등에 시달리고 긴장하고 걱정한다며, 심지어 견디기 힘든 원한을 부정하고 자신의 상상 속 세계로 도피한 다면 분노 정신도 온전치 못하게 될 것이다.

전쟁 중에 공포에 질린 수많은 군인들은 이젠 수 없는 현실을

받아들이거나 그런 압박감 속에서 못 견디고 무너진다.

나는 지난 8년 동안 걱정을 없애는 방법에 대해 쓴 책과 잡지, 기사 등의 모든 자료를 읽었다. 그중에서 발견한 최고의 조언이 있다. 어디든 베껴 써서 붙여 놓고 늘 읽기를 바란다. 뉴욕 유니온 신학교의 응용기독교학 교수 라인홀드니부어(Karl Paul)

Reinhold Niebuhr

"주여, 저를 평온하게 하셔서
<u>바꿀 수 없는</u> 일은 받아들이게 하시고
<u>바꿀 수 있는</u> 일은 바꾸는 용기를 주시고
이 두 가지를 구별할 수 있는 지혜를 주소서."

걱정하는 습관을 없애는 방법 4;

피할 수 없는 일은
받아들여라.

손절매 원칙은 주식투자에서도 인생에서도 꼭 필요하다

인생의 손실 폭에 제한을 걸어두면, 이것은 주식투자에 실패한 투자에서나 참소 모베즈가 주식 고수를 찾아가서 깨달은 교훈과 마찬가지다.

"저는 주식시장을 잘 안다고 자부했고, 친구들이 말하는 돈까지 투자하게 되었지요. 가끔은 수익을 올리기도 했지만, 저는 결국 전 재산을 날렸습니다. 제 돈을 날린 것은 어쩔 수 없지만, 친구들의 투자금까지 까먹었으니 대참사였습니다. 다행히 친구들은 그리 크든은 아니라고 걱정은 말라고 했고 냉관적으로 생각해 주었습니다. 사실 남의 의견만 듣고 주 먹구구식으로 즉흥적 투자를 했던 시절이었지요.

이야기해 주었습니다. 모든 거래에 손절매 주문을 걸어야 한다는 것이었죠. 예를 들어 한 주당 50달러에 사고 나서 45달 러로 떨어지면 무조건 파는 주문을 걸어두는 것이었지요, 예 총에 주식을 잘 안다면 올라서 수익을 얻는 것인데, 손실 폭을 5포인트로 걸어두면 전체 거래에 절반 정도에서 5포인트 손해를 보더라도 나머지 절반 정도에서 큰 수익을 거둘 수 있다는 말이지요.

그감으로부터 저는 그 원칙을 실천하고 있는데, 인생에서 투자 외에도 손절매 원칙이 통한다는 것을 깨닫고 저절이 생길 때 마다 적용했고 효과는 만점이었습니다."

저는 멀서 가장 성공한 투자자였던 버트 캐슬즈를 찾아갔습니다. 고든 한 해도 수익을 올리지 못한 적이 없는 투자자였지요. 그는 저의 투자 성향을 살펴본 뒤에 가장 중요한 원칙을

가능성 없다면 자신의 꿈도
깨끗이 손절매해야 한다

나는 손절매의 원칙을 알고 나서 '과거에 묵발하는 성격, 자기 합리화 등으로 생긴 정신적 부담감에 대해 손절매했다라면 얼마나 좋았을까'라고 후회를 했다.

나도 손절매로 좋은 결과를 가져온 일이 있다. 그것은 소설가가 되기로 결심했던 것과 손절매한 것이다. 내가 소설가가 되겠다고 꿈꾼 30대 초반에 유럽에서 2년을 보내며 소설을 썼다. 프랭크 노리스Benjamin Franklin Norris나 토머스 하디Thomas Hardy 같은 위대한 소설가가 되고 싶었고, 나름대로 절작이라고 생각하는 작품을 써서 출판사에 제안했다. 그들의 반응은 냉담했는데 내용도 형편없고 소설 쪽으로 재능도 없어 보인다는 평을 들었다. 나는 하밀해서 제정신을 차리는 데 몇 주가 걸릴 정도였다. 그러나 중요한 결정을 내려야만 한다는 사실을 깨달았다. 소설을 써본 경험은 가치가 있지만, 이제 앞으로 더 나아가야 한다고 생각하고 오래 하던 평생 교육 수업을 가르치는

일로 되돌아갔다. 그리고 이렇게 전기나 자기계발서를 쓰고 있다.

나의 결정에 만족하냐고 묻는다면, 길에서 춤이라도 추고 싶을 만큼 기쁘다고 대답하겠다. 내가 토머스 하디 같은 위대한 소설가가 될 수 없음을 슬퍼한 적도 없다. 소설가의 꿈과 손절매한 것은 정말 멋진 결과를 만들어주었다.

분노를 손절하지 못하면
과도한 비용을 지출해야 한다.

월드 호주 근처 숲에서 부엉이가 울던 밤이었다. 헨리 데이비드 소로는 저절 잉글을 만들어 가위 쥔으로 이렇게 적었다. "무엇에 매기는 값은 지금 당장, 또는 결국에는 그것과 바꾸어야 할 삶의 분량이다."

이를 해석해 보면, 자신의 분개를 갚아야먹는 어떤 일에 과도한 비용을 지불하는 일은 어리석은 것이라는 의미이다.

W. S. 길버트Sir William Schwenck Gilbert와 아서 설리번Sir Arthur Seymour Sullivan도 그렇게 분노를 손절메하지 못해서 자신의 존재를 깎아먹으며 과도한 비용을 지불했다. 〈인내〉, 〈미카도〉 등 멋진 작품을 무대에 올려 호응을 얻으며지도 자신들의 감정을 다스리지 못했던 것이다. 그것도 카펫 하나 때문에 말이다. 그들은 극장을 구입해서 작품 준비를 했는데, 설리번이 새 카펫을 주문했고 그 청구서를 본 길버트가 분노했다. 이렇게 시작된 싸움은 법정까지 이어졌고 둘은 죽을 때까지 서로 말을 하지 않

고, 작업 관련 일도 우편으로 진행했다. 심지어 커튼콜 받을 때 무대의 양쪽 끝에 서서 상대방이 보이지 않도록 각자 다른 방향으로 인사했다. 이들은 분비 분노를 손절메하지 못한 것이다.

지난 일을 계속 억울해하면
마음의 평화를 대가로 치른다

링컨은 용서할 줄 아는 사람이었다. 자신을 향한 상대의 공격이 멈추는 순간, 상대가 과거에 행한 일은 깨끗이 잊어버리는 것이다.

남북전쟁 중에 몇몇 친구들이 링컨의 원수 한 사람을 비난하고 있었는데 링컨은 이렇게 말했다. "자네들은 나의 원수에 대해 나보다 더 원한을 품고 있군. 하지만 내 생각에는 다른 사람에게 앙심을 품는 것이 별 도움이 되지 않아. 다투면서 보내기에는 인생이 너무 짧으니까. 상대가 나에 대한 공격을 그만둔다면, 상대가 했던 과거의 일 따위는 나는 깨끗이 잊어버린다네."

나의 에디스 수모는 50년도 더 지난 일 때문에 여전히 분노하고 있다. 프랭크 삼촌과 에디슨 수모가 가장 경제를 꾸려가면서 생긴 금전적 문제였다. 나는 수모에게 그러지 마시라고 조언을 했으

나 달라지지 않았다. 수모는 마음속에서 원망과 억울함을 키우며 실면서 '마음의 평화'라는 값비싸고 엄청난 대가를 치렀다.

불행은 가치를 제대로 판단하지
못하는 데서 시작된다

지난 일에 분노하는 성향을 만들지 않으려면, 그것에 대한 정확한 내기를 치르는 것이 좋다.

경우가 수없이 많다는 것을. 나는 인간의 불행이 어떤 것이 가치를 제대로 판단하지 못하는 데서 시작된다는 것을 알게 된 것이다."

빼거나 프랑켄슈타인 얼굴 살 때 장녀간 가게에서 지갑을 탈탈 털어 주고 호루라기를 샀다. 너무 좋아서 집 안 곳곳에서 호루라기를 불고 놀았는데, 형과 누나들이 그가 지불한 호루라기 가격이 원래보다 비쌌다며 놀려댔고 프랑켄슈타인은 울어버렸다.

어린 나이에 얼마나 마음의 상처가 컸던지 세월이 지나 세계적인 인물이 되고 나서도 그 일을 잊지 못했다.

다만 그가 이 일로 얻은 평생의 교훈에 비하면 그때 겪은 비쌘 값을 치른 것이 아니었다.

"어른이 되고 세상을 알게 되면서 사람들의 행동을 보고 얼마나 많은 사람들이 지나치게 비쌘 값으로 호루라기를 사는

수 있었다. 사람들이 지나치게 비쌘 값으로 호루라기를 사는

믿음과 기쁨이 가득한
한결같은 마음은 가족을 지킨다

내 부모님은 하루 16시간을 죽어라 일했지만 빚더미에 앉았다. 강이 범람해서 옥수수 밭을 망가뜨렸고, 풍작이 되어 옥수수를 먹여 가죽을 키우면 가죽가격이 폭락했고, 힘들게 키운 돼지는 콜레라에 걸려 시체를 불태워야 했고, 세 번 노새를 사서 키우고 길들여 시장에 보내면 사 왔을 때 보다 가격이 내려가 있었고, 농장을 담보로 대출을 받아서 이것저것 시도를 해보았으나 손에 쥔 건 없었고 은행의 위협만 받게 되었다.

30년 넘게 농사를 지으며 성실히 살아온 아버지는 가난과 빚과 빛과 모멸감만 끌어안은 47세가 되던 날, 다리 위에서 물끄러미 강을 내려다보며 오랫동안 서 있었다. 뛰어내리고 모든 것을 끝내버리는 방법 밖에 없다고 생각하셨던 것이다.

아버지는 그 후 40년 넘게 행복하게 사시고 89세에 돌아가셨다. 그 끔찍한 나날들을 버티고 강물에 뛰어내리지 않았던 단

한 가지 이유는 어머니 때문이라고 고백하셨다. 독실한 신앙심과 한결같은 마음과 늘 기쁨 속에 살며 모든 것이 잘 되리라 확신하는 어머니가 자신의 옆에 계속 있어줄 것이기에.

결국은 어머니가 옳았다. 그 후 모든 일이 잘되었다. 어머니는 걱정하는 법이 없었고 모든 문제를 하느님에게 맡겼다. 우리 가죽을 하느님이 사랑하시고 지켜주시기를 기도하셨다. 훗수와 빚과 질병은 결코 어머니의 믿음을 꺾지 못했고, 우리 가죽은 고난의 시기를 지나고 오래오래 행복했다.

무신론자라도 격절을 벗어지기 위한 첫 실천은 기도다

당신이 종교를 믿지 않고, 철저한 무신론자라고 하더라도 기도는 매우 유익하다. 왜냐하면 기도는 실제적이며, 사람이 가지고 있는 기본적인 욕구 세 가지를 충족시켜 주기 때문이다.

첫째, 기도는 자신이 괴로워하는 그 문제를 말로 정확히 표현하게 한다. 기도는 문제를 글로 정확히 적는 것이나 마찬가지다. 문제를 해결할 수 있도록 도와달라고 누군가에게 요청할 때 반드시 말로 표현할 수밖에 없다.

둘째, 기도는 나 혼자 짐을 지고 있는 것이 아니라 누군가와 나눈다는 느낌을 준다. 자기 혼자 고통을 감당하기 힘들고 죽이나 친구에게 말하지 못할 때 기도만이 길이다. 다른 사람에게 털어놓으면 치유의 효과가 있는 것처럼 기도로 그것을 대신할 수 있다.

셋째, 기도는 적극적으로 행동하게 하는 원리를 가졌다. 어떤 일을 바라며 기도할 때는 분명히 효과가 있다. 스스로 기도함으로써 그 일이 일어나도록 실천을 시작하는 것이기 때문이다.

기도는 인간이 만들어내는 가장 강력한 에너지다. 하느님이신 일반신이건, 어떤 위대한 인물이건 대상이 누군가가 중요한 것이 아니다. "저는 혼자 싸울 수 없습니다. 당신의 도움과 사랑이 필요합니다. 제 모든 것을 용서해 주시고 모든 마음을 씻으소서, 평화와 안정으로 가는 길을 가르쳐주시고 제 마음에 사랑이 가득하게 해 주십시오." 이런 기도 내용은 모든 격절을 벗어던지기 위한 노력의 첫 실천이다.

걱정을 극복하는 가장 강력한 비결

걱정하는 습관을 없애는 방법 5;

살면서 안 좋은 일에 더 많은 비용을 지불하게 될지도 모른다.

그럴 때는 자신에게 3가지 질문을 해보라.

1. 내가 걱정하는 일이 나에게 정말 중요한 것인가?

2. 어느 시점에서 이 걱정을 깨끗이 잘라내고 잊어야 할까?

3. 이것을 얻기 위해 내가 지불해야 할 대가는?

이것의 가치에 비해 더 많은 대가를 이미 치른 것은 아닌가?

과거의 실수를 잊되 교훈은 반드시 가슴에 새겨라

나는 예일 대학교 비클럽에서 공룡 방지국 회사를 샀는데 이것은 1억 8천만 너 전에 형성된 것이라고 한다. 그런데 우리는 180조 전에 일어난 일도 비클 수 없으니 얼마나 오랜 세월을 흘렀던 것인가.

그런데 과거를 좋은 방향으로 비클 수 있는 단 하나의 방법이 있다. 점투를 침착하게 분석하고 내서 그 교훈을 내 것으로 한 다음 잊어버리는 것이다. 그렇게 하는 데는 용기와 지레가 필요하다.

나는 예행 교육 기관을 만들어 뉴터 도시에 지사를 열었는데 운영과 홍보에 많은 돈을 들였고 일은 매우 잘 진행되었지만, 재정 관리 경험이 없었으니 한 해 동안 열심히 했어도 정작 수익을 전혀 얻지 못했다. 그때 나는 두 가지를 생각했다.

첫 번째는 과학자 조지 워싱턴 카버George Washington Carver가 평생 저축했던 큰돈을 은행에 맡겼으나 은행이 부도로 읽고 아빠게 행동했느가에 대한 것이다. 주변에서 격정하며 물었으나, 아무 일 동요도 없이 자기 일에 몰두했고, 자신의 정제적 손실을 완전히 마릿속에서 지우고 다시는 언급조차 하지 않았다.

두 번째는 실수를 철저히 분석하고 교훈을 얻고 실천해야 한다. 그런데 나는 두 가지 방법을 알면서도 그렇게 하지 않고 걱정 속에 빠져들었다. 그 실수들을 잊지 못해 몇 달 동안 스트레스를 받으면서도 여전히 독감은 방식으로 일했다. 그래서 또 같은 결과가 반복되었다. 그다음에야 두 가지 방법을 쓸 수 있었다.

이미 쏟은 우유 때문에 울지 마라

뉴욕 조지 위싱턴 고등학교의 브랜드와인 선생님으로부터 소중한 교훈을 얻었다는 한 학생의 편지를 받았다.

"저는 어릴 적부터 걱정이 많은 아이였지요. 실수를 하면 마음을 졸였고, 답안지를 제출하고 나면 내게를 할까 봐 걱정하느라 잠을 못 잤지요. '그렇게 하지 않고 이렇게 했을 걸'이라고 후회하고 자책했습니다.

그런데 어느 날 과학실험 시간에 선생님이 책상 모서리에 우유 한 병을 올려 두셨어요. 우리는 이 실험과 우유가 무슨 관계가 있는지 궁금했는데, 선생님이 갑자기 우유병을 싱크대에 던져 깨뜨려 버리셨어요. 그리고 말씀하셨지요. '엎질러진 우유 때문에 울지 마라! 잘 봐둬라. 이 교훈을 평생 잊지 마라. 이무리 걱정하고 난리를 쳐도 우유는 한 방울도 돌아오지 않아. 조금만 더 주의했으면 우유를 엎지 않았을 거라는 걸 기억하

고, 이미 쏟아버린 우유는 어쩔 수 없는 손실이라 여기고 잊어 버리는 거야. 그리고 자기가 할 일을 계속해야 해.'

그 간단한 우유병 교훈은 오래오래 기억에 남았습니다. 이 엎질러진 것은 아래 잊어버려야 합니다."

늘 듣던 격언이지만 모든 시대의 지혜가 녹아있는 말이다.

이미 흘러간 물로는
물레방아를 돌릴 수 없다

〈엘벨파아 불러틴〉의 편집장인 프레드 세드Fred Fuller Shedd는 오랜 전부를 새롭고 선명하게 말하는 재능을 가졌다. 한 대학교 졸업반 대상의 강연에서 그는 학생들에게 이런 질문을 했다. "톱으로 나무의 톱밥을 켜 본 적 있는 사람은 손을 들어 보세요." 많은 학생들이 손을 들었다. "그렇다면 톱으로 톱밥을 켜 본 사람은 손들어보세요. 아무도 손을 들지 않았다.

세드는 이렇게 말했다. "당연히 톱으로 톱밥을 켤 수는 없지요. 이미 나무에 톱질을 해서 톱밥이 나왔으니 말이지요. 과거도 마찬가지입니다. 이미 지나버렸고 끝나버린 일을 걱정하고 후회하는 것은 톱밥을 다시 톱질하겠다는 것과 마찬가지입니다."

아구개의 원로인 전직 아구감독, 코니 맥Connie Mack은 81세였을 때 그를 인터뷰했다. 경기에 진 것 때문에 걱정해 본 적이 있

나고, "물론입니다. 젊은 날에는 그랬었지요, 하지만 오래전부터 그런 멍청한 생각은 하지 않아요, 아무 소용이 없는 일이잖아요, 물단 경기니까요, 이미 흘러간 물로는 물레방아를 돌릴 수 없는 법이니까요."

이미 흘러간 물로는 물레방아를 돌릴 수 없지만, 이미에 주름을 만들고 위장병이 나게 할 수는 있다.

나폴레옹도
세 번의 전투 중 한 번은 패했다

싱싱 교도소의 루이스 로스 소장은 수감자들 사이에서 정원 사료 통한다는 한 죄수에 대해 이야기했다.

그 죄수는 교도소 안에서 노래를 부르며 채소와 꽃을 재배했다. 그가 이런 가사의 노래를 부른 것을 보면 참으로 지혜로운 사람이다.

'움직이는 손가락이 글을 쓰고,
글을 쓰고 난 뒤에도 계속 움직인다.
우리의 신앙과 지혜를 다 더 한다 해도
손가락을 되로 돌려 한 줄도 지우게 할 수 없고,
아무리 눈물을 뿌려도 한 단어도 지울 수 없다.'

눈물을 왜 낭비하는가? 어리석은 실수는 누구나 할 수 있다. 심지어 나폴레옹도 중요한 전투에서 세 번 중에 한 번은 패했

다. 평균을 따져보면 우리가 나폴레옹보다 나을 수도 있다. 모 든 왕의 말을 다 동원한다고 해도 과거는 절대 돌이킬 수 없 음을 잊지 마라.

결정하는 습관을 없애는 방법 6;

불평을 다시 불으로 치지 마라.
지나간 일을 들이키려 하지 마라.

걱정으로 나를 망치기 전에
걱정하는 습관을 없애는 방법

1. 늘 바쁘게 살아라.
걱정할 시간이 없도록 부지런히 활동하라.

2. 사소한 일에 흔들감 떨지 마라.
아무 영향력이 없는 작은 일 때문에 행복을 망가뜨리지 마라.

3. 걱정을 없애기 위해 평균의 법칙을 활용하라.
'이 일이 실제로 일어날 가능성이 얼마나 되나?'라고 스스로 물어보라.

4. 어쩔 수 없다면 받아들여라.
내 힘으로 바꿀 수 없는 것은 포기하라.

5. 걱정에도 손절매 주문을 걸어라.
걱정할 가치가 어느 정도까지 인지 파악하고, 그 이상의 걱정은 하지 마라.

6. 지나간 일에 얽매이지 마라.
엎질러진 우유 때문에 울지 마라.

우리의 삶은 우리의 생각대로 만들어진다

라디오 프로그램에 출연했을 때 이런 질문을 받았다. "지금까지 배우신 것 중에 가장 중요한 교훈을 무엇입니까?" 그 질문의 답은 쉬웠다. 내가 배운 것 중에 가장 중요한 교훈은 '생각이 중요하다는 것이다.

우리가 해결해야 할 가장 큰 문제는, 사실 유일한 문제라고 할 수 있는데 '올바른 생각하기를 선택'하는 것이다. 도비제주 치지역된 위대한 철학자 마르쿠스 아우렐리우스는 이것을 한 문장으로 말했다. "우리의 삶은 우리의 생각대로 만들어진다."

행복한 생각을 하면 행복해진다. 불행한 생각을 하면 불행해진다. 두렵다고 생각하면 두려워지고, 아프다고 생각하면 아파진다. 할 수 없다고 생각하면 실패할 것이다. 스스로 연민에 빠져 허우적대면 외면당할 것이다. 노먼 빈센트 필Norman Vincent Peale 목사가 말했다. "당신이 생각하는 당신의 모습은 실제의 당신과 다

르다. 당신의 생각이 바로 당신이다."

모든 문제를 낙관적으로만 보라고 하는 말이 아니다. 부정적인 태도보다는 긍정적인 태도가 낫다는 의미다. 이런 문제에 대해 관심을 갖지 말라는 것이 아니라 걱정을 하지 말라는 의미다.

관심과 걱정은 다르다. 관심은 문제가 무엇인지 깨닫고 나서 침착하게 대응하는 행동을 취하는 것이다. 그러나 걱정은 의미 없는 쳇바퀴를 계속 돌리는 것이다.

생각을 바꾸어 걱정을 없애면
놀라운 일이 일어난다

로웰 토머스Lowell Jackson Thomas는 제1차 세계대전의 전투를 그린 유명한 영상을 발표했느니 아라비아의 로렌스가 이끄는 군데 이 모습을 적은 몇 장면은 장면은 영화였다. 토리쇼르도 만들어져 세계적으로 성공적인 인기를 얻었다. 엄청난 인기를 했던 토머스는 2년 후쯤 여러 가지 믿을 수 없는 불운을 맞았고 완전히 파산했을 뿐만 아니라 엄청난 빚에 시달리게 되었다.

정신의학자 J.A. 헤드필드J.A. Hadfield는 정신적 암시가 근데에도 영향을 미친다는 것을 밝혔다. 일반적인 상태에서 악력이 45킬로그램인 피실험자들이 '나는 아주 허약하다'는 최면을 걸고 나면 악력이 13킬로그램이 되었다.

나는 35년간 평생 교육 강의를 해오면서 생각을 바꾸면 걱정, 두려움, 여러 질병을 극복하고 인생을 변화시킬 수 있다는 사실을 일게 되었다. 말로는 믿기 힘든 변화를 수백 번 두 눈으로 보았다. 워나 그런 사례를 많이 만나니 이제 웬만한 변화에는 놀라지도 않을 정도가 되었다.

다. 그리고 그렇게 되었다.

하는 일마다 실패를 하고 있는 동안에도 그는 당시의 상황에 대해서 생각을 했을 뿐 걱정하지는 않았다. 시련에 넘어가면 쓸모없는 존재가 될 것이기 때문이다. 그래서 그는 아침마다 꽃을 한 송이 사서 가슴팍에 꽂고, 고개를 들고 우스파드 거리를 춤추듯 경쾌하게 걸었다. 긍정적으로 생각했으며 몇 번의 실패가 절대 자기 삶을 망가게 하지 않았다. 최고의 자리에 다시 오르기 위해 이런 시련을 가지고 훈련해야 한다고 여겼

샘을 바꿔주는 한 문장을 가져라

내 의지로 행동을 바꾸면
감정도 따라서 바뀐다

"내가 50년 삶이오면서 배운 것은 '평화를 가져올 수 있는 것은 나 자신밖에 없다는 사실이다.' 이것은 에머슨의 한 말이다.

스토아학파의 철학자 에픽테토스는 "몸의 중양의 종기를 제거하는 것보다 정부된 생각을 버리는 데 관심을 두어야 한다"고 말했다. 현대의학은 1900년 전에 에픽테토스가 한 말을 설명한다.

로빈슨(George Canby Robinson) 박사는 "존스 홉킨스 병원에 오는 환자의 다섯 중 네 명은 스트레스와 긴장으로 인한 증상을 보인다"고 했다. 기질적 장애도 그런 이유를 발생하는 경우가 많다. 심의 불균형과 부적응 때문에 생겨나는 것이라고.

"사람은 어떤 일로 인해 상처받는 게 아니라 그 일에 대한 스스로의 생각에서 상처를 받는다"라고 교명스 철학자 몽테뉴는 말했다. 일어나는 일에 대한 자신의 생각으로 자신에게 말했다.

어떤 문제 때문에 신경이 예민해진 사람은 강한 의지로 노력하면 마음도 바꿀 수 있다. 하지만 그것이 전부는 아니다. 노력이 필요한데 방법은 간단하다.

응용심리학 최고 권위자로 평가받는 월리엄 제임스는 이렇게 설명했다. "행동은 감정을 따르는 것으로 오해받았지만, 실제로 행동과 감정은 같이 간다. 따라서 자기 의지로 통제한 행동을 조정하면, 의지에 의해 통제되지 않는 감정을 간접적으로 조절할 수 있다."

마음을 먹어도 즉시 감정을 바꿀 수는 없지만, 적어도 마음이면 행동은 바꿀 수 있다. 그 바꾼 행동이 감정도 바꾸게 한다.

즐거운 사람처럼 말하고 행동하면
건강도 되찾는다

기쁨을 잃어버린 사람은 어떻게 해야 할까? 윌리엄 제임스는 이렇게 말했다. "다시 기쁨을 되찾고 싶을 때는 즐거운 마음을 가지고 즐거운 사람처럼 말하고 행동하면 된다."

마음도 성형수술을 한 것처럼 달라질 수 있다. 진심에서 나오는 미소를 활짝 짓고 가슴을 쫙 펴고 숨을 깊이 들이마시고 즐거운 노래를 부르라. 휘파람을 불거나 콧노래도 좋다. 그렇게 해보면 윌리엄 제임스의 말에 동의하게 될 것이다. 사람이 행복할 때 하게 되는 행동을 억지로 해보면 신체적으로 우울하지 않게 된다. 우리가 일상에서 기적을 만들 수 있는 자연의 진리다.

긴 병으로 고생하던 잉글리터라는 한 남자의 이야기다. 온갖 합병증과 고혈압까지 심해 사망선고를 받았다. 그도 침울한 기분이 되어 우울증에 빠졌고 가족을 괴롭혔다. 어느 날 자신이

1년을 더 살 수는 있는데 그 기간만큼은 행복하게 지내고 싶다는 생각이 들어서 윌리엄 제임스의 말처럼 했다. 아무 일도 없듯이 행동하고 여자로 쾌활해지려고 했다. 감수록 기분이 나아지는 것을 느낀 그는 기분 좋은 척하는 것만큼 실제로도 좋아진다는 것을 일었고 몸 상태는 좋아졌다. 죽느냐는 패배감을 벗어던지거나 몸이 스스로 치유하도록 기회를 주는 것 같았다.

즐거운 척 행동하면 용기를 내는 긍정적 생각을 갖게 되고, 그 것은 생명까지 구할 수 있는데 무엇 때문에 자신과 가족을 불행하게 만들 필요가 있는가?

생각을 바꾸면 사람도 내 생각처럼 바뀐다

제임스 알렌James Allen의 〈위대한 생각의 힘As a Man Thinketh〉에서 꼭 읽어야 할 부분을 소개한다.

'주변의 사람과 사물에 대한 생각을 바꿔보면, 사람과 사물도 내 생각에 따라 바뀐다'는 것을 알게 될 것이다. 생각을 고치면 내 삶의 물리적 조건이 놀랍게 빠르게 바뀐다. 사람은 자신이 원하는 대상을 끌어당기는 것이 아니라 자기 자신을 끌어당긴다. 우리의 목적에 항상을 부여하는 신비한 힘은 우리 안에 있다. 바로 자기 자신인 것이다.

인간이 성취하는 모든 것은 인간이 생각한 것의 직접적 결과물이다. 생각을 높이 펼치는 사람은 원대한 것을 성취할 수 있다. 생각을 낮고 좁게 가지면 약하고 절망적인 상태에서 벗어날 수 없다.

창조주는 인간에게 엄청난 선물을 했는데, 그것은 세상을 다스릴 권한을 부여한 것이다. 그런데 세상을 다스릴 필요까지도 없고 오직 자기 자신만 지배하면 된다. 당신의 생각과 두려운 마음을 당신이 지배하면 된다. 간단하게 말해서 기만 하면 내의 행동이 반응을 통제하게 되고 내가 원한 대까다 지배력을 가질 수 있다.

윌리엄 제임스는 "용기를 내어 아내 맞서고 두려움과 싸우겠다고 행동하면 마음을 바꾸는 순간, 그 싸도 실소으로 바뀐다."

자신의 행복을 위해 싸워야 한다. 즐겁고 신나는 생각을 붙러 오는 프로그램을 짜서 실천하라. 이 프로그램의 이름은 '오직 오늘 하루다. 오늘 하루 기쁘게 보내면 된다.

삶을 바꿔주는 한 문장을 가져라

오늘 하루만큼은
계획대로 행복하게 살아라

나의 〈오직 오늘 하루〉라는 프로그램을 소개한다.

1. 오늘 하루만은 행복하게 지낼 것이다. '대부분의 사람은 마음먹은 만큼만 행복하다'라는 링컨의 말은 진짜다. 행복은 우리 안에서 나온다.

2. 오늘 하루만은 주어진 상황에 적응하고 가족, 일, 행운을 있는 그대로 받아들이고 거기에 나 자신을 맞추겠다.

3. 오늘 하루만은 내 몸을 잘 돌보겠다. 운동을 하고 영양을 공급하고 내 몸을 내 마음대로 할 수 있는 완벽한 기계로 만들겠다.

4. 오늘 하루만은 정신을 단련하겠다. 도움되는 것을 배우고 나태해지지 않겠다.

5. 오늘 하루만은 다른 사람에게 친절을 베풀 것이다.

6. 오늘 하루만은 유쾌한 사람이 되겠다. 밝은 표정을 짓고 어울리는 옷을 입고 부드럽게 이야기하고 예의 바르게 행동하고 칭찬을 아끼지 않겠다.

7. 오늘 하루만은 삶의 문제를 당장 해결하려 들지 않고 열심히 살아가는 데 집중하겠다.

8. 오늘 하루만은 매시간 해야 할 일을 적어두고 철저하게 따르지는 못하더라도 계획은 세우겠다.

9. 오늘 하루만은 30분이라도 혼자 조용히 쉬면서 균형 잡힌 시각을 갖도록 하겠다.

10. 오늘 하루만은 두려워하지 않겠다. 불행한가 봐 사랑받지 못할까 봐 두려워하지 않겠다.

행복과 평화를 불러오는 방법 1;

즐겁게 생각하고 행동하면
즐거워진다.

거대한 회색 곰은 작은 스컹크를 죽이지 않는다

옐로스톤 국립공원에서 '곰'이 공포감을 불러는 회색 곰을 보았다. 숲 감시원이 곰에 대해 설명해 주었는데, 그 곰은 지구상에서 물소와 알래스카불곰을 제외하면 어떤 동물도 감히 대항하지 못하는 위력을 가졌다고 했다. 그런데 그 무서운 회색 곰이 아주 작은 스컹크와 먹이를 나누어 먹는 모습을 보았다. 그냥 앞발만 쓱 움직여도 스컹크를 죽일 수 있는데 왜 그러지 않았을까? 그것은 그렇게 해봐야 곰 자신에게 아무 이득이 없다는 것을 오래 경험으로 잘 알고 있기 때문이었다. 나도 농장에서 어린 시절을 보내며 스컹크를 잡아 보았고 그럼 땅 요가 전혀 없다는 것도 알고 있었다.

작은 증오심에 당신은 적에게 지배권을 넘겨주게 된다. 수면, 식욕, 혈압, 건강, 행복 등이 적의 손아귀에 들어간다. 당신이 적 때문에 걱정하고 자제하고 앙심을 품고 있다는 것을 적들이 알게 되면 그들은 기뻐할 것이다. 증오심을 가져봤자 적을

이 마디털 하나 해치지 못한다. 오히려 당신만 지옥 같은 혼란 속으로 들어갈 뿐이다.

"이기적인 사람이 당신을 이용하려 하면 그를 잊어버리고 복수하려 하지 마라. 복수를 하는 것은 상대보다 당신 자신을 더 해치기 때문이다." 이것은 어느 위대한 철학자가 한 말이 아니다. 밀워키 경찰서가 발행한 공보에 나온 것이다.

앙심을 품는다는 생각이 당신을 어떻게 망친는지 아는가? 라이프지에 그것에 대해 나와 있다. "만성적으로 분노하는 사람은 만성적인 고혈압과 심장병에 걸린다."

'원수를 사랑하라'는 예수의 말은 사실은 최신 의학이다. '일곱 번을 일흔 번까지라도 용서하라'는 예수의 말은 고혈압, 심장병, 위궤양, 많은 정신질환 등을 피할 수 있게 하는 예방의학이다.

자세듣게 같이주는 법

최고의 미용법을 찾개섶을 버리고
나를 사랑하는 것

한 여성은 마음으로 가득한 마음 때문에 항상 찡그리고 굳은
표정을 짓고 살았다. 나중에는 얼굴이 너무 못생겨졌다. 어떤
미용 시술도 원치하는 마음, 사랑이 가득한 마음이 주는 효과
를 따라가지 못한다. '얼굴을 사랑하라'는 말은 최고의 미용법
이다.

중오하는 마음은 음식 맛도 못 느끼게 만든다. 성경에는 채소
를 먹으며 서로 사랑하면 소고기를 먹으며 서로 미워하는 것
보다 낫다'라는 말이 나온다. 적에 대한 찍개섶으로 지치고 조
초하고 외모가 망가지고 심장병에 걸리고 수명이 단축된다는
것을 생각하면 당신의 적은 박수를 치며 좋아하지 않을까? 원
수를 사랑하지는 못하더라도 자기 자신만큼은 사랑해야 하지
않겠는가? 그래서 우리의 행복과 건강을 적이 지배하도록 내
버려 두어서는 안 된다.

세익스피어는 이렇게 말했다. '적 때문에 용광로를 뜨겁게 하
지 마라. 그랜다가 당신이 먼저 화상을 입을 것이다.'

부드러운 말은 분노를 잠재우고
원하는 것을 얻게 한다

연수를 사랑하면 비즈니스에도 도움이 된다. 스웨덴에 사는 조지 로나에게서 받은 편지 내용이다.

2차 세계대전이 벌어지자 스웨덴으로 피신했던 변호사 조지 로나는 무일푼 신세였고 일자리를 구해야 했다. 몇 개 나라의 언어를 했기에 수출입 회사들에게 일자리를 구하는 편지를 썼다. 전쟁 중이라 그런 일자리가 없었고, 자리가 나면 연락 주겠다는 친절하지만 상투적인 답만 받았다. 그런데 한 곳에서 이런 답을 보내왔느니 '당신은 잘못됐었고 어리석습니다. 저하는 해외 담당이 필요 없고 필요하다고 해도 당신을 고용하지 않을 겁니다. 스웨덴어도 제대로 못하는 사람이 무슨 일을 합니까? 당신의 지원서 글은 엉망입니다'라는 내용이었다.

조지 로나는 너무나 화가 나서 그 담당자에게 비난을 퍼붓는 편지를 쓰다가 생각을 바꿨다. 그 답변의 내용이 인정하고 마음을 다스렸다.

'해외업무 담당이 필요하지 않은데도 시간을 이렇게 내어 답장을 주셔서 감사합니다. 귀사가 무역 분야의 선두라는 점 일기에 감히 일자리를 구해보고자 했습니다. 제 편지에 문법적 오류가 있어 정말 부끄럽습니다. 좋은 조언에 따라 스웨덴어를 더 열심히 공부하겠습니다. 저를 더 발전시킬 길로 안내해 주셔서 감사합니다.'

며칠 후 조지 로나는 그 회사에서 일자리를 얻었다. 그가 '부드러운 말'로 분노를 잠재웠다는 사실을 실천함으로써 진정 통에 생계를 해결할 수 있는 최고의 일자리를 얻은 것이다.

좋아하지 않는 사람을 생각하는 데
1분도 쓰지 말라

성자도 아닌 이상 원수를 사랑하기는 어렵겠지만, 적어도 자기 자신을 위해서 원수를 용서하고 있어야 한다. 공자는 "피해를 입거나 강도를 당해도 그 일을 계속 기억하지만 않는다면 아무 일도 아니다"라고 말했다.

아이젠하워 Dwight David Eisenhower 장군이 누군가에게 앙심을 품은 적이 있느냐고 그의 아들에게 물어보았다. "아버지는 좋아하지 않는 사람을 생각하는 데 단 1분도 낭비하지 말라 하셨어요." 그랬다. 시간이 아까운 것이다. '화낼 줄 모르는 사람은 바보가 맞지만, 화내지 않는 사람은 현명한 자다'라는 말이 있다.

누욕시장이었던 윌리엄 게이너 William Gaynor는 비판을 받던 지 꿀 총에 맞아 죽기 직전에 이르렀다. 병성에 누워 고통과 씨우면서도 "밤마다 나는 모든 사람과 모든 일들을 용서한다"라고 말했다.

쇼펜하우어는 삶이란 가져서 없고 고통스러운 모험이라고 여 졌다. 염세주의자였던 그는 늘 우울감을 짓고 살았다. 평생 절망감 속에 살았던 그도 이렇게 말했다. "가능하다면 아느 구에게도 적대감을 품지 마라."

어느 누구도 당신을 화내거나 모욕감을 느끼게 할 수 없다. 당신이 화를 내거나 모욕감을 느끼지 않으면 그만인 것이다.

사소한 감정 보다 대의를 생각하라

로렌스 존스는 가난한 형편에 배움의 기회가 없었던 흑인들을 가르치는 데 헌신했으나, 흑인인 그가 흑인들을 선동해 폭동을 일으켰다는 오해로 인해 처형당할 위기에 처했다. 무리에 뒷줄을 두른 채 사형에 처해지기 직전, 마지막 발언권을 얻은 그는 자신이 해온 일을 담담히 이야기했다. 불우한 환경이 아이들을 가르쳐 훌륭한 어른으로 성장시키는 일에 대해서 그 일이 얼마나 중요한 일인지 설명했고, 형편이 어려운 아이들을 가르치는 파이너 우즈 카운티 학교를 세우느데 도움을 준 백인들의 이름을 호명하며 일일이 감사의 말을 했다.

오해가 풀린 사형을 면했지만, 그때 자신을 끌고 가서 목을 매 단 사람들에 대해 증오심을 남기지 않았다. "훨씬 커다란 문제에 몰임하느라 증오 같은 사사로운 감정 따위에는 쓸 시간이 없어요. 저는 맞다툴할 시간도, 후회할 시간도 없어요, 저를 바보처럼 누군가를 미워하게 만들 수 있는 사람은 없어요."

로렌스가 목이 매달려 사형 당하기 직전에 살려달라고 호소하지 않고, 자분히 대의를 위한 감동적인 연설을 한 것은 얼마 가려지 않고 불같이 엄벌었던 군중의 마음을 움직였다. 그들 중 한 사람이 "훌륭한 사람에게 우리가 실수한 것입니다. 우리는 저 사람을 목매달 것이 아니라 도와 주어야 합니다"라고 말했고, 로렌스는 대의를 함께로 많은 후원자를 얻었다. 평범한 사람들이 마음에도 좋은 길을 향한 대의가 있다는 것을 알아야 한다.

모든 것을 알게 되면
모든 것을 이해하게 된다

링컨만큼 비난을 많이 받고 중상의 대상이 되고 수많은 배신을 겪은 사람도 없을 것이다. 링컨의 전기에서 한William Herndon은 이렇게 평가했다. "링컨은 결코 자신의 훈훈함에 따라 사람을 판단하지 않았다. 자신의 적에게도 기회를 주었고 중책을 맡겼고, 친구와 적을 구별하지 않았다."

링컨이 고위직에 임명했던 사람들 중에는 링컨을 비난하고 모욕하는 데 앞장선 사람도 있었다. 링컨은 "그 누구도 칭찬할 필요도 없고, 비난받아서도 안 된다. 조건, 상황, 환경, 교육, 습관 유전이 만들어낸 것들이기 때문이다"라고 했다.

한 변호인 클래런스 대로우Clarence Darrow가 한 말이 있다. "모든 것을 알게 되면, 모든 것을 이해하게 된다. 그러니 판단과 비난의 이유는 없다."

적을 증오하는 대신 그들을 동정하고 그들처럼 살지 않은 것을 감사하면 된다. 상처를 쌓아두는 비난과 원한은 버리고 이해하고 용서하며 기도해 주는 마음을 갖자.

우리가 적들이 물려받은 것과 특정한 신체적 감정적 특성을 가졌고 그들과 같은 삶을 살아왔다고 가정하면 우리도 똑같이 행동했을 것이다. 다른 선택이 없었을 것이다. 그러니 위대

지혜롭게 깊어주는 법

행복과 평화를 불러오는 방법 2;

원수에게 앙갚음하려 하지 마라.

자신에게 더 많은 상처를
남길뿐이다.

감사를 교양 있는 사람이 할 수 있는 것이다

텍사스의 한 사업가를 만났는데 그는 엄청 화가 나 있었다. 11 개월 전 크리스마스에 친 크리스마스에게 보내는데 단 한 명도 감사하다는 인사를 하지 않았다는 것이다. 다시 크리스마스가 다가오는 그해까지 말이다. 그도 속이 상해서 그런 인간들에게는 보너스를 한푼도 주지 말아야 했다고 후회하고 있었다.

나는 그 사업가가 보너스로 나간 돈을 후미한 것이 문제가 아니라 이미 지나간 일 때문에 겨우 1년 가까이를 후미한 것이 문제라고 생각했다. 그도 분노에 빠져 있을 것이 아니라 직원들에게 감사 인사를 받지 않은 이유가 무엇인지 알아봐야 했다. 어쩌면 그가 평소 급여에 비해 더 많은 근로를 시키고 있었거나도 모른다. 그랬다면 직원들은 크리스마스 보너스를 마땅한 권리로 여겼을 수도 있다. 어쩌면 그도 다가가기 힘든 사람이라서 직원들이 감사인사를 꺼내기가 힘들었을 수도 있다.

어쩌면 직원들은 사장이 어차피 세금으로 낼 이익금을 보너스로 돌려막면서 선심을 쓴 것이라 생각했을 수도 있다. 이럴 수도 저럴 수도 다는 이유일 수도 있다.

새뮤얼 존슨(Samuel Johnson)이 한 말을 생각해 볼 필요는 있다. "감사는 교양 있는 사람이나 할 수 있는 자기 수행의 결실이다. 교양 없는 사람에게는 감사를 기대해서는 안 된다."

감사인사를 안 한 직원들은 교양이 없는 것이 아니라 마든 이유가 있을 수 있지만, 감사인사를 기대한 그도 그 의미없는 기대로 자신을 괴롭게 만든 것이다.

무엇을 줄 때는
감사인사를 기대하지 마라

만약에 당신이 누군가의 생명을 구했다고 가정해 보자. 그는 당신에게 당연히 감사해야 한다고 생각할 것이다. 하지만 꼭 그렇지는 않다. 사무엘 테보워즈 변호사는 사형당할 위기에 놓인 78명을 구했다. 그들 중 몇 명이 나중에 찾아와 인사했을까? 단 한 명도 없었다. 예수가 하루에 나병환자 열 명을 고 쳐놓았다. 그중에 감사 인사를 한 사람은 단 한 명이었다. 예수가 제자들에게 나머지 아홉 명의 행방을 물었을 때, 그들은 이미 자리를 떠나 있었다.

친척들에게 100만 달러씩을 나누어 준 앤드류 카네기는 그 친 척들에게 나중에 욕을 먹었다. 자선단체에는 3억 6,500만 달 러라는 훨씬 큰 돈을 기부했기 때문이다.

인간의 본성은 쉽게 변하지 않는다. 그러니 그냥 그대로 받아 들이는 게 낫다. 로마의 지배자, 마르쿠스 아우렐리우스처럼

현실적일 필요가 있다. 그는 일기에 이렇게 썼다고 한다. "오늘 은 말이 나무 많은 사람들을 만났다. 이기적이고 감사할 줄 모 르는 사람들이다. 하지만 놀라지도 않았고 화가 나지도 않았 다. 세상에는 그런 자들이 존재하는 것이 당연하기 때문이다."

오히려 감사를 기대하지 않을 때 어쩌다 감사인사를 받으면 놀랍고 즐겁지 않겠는가? 그러니 누군가 내게 감사하기를 기 대하지 말아야 한다

어떤 보답을 바라지 않고 베푸는 것이 즐거움이다

세상에서 사랑을 받을 수 있는 유일한 방법이 아무 대가를 바라지 않고 사랑을 주는 것이다. 당신이 간절히 원하는 행복에 다가갈 수 있는 방법이다.

내 부모님은 다른 사람들을 도우면서 기쁨을 느끼며 사셨다. 늘 가난에 허덕이면서도 해마다 고아원에 돈을 보냈다. 그러면서도 그 고아원을 방문한 적은 없었다. 그러니 감사인사를 받은 적도 없었을 것이다. 하지만 아무런 대가 없이 부모 없는 아이들을 돌본 것 자체가 커다란 즐거움이 되었기 때문에 보상을 다 받은 것이다. 크리스마스에 내가 보내 드린 용돈도 전부 석탄과 식료품을 사서 가난한 집에 보내셨다. 그저 어떤 보답도 감사인사도 바라지 않고 베풀기만 하시면서 부모님은 정말 기뻐하셨다.

아리스토텔레스는 말했다. "이상적인 인간은 호의를 베풀면서 기뻐하고, 도움을 받으면 부끄러워한다. 친절을 베푸는 일은 우월한 것이지만, 친절을 받는 일은 열등감을 의미하기 때문이다."

자식들이 감사할 줄 모른다고 속상해하는 부모들은 다시 생각해 보아야 한다. 다른 사람에게 감사하도록 가르치지도 않았으면서 부모에게 감사하기를 기대할 수는 없다.

자식들에게 감사하는 마음을
품소 가르쳐라

자식을 열심히 뒷바라지했지만 그걸 몰라준다고 원망하는 부모를 본다. 자식을 아끼고 사랑하면서 키웠다고 착각하지만, 사실은 자식들에게 '세상이 자신에게 무언가를 해주는 것을 당연하다'라는 위험한 생각을 심어 주고 있었던 것이 아닌지 돌아봐야 한다. 너무나 당연히 받기만 하고 감사할 줄 모르는 사람으로 키우고 있는 경우가 많다.

아이들은 교육받은 대로 자란다. 나의 이모 바이올렛는 감사할 줄 아는 모습을 자식들에게 보이며 살았다. 이모는 자신의 어머니, 즉 나의 외할머니를 모시고 살며 잘 돌보았다. 거기에다 시어머니까지 모셨다. 두 할머니가 난롯가에서 다정히 계시던 모습이 떠오른다. 이모는 두 노인을 모시면서 힘든 일도 많았겠지만 전혀 내색하지 않았다. 진심으로 두 어머니를 사랑했고, 살뜰하게 보살폈으며 두 어머니의 어떤 요구사항도 다 들어주었고 늘 편하시도록 배려했다. 이모의 자식은 6명이나

되었다. 이모는 많은 일거리 속에서도 불평하지 않았고, 칭찬받을 일이라고 여기거나도 않았고 생색내지도 않았다. 두 어머니를 보살피는 일은 자신이 당연히 해야 할 일로 생각했다. 스스로 원하는 일이었다. 20년 전에 남편을 여인 이모를 자식들이 서로 자기 집에서 모시겠다고 난리였다. 자식들이 이모의 따뜻한 효심과 사랑을 보며 자랐고, 이모가 두 어머니께 감사하는 마음을 보여주었으니 당연한 것이다.

아이들 앞에서는 작은 배려도
감사하는 마음을 보여라

'아이들은 귀가 밝다'라는 걸 항상 말을 조심해야 한다. 아이들 앞에서 다른 사람을 까야내는 말을 해서는 안 된다. 특히 다른 사람이 베푼 친절에 대해 절대 함부로 말해서는 안 된다.

"너의 사촌이 크리스마스 선물이라고 보내 이 물건 한 바퀴 찼더니 돈은 한 푼 안 들였겠다"라는 식으로 말하면 안 된다. "이 걸 직접 얽어 찼더니 얼마나 오래 공을 들였을까. 멋진 사람이다. 감사편지를 건이 써보자"라고 말해야 한다. 아이들은 이런 말을 듣고 자라면 무의식적으로 상대를 칭찬하고 작은 배려도 감사하는 습관을 저절로 가지게 된다.

행동과 평화를 불러오는 방법 3;

1. 상대가 감사할 줄 모르면
그냥 당연하게 받아들이라.

2. 감사를 바라기보다
베풀면서 주는 기쁨을 누려라.

3. 아이들을 감사하는 사람으로 키우려면
자신이 감사하는 모습을 보여라.

마실 물과 먹을 음식만 있으면 불평할 이유가 없다

가난과 및 때문에 우울했던 나의 지인은 거리에서 활짝 웃으며 인사하는 장애인을 만난 이후로 삶을 대하는 태도가 바뀌었다고 했다. 그는 특히 가슴에 이런 글을 붙여놓았다. '나는 신발이 없어서 우울했다. 거리에서 발이 없는 남자를 만나기 전까지는.'

Eddie Rickenbacker는 큰 고충을 배웠다. '마실 물과 먹을 음식만 있으면, 어떤 일에 대해서도 불평해선 안 된다.'

구명보트를 타고 태평양에서 21일 간 떠 있었던 에디 리켄배커는 기자들에게 다친 병사의 이야기가 실렸다. 태평양에 괴멸하던 전투에서 다친 병사의 이야기가 실렸다. 폭탄에 맞아 목을 크게 다친 그는 죽기에 글을 써서 의사에게 물었다. "제가 살 수 있을까요?" 의사가 그렇다고 대답했다. 그는 또 썼다. "제가 말을 할 수 있을까요?" 의사는 그렇다고 답했다. 세 번째 쪽지를 썼다. "그렇다면 도대체 제가 걱정할 게

뭐가 있을까요?"라고.

걱정을 하고 있다면 당장 멈추고 스스로에게 질문하라. "도대체 내가 뭘 걱정하는 것인가?" 골치 아파하며 걱정하는 이유가 사실은 대수롭지 않은 것일 수 있다.

좋은 면만 바라보는 것은
돈으로 매길 수 없는 자산이다

증가움이란 우리가 가진 엄청난 자산이다. 우리는 알리바바의 보물보다 훨씬 많은 재산을 가지고 있다. 누가 빼딱 달러를 준다고 해서 두 눈을 팔겠는가? 록펠러 가문의 재산을 전부 준다고 해도 당신의 가족과 바꾸겠는가? 그런데 우리는 자신이 가진 것에 대해 감사할 줄 모른다.

쇼펜하우어는 "우리는 자신이 가진 것을 생각하지 않고 늘 가지지 못한 것만 생각한다"라고 말했다. 그런 생각은 엄청난 비극이다. 진쟁과 질병보다 더 큰 재앙이 이런 생각에서 나온다.

사무엘 존슨이 깨달았던 교훈을 읽어보자. "모든 일에 대해 좋은 면만 바라보는 습관을 가져라. 그것은 1년에 수천 파운드를 버는 것보다 훨씬 가치 있다." 당시에 천 파운드는 엄청나게 큰 돈이었다. 존슨은 20년간 불안과 굶주림으로 시달렸지만, 이렇게 좋은 면을 바라보는 습관으로 결국 시대를 대표하는 작가가 되고 역사적으로 가장 많을 절하는 사람으로 일컬어진 위인이 되었다.

즐기는 마음도 만들어 낸다

도쿄 스미스는 인생의 목표를 두 가지 정하라고 했다. "인생의 목표는 두 가지다. 첫째, 원하는 것을 얻으라. 둘째, 그것을 즐기는 것이다. 그러나 현명한 사람만이 두 번째 목표, 즐기는 것을 할 수 있다."

보르그힐드 달Borghild Dahl에게 설거지를 하는 것은 불가능에도 가까운 일이었다. 50년 동안 앞을 거의 보지 못했던 여성이었다. 그녀는 즐겁게 용기 내어 살아온 삶에 대해 책을 썼다.

그녀는 어린 시절 친구들이 사방치기 놀이를 할 때 바닥에 그어진 선을 보지 못해 함께 할 수 없었다. 아무도 없을 때 땅에 눈을 가까이 대고 바닥의 선을 모조리 머릿속에 위워서 사방치기 놀이의 고수가 되었다. 적극적인 그녀의 자세는 공부에도 통했다. 수도원의 책에 눈을 가까이 눈을 대고 한 글자씩 읽어 나가며 공부해서 컬럼비아 대학에서 석사학위를

받았고 교수까지 되었다. 강의와 댄스요 방송 진행까지 거의 보이지 않는 눈으로 이어갔다. 그녀의 나이 52세에 눈 수술을 받는 기적이 일어났고, 훨씬 잘 볼 수 있게 되었다.

그녀는 안 보일 때도 즐겁게 설거지를 두 수술 후 더 즐겁게 할 수 있다는 것이 너무나 흥미로웠다. 설거지통의 한 안 가득을 빛에 비추어보면 무지개가 피어난다고 즐거워을 표현했다. 설거지마저 즐길 것이다. 아름다움을 느낄 줄 즐기는 것도 만들어 낸다.

행복과 평화를 불러오는 명제 4;

좋은 면만 보고
즐거움을 누려라.

자신의 모습을 사랑하며 살아가란

아리스 앨런드 부인이 편지를 내게 보내왔다. 어떻게 자신의 모습을 사랑하게 되었는지 이야기해 주었다.

앨런드는 어린 시절 뚱뚱했는데 예민한 성격으로 더 자신의 모습에 부끄러움을 느꼈다. 그래서 보수적인 엄마는 앨런드가 예쁜 옷을 입는 것이 어리석다고 타박했고, 그녀는 친구들이 자기와 놀고 싶어 하지 않는다고 생각해 버리고 어떤 학교 행사에도 참여하지 않았다.

결혼을 하게 되었어도 달라지지 않았지만, 자신의 집에 다른 시댁 식구들의 모습을 보게 되었다. 남편의 기준들은 침착하면서도 자신감이 넘쳤고, 그런 모습을 받고 싶었지만 되지 않았다. 단번에 자기 습관으로 괴로움이 조조하고 짜증 내는 성격이 더 심해졌다. 비참한 기분에 극단적인 생각까지 하는 나날이었다. 그런데 우연히 시어머니의 말씀에서 새로운 계기를 찾게 되

었다. 시어머니는 이런 말을 했다. "나는 아이들을 키우며 어떤 일이 있어도 자신의 모습을 사랑하며 살아가란고 가르쳤다."

그 말을 듣고 앨런드는 "자신의 모습으로 살아가는 것"에 대해 생각했고 남의 방식에 억지로 자신을 맞추려 했다는 생각이 들었고 자신의 모습 그대로 사랑하며 살기로 해서 아들라는 옷을 찾아 입고 작은 모임에도 가입해서 역할을 하며 사람들 앞에서 조금씩 말을 하는 용기도 얻었다. 그리고 자신의 아이들에게도 "무슨 일이 있어도 네 모습을 사랑하며 살아가란"라고 가르치게 되었다.

남을 흉내 내려해서는
아무것도 이룰 수 없다

자기 모습을 사랑하며 산다는 것은 어려운 일이다. 자신의 모습 그대로 인정하며 살면 되는데 그렇지 못해서 신경증, 콤플렉스의 원인을 만든다.

아동 교육 전문가인 안젤로 파트리(Angelo Patri)는 "자신의 몸과 마음이 다른 사람처럼 되기를 바라는 것보다 비참한 일은 없다"라고 말했다.

인간의 욕망이 끓어 넘치는 곳인 할리우드에서는 내가 아닌 다른 존재가 되고 싶어 하는 사람이 당연히 많다. 영화감독 샘 우드(Sam Wood)는 젊고 소질 있는 배우들을 자기 자신의 모습으로 연기하게 하는 게 가장 힘들다고 말했다. 신인 배우들은 제2의 클라크 게이블(William Clark Gable)이 되려고 했다. 그러했자 2류밖에 되지 못하는 바도 많이다. 그래서 배우들에게 끊임없이 자인시켰다. "관객들은 이미 그런 연기에 익숙하다. 새로운

것을 원한다"라고.

샘 우드 감독은 〈굿바이 미스터 칩스〉, 〈누구를 위하여 종은 울리나〉 같은 유명한 영화를 찍기 전에 부동산 업계에서 일했느데 그때 비즈니스 감각을 가졌다. 그는 전혀 다른 업종 갔지만, 부동산업과 영화업은 같은 원칙이 적용된다고 강조했다.

"자기 자신이 아닌 남을 흉내 내려해서는 아무것도 이룰 수 없다. 앵무새가 될 뿐이다."

자신의 모습대로 열정을 바치면
원하는 것을 이룬다

자기 자신의 모습 그대로 인정하며 당당하게 사는 것은 취미 생활에게는 더 필요한 모습이다.

소코니-배큠 석유 회사Socony-Vacuum Oil의 인사책임자인 풀 W. 보인튼은 구직자들이 저지르는 가장 큰 실수에 대해 이야기했다. 그는 〈취업에 성공하는 6가지 방법〉이라는 책을 쓴 사람이다.

"구직자들이 구직을 할 때 자신이 아닌 다른 사람처럼 행동하는 것이 가장 큰 실수입니다. 긴장을 풀고 솔직하게 말하면 되는데 질문자가 원하는 답을 하려고 하지요. 어느 회사도 가식을 원하지 않아요. 그렇다. 위조지폐를 갖고 싶어 하는 사람이 없는 것처럼 구인 회사들은 실제 그대로의 모습을 보고 싶어 한다.

가수가 되고 싶었던 한 여성은 입꼬리에 자신이 없었다. 입이 크고 뻣니가 삐드렁니로 툭 튀어나와 있었다. 그녀는 노래할 때

윗입술을 끌어내려 삐드렁니를 가리는 데 신경을 썼다. 그럴지만 그런 노력은 그녀의 가수 경력을 만들어주지 못했다. 그녀의 재능을 알아보는 사람이 "당신은 자꾸 무엇을 감추려 애쓰고 있어요. 삐드렁니가 부끄러워서 그렇죠? 그러지 말아요. 자신 있게 입을 크게 벌리면서 노래해요. 그 삐드렁니 덕분에 평가수가 될 수 있어요."

그의 충고대로 삐드렁니 대신에 관객들만 생각하게 되었고, 열정적으로 노래한 그녀는 바로 키스 데일리Cass Daley라는 톱스타다.

당신은 자기 능력의
겨우 10퍼센트만 쓰고 있다

윌리엄 제임스는 평범한 사람들이 잠재된 능력을 겨우 10퍼센트만 쓰고 있다고 말한다. 그래서 평범할 것이다. 자신의 모습 그대로에서 제대로 발전만 하면 엄청난 능력을 발휘할 수 있는 데도 말이다.

"사람들은 자신이 가진 자원의 일부만 사용하고 있다. 자신의 한계에 훨씬 못 미치는 삶을 살아가고 있다. 다양한 능력을 가졌으면서도 능력을 사용하지 않는 습관에 익숙해져 있는 것이다."

우리는 모두 많은 능력을 가지고 있으면서 겨우 10퍼센트만 쓰며 자정을 한다. 한 순간이라도 시간을 낭비하지 말자. 우리는 각자 남과 다르다. 당신은 지구상에서 완전히 다른 새로운 단 한 명의 존재다. 태초부터 오늘 이 순간까지 당신과 똑같은 사람은 한 명도 없었다. 미래에도, 세월이 많이 흐른 다음에도 당신과 똑같은 사람은 절대 없을 것이다.

암란 사인펠트Amran Sheinfeld는 염색체를 연구했는데 "유전자는 수십 개에서 수백 개에 달하는데, 그중 하나의 유전자만으로도 전혀 다른 사람이 되고 싶 전체가 달라진다"라고 했다. 상상도 못 할 정도로 우리 각자는 놀랍게 만들어진 생명체이다.

당신의 부모가 아이를 가졌을 때 당신이라는 사람이 태어날 가능성은 300조 분의 1 정도이다. 당신에게 300조 명의 형제가 있다고 해도 그들은 전부 완전히 당신과 다른 사람이다. 그러므로 당신이 당신의 모습을 인정하고 그 모습대로 살아야 한다. 지구상에 한 명뿐이 매우 특별한 존재이기 때문이다.

나는 어느 누구를 대신할 수도
대신할 필요도 없다

자기 모습대로 살아야 한다는 것을 내가 확신에 차서 이야기하는 이유는 내 자신이 쓰린 경험 때문이기도 하다. 미주리 위 은둔 숙수 방이런 고향을 떠나 뉴욕에 왔을 때 맨 처음으로 시도한 것은 공연예술아카데미에 등록한 것이다. 배우가 되겠다고 마음을 먹고 최고의 배우가 될 수 있는 기발한 아이디어를 떠올렸다. 그 방법이란 당대의 최고 유명배우 존 드류 배리모어 John Drew Barrymore, 월터 햄프턴Walter Hampden, 오티스 스키너Otis Skinner의 성공비결을 연구한 뒤에 그들의 강점만을 뽑아내어 합치는 것이었다.

그들 한 명 한 명이 나처나 대단한데 그들의 장점만 모으면 역대 최고배우가 되지 않겠느냐 싶었다. 그리고 그들을 모방하는 데 청춘의 몇 년을 허비하고 나서야 나는 나일 뿐이고, 다른 어떤 누구도 될 수 없고 될 필요도 없다는 것을 깨달았다. 우수 발 물신 준크기 내 모습을 인정하고 그대로 살아가는 것

이 좋음을 알았다.

나는 이런 교훈을 반복해서 깨달았는데, 같은 실수를 또 했기 때문이다. 글쓰기를 시작하고 직장 일을 단행분을 쏘겠다고 결심하면서 많은 작가들의 멋진 생각을 뽑아서 모으면 최고의 책이 될 것이라고 여겼다. 판면 책을 쏘면서 생각을 정리하느라 1년을 보내고 나서야 그것이 얼마나 바보짓인지 깨마도 없었기에 쓰레기통에 던져버리고 나서 처음부터 다시 시작했다.

"나는 매일 카세기여야 해. 다른 사람이 되고자 해서는 안 돼. 비록 단점이 많고 한계도 있겠지만, 나는 나여야 해"라고 깨닫고 나서 지금의 매일 카세기를 출발한 것이다.

누군가를 따라 해서
스타가 된 경우는 없다

작곡가인 어빙 벌린Irving Berlin과 조지 거슈윈George Gershwin이 처음 만났을 당시에 벌린은 이미 유명 인사였지만, 거슈윈은 주급을 받으며 근근이 살아가고 있던 무명이었다. 거슈윈의 재능을 바로 알아본 벌린은 자신의 비서로 일해 달라고 제안했다. "나의 비서로 와주면 지금 수입의 3배를 주겠네. 하지만 거슈윈, 내 제안을 받아들이지는 말라고 충고하고 싶네. 그렇게 되면 당신은 어빙 벌린의 아류밖에 될 수 없을 테니 말이야. 지금 당신의 모습을 지켜간다면 언젠가 최고의 거슈윈이 될 거야." 벌린의 충고대로 거슈윈은 자기만의 음악을 했고 미국 최고의 작곡가가 되었다.

찰리 채플린Charlie Chaplin이 영화계에 첫 발을 디뎠을 때 감독이 그에게 요구한 것은 당시 인기 최고이던 코미디언 흉내를 내라는 것이었다. 그렇게 하다가 채플린은 빛을 보지 못했다. 자기 색깔의 연기를 한 후에 거장이 되었다.

밥 호프Bob Hope는 노래하고 춤추며 몇 년을 연기했지만 시간만 보낼 뿐이었느데, 자기만의 모습을 그대로 보여주는 재치 있는 말을 쏟아내면서 주목받기 시작했다. 윌 로저스Will Rogers는 보드빌 쇼에서 말을 한 마디 않이 밧줄만 돌리다가 나중에는 밧줄을 돌리면서도 웃기는 말을 툭툭 던지기 시작한 후에 그만의 독특함으로 스타상을 받으했다.

당신을 대표하는 빅 스타들 중에 누군가를 따라 해서 그렇게 된 경우는 찾아보기 힘들다. 자기 모습 그대로 할 수 있는 것을 하면 된다.

인생이라는 오케스트라에서
자기만의 악기를 연주하라

당신은 이 세상에서 완전히 새로운 존재라는 사실에 기뻐해야 한다. 이미 완전히 새로운 존재이므로 그것을 활용하면 된다.

모든 예술은 자서전을 쓰는 것과 같다. 당신 자신만을 노래하는 것이고, 당신 자신만을 그려내가는 것이다. 당신은 당신의 경험, 배움, 유전이 만든 독특한 존재다. 좋든 나쁘든 자신만의 작은 정원을 가꿔나가야 한다. 인생이라는 악장 난 오케스트라에서 자기만의 악기를 연주하는 과정이 삶이다.

에머슨은 〈자기 신뢰〉에서 이렇게 썼다. "배움 속에서 이런 확신을 때가 있다. 무지에서 부러움이 나오느데 모방하는 것은 죽음이다. 자신이라는 존재를 좋든 나쁘든 그대로 받아들여야 한다. 세상에 아무리 좋은 것들이 가득해도 자기만의 밭을 스스로 갈지 않으면 옥수수 한 알도 얻을 수 없다. 각자의 인간이 가진 힘은 전부 다 새로운 것이므로 무엇을 할 수 있느는 본인만 알 수 있고, 자기 자신조차도 시도해 보기 전에

는 알 수 없다."

무엇이든 자신의 자리에서
최고가 되라

더글러스 맬록Douglas Malloch의 시에서 교훈을 얻기를 바란다.

언덕 꼭대기의 소나무가 될 수 없다면
골짜기의 작은 관목이 되라.

다만, 시냇가에서는 가장 좋은 관목이 되라.
나무조차 될 수 없다면 덤불이 되라.

덤불이 될 수 없다면, 한 포기 풀이 되라.
그래서 길을 행복하게 하라.

멋진 물고기가 될 수 없다면 배스가 되라.
다만, 호수에서 가장 힘찬 배스가 되라.

선장이 될 수 없으면 선원이 되라.
누구에게나 할 일은 있기 마련이다.

큰일도 작은 일도 있지만
가까이에 해야 할 일이 있다.

큰길이 될 수 없다면 차라리 오솔길이 되라.
태양이 될 수 없다면 별이 되라.
이기고 지는 것은 크기와 상관없다.
무엇이든 그 자리에서 최고가 되라.

행복과 평화를 불러오는 명언 5;

다른 사람을 따라 하지 마라.

내 모습대로 살아가라.

레몬이 생기면 레모네이드를 만들라

시어스, 로벅 앤드 컴퍼니Sears, Roebuck and Co. 의 사장 줄리어스 로 젠월드는 이렇게 충고했다. '레몬*이 생기면 레모네이드를 만들 라.' (※레몬은 불량품을 의미, 이 곁에서 과일 레몬과 이중적 의미를 갖고 있음)

이것은 위대한 교육자가 실천에 옮기는 한 방법이다. 그러나 이와 반대로 하는 사람들이 많다. 어리석은 사람들은 인생에 서 어려운 일을 만나면 포기하고 이렇게 말한다. "나는 이미 실패했고, 이것은 내 운명이다. 이제 기회도 없어"라고. 그러면 서 자기 연민에 빠져 산다. 하지만 지혜로운 사람들은 고난에 부딪혔을 때 "이번 일로 나는 어떤 교훈을 얻을 수 있을까? 어 떻게 하면 상황이 좋아질까? 어떻게 하면 레몬으로 레모네이 드를 만들 수 있을까?"라고 생각한다.

사람의 잠재력을 연구했던 심리학자 알프레드 아들러는 인간 이 놀라운 특징에 대해 말했다. 그것은 바로 마이너스를 플러

스로 바꾸는 힘이다.

마이너스를 플러스로
자신이 만드는 것이다

어떻게 걱정을 마이너스로 만들 수 있고 플러스로도 만들 수 있는지 유황에 사는 딸 두 소녀 사연을 보면 알 수 있다.

"집에 온 남편이 모래비사막 부근의 훈련소에 배치되었습니다. 저는 남편과 함께 하고 싶어서 갔어요. 저는 정말 끔찍했습니다. 남편이 훈련에 참여할 때 저는 판잣집에 혼자 남았습니다. 선인장 그늘 아래의 온도가 섭씨 50도가 넘을 정도로 더웠고, 이웃은 영어를 전혀 못하는 멕시코인과 인디언들이었습니다. 바람이 불어철 때면 공기는 모래투성이가 되었어요. 저는 도저히 견딜 수 없어서 부모님께 집에 가고 싶다고, 이곳은 감옥보다도 못하다며 편지를 썼습니다. 아버지께서 단 두 줄의 답장을 보내셨어요.

한 사람은 진흙탕을 보았고, 다른 사람은 별을 보았다.

두 사람이 감옥 밖을 내다보았다.

두 줄을 읽고 또 읽었습니다. 너무 창피해서요. 주변에서 장점을 찾아보기로 했습니다. 별을 보고 싶었으니까요. 이웃과 친구가 되려고 그들의 수공예에 관심을 가졌습니다. 그들은 돈을 받지도 않는 애장품을 선물로 줬습니다. 그리고 저는 그곳의 독특한 선인장, 조슈아 트리 등을 공부했습니다. 사막의 석양도 지켜보고 모래에 바다 밑에 있던 수백만 년 전의 조개껍데기를 모으며 대성습니다.

모래비 사막도 이웃들도 그대로인데 제가 놀랍도록 바뀐 것이지요. 마음을 바꾸자 비극적인 경험이 흥겨운 모험이 되었습니다. 그곳은 너무나 놀랍고 흥미로운 장소였습니다. 저는 그 아름다운 곳의 경험을 소설로 써서 작가가 되었습니다."

생각하고 숙고하고 성공해야
진정 행복해진다

기원전 500년 전에 그리스인들은 진리를 깨우쳤다. "가장 좋은 것을 얻으려면 아주 힘든 과정을 거쳐야 한다."

해리 포스딕Harry Emerson Fosdick 목사는 행복을 정의하면서 같은 의미의 말을 했다. "행복은 즐거움이 아니라 승리감이다." 행복은 즐겁게 사는 것이 아니라 성취하고 성공하고 승리하는 데서 나오는 것이다.

플로리다의 한 농부가 정말 놀라운 성취를 이루었다. 레모네이드로 레모네이드를 만들어 낸 것이다. 진정한 행복을 얻은 것이다. 처음 농장을 장만하고 나서 그는 대단히 낙담하고 말았다. 고가 구입한 농장은 농사를 지을 수도 심지어 가축을 기를 수도 없는 척박한 땅이라서 소유의 의미가 없는 것이었다. 운동 쓸모없는 나무 아래 방울뱀 뿐이었다. 어떻게 구입한 농장에 방울뱀만 득실거린다니 얼마나 끔찍한 일인가. 이런 상황에서도 그는 아이디어를 떠올렸다. 방법은 방울뱀에 있었다. 방울뱀이 안 되는 것처럼 보이는 것을 오히려 고기 통조림을 만들어 팔 것이다.

이제는 방울뱀 농장에 관광객이 일 년에 2만 명씩 몰려든다고 한다. 물론 사업도 승승장구했다. 방울뱀의 독은 해독제 연구소에 보내고, 방울뱀 가죽은 구두와 가방의 재료로 비싼 값에 판매되었다. 그곳의 지역 명칭도 바뀌었다. '플로리다주 방울뱀 마을'로.

손쉬운 이익으로 바꾸는 것이 진정한 이익이다

산악인 윌리엄 데임william Balitho Ryall이 말했다. "인생에서 가장 잘하는 일은 당신에게 이득이 생길 때 잘 이용하는 것이 아니다. 그건 비범해도 할 수 있다. 진정으로 잘하는 일은 손실을 이익으로 바꾸는 것이다. 그러기 위해서는 머리를 써야 하느네 지혜로운 사람과 미련한 사람의 차이가 여기에 있다."

1,400권의 책을 읽으며 풍성한 삶을 맞이고 클래식 교향곡을 들으며 말할 수 없는 감동을 느꼈다. 세상을 똑바로 보며 올바른 가치관을 갖게 되었고 과거에 자신이 간절히 원하던 것의 대부분은 무가치한 것이었음을 깨닫기도 했다.

엄청난 독서를 통해서 정치에 관심을 갖고 공공의 문제를 연구했고 휠체어를 타고 전국을 누비는 유쾌한 강연자가 되었다. 그의 이름은 벤 포트슨Ben Fortsson이며 조지아주의 국무장관이 되어 많은 존경을 받았다.

시고를 당한 한 남자가 마이너스 인생을 플러스 인생으로 바꾼 사례를 소개하겠다. 스물네 살에 사고로 다리를 잃은 그는 화나고 분통이 터지고 운명을 저주하는 시기를 겪고 나서 그렇게 해봐야 아무 소용이 없다는 것을 알게 되었다. "지는 다른 사람들이 저에게 친절하게 대하는 것을 보며 저도 그렇게 하기로 마음먹었습니다.

그렇게 변해가면서 중年과 분노를 극복하고 전혀 다른 사람이 되어갔다. 책을 읽기 시작하면서 문학에 흥미를 갖게 되었고

어려움을 사랑한
진정한 위인이다

니체Friedrich Wilhelm Nietzsche는 중인이라 부를 수 있는 위대한 인물을 이렇게 정의했다.

'어려움을 견디낼 뿐만 아니라, 어려움을 사랑한 사람.'

성공한 사람들의 삶을 연구할수록 성공의 비결이 원래부터 가지고 있던 재디캡이었음을 알게 되었다. 결점을 극복하고자 노력한 결과 더 큰 성과를 올리게 된 것이다. 윌리엄 제임스의 말대로 "우리의 단점은 생각 외로 우리를 돕느다."

밀턴John Milton이 앞을 볼 수 있었다라면 그렇게 훌륭한 글을 쓸 수 없었을지도 모른다. 베토벤Ludwig van Beethoven이 귀가 멀지 않았더라면 그렇게 훌륭한 음악을 작곡하지 못했을지도 모른다. 헬렌 켈러Helen Adams Keller는 눈이 보이고, 귀가 들렸다면 위대한 업적을 만들어 내지 못했을지도 모른다.

위대한 교향곡 〈비창〉을 들어보라. 차이콥스키가 자살 직전가지 갈 만큼 좌절하고 비참한 삶을 겪지 않았더라면 그런 곡이 나올 수 있었을까? 도스토옙스키도 톨스토이도 고통 속에서 위대한 작품을 남겼다.

찰스 다윈Charles Robert Darwin은 모든 생명체의 근본을 알게 한 사람인데 "내가 그렇게 극심한 아픔을 겪지 않았다면, 그 많은 일을 해낼 수 없었을 것이다"라고 말하며, 자신의 결함이 자신을 도왔다고 고백했다.

메시는 북풍이
강한 바이킹을 만들었다

자신의 극단적인 약점 덕분에, 그것을 극복하는 의지 때문에 많은 일을 할 수 있었던 사람을 꼽으라면 먼저 축구해야 할 사람은 에이브람 링컨이다. 다양한 연구에서 태어나면 1년, 미국 켄터키 주 숲 속 오두막에서 태어난 아이가 링컨이다.

평치이 극죽 가문에서 태어나고 해버드를 졸업하고 행복한 결혼 생활을 했다면 우리가 사랑하고 존경하는 그런 인물이 될 수 있었을까? 그랬더라면 우리가 한 문장 빛나는 게 티즈버그 연설이나 대통령 취임식의 고귀한 연설문을 만들 수 있었을까?

"누구에게도 악의를 품지 말자다. 모든 사람에게 관용을 베풀자다"와 같은 문장은 참혹했던 그 시대상에 비추어 본다면 신성한 시 구절이며 그 어떤 정치가들의 말보다 참으로한 메시지다.

'북풍이 바이킹을 만들었다는 유럽 속담이 있다. 메시은 북풍에 맞설 때 강한 자가 탄생한다는 의미다. 안락하고 풍족한 편안한 삶 속에서 사람들이 작하고 행복할 수 있다는 생각은 완전히 틀렸다. 자기 연민 속에 빠진 사람들은 편한 상황에 놓여있으면 계속 그런 상태에 머무를 뿐이다. 상황이 좋든 나쁘든 주어진 책을 기까이 받아들인 사람들만이 명예와 행복을 얻었다는 것을 역사는 말해주고 있다.

세 개의 현으로 연주를 끝까지 했다. 나중에 그것을 들은 해리 포스틱(Harry Emerson Fosdick)이 말했다. "현이 끊어지더라도 나머지 세 현으로 연주를 해내는 것이 바로 인생이다." 그것은 성공한 인생이다.

도전을 하고 실패해도 얻을 것은 많다

너무나 큰 상실감에 빠질 때는 레코드를 피모네이토로 바꿔보고 싶은 희망까지 생기지 않을 수도 있다. 그럼 가능성도 아예 없어 보일 때도 있다. 그렇지만 그렇게 해보려고 시도해야 하는 이유는 두 가지이다. 도전을 해본다면 얻을 것은 있어도 잃어버릴 것은 없다는 사실이다.

첫째, 그런 시도가 성공할 수도 있다.

둘째, 실패할 수도 있다. 그랬더라도 순실의 상황을 이익의 상황으로 바꾸던 한 시도 그 자체로 당신은 미래를 바라볼 수 있게 된다. 부정적인 생각을 긍정적인 생각으로 바꾸는 효과도 있을 수 있다. 창조적인 에너지가 나와서 당신은 바패질 것이기 때문에 지나간 일에 대해 비통해할 시간도 없게 된다.

세계적인 바이올리니스트 올레 불(Ole Bornemann Bull)은 파리에서 공연을 하고 있을 때 바이올린 현 하나가 끊어졌지만, 나머지

불행한 처지일수록 남을 도우면 더 큰 행복이 온다

나는 '내가 직접 극복한 방법'이라는 주제로 감동적인 실화를 모았는데 그중에 놀랄만 내용이 있어서 소개한다.

C.R. 버든은 아버지, 어머니, 형제들을 모두 잃고 어린 나이에 더 이런 동생 한 명과 버려졌다. 위탁할 곳이 없었던 버든은 열 마을에서 농장을 하는 노인 브로턴 부부의 집에 간신히 의지하게 되었다. 브로턴 씨는 늙고 병들어 몸져누운 상태였다.

학교에 다니게 된 버든은 아이들의 놀림가리만 되었다. '고아'라는 놀림과 못생기고 명청하다는 비난 속에서 매일 학원 나는 상황이었다. 그래 도로턴 씨가 말했다. "아이들이 너에게 그렇게 할 때는 싸움을 하지 말고 불리서는 게 더 크 사람이 되는 걸 기억해라." 그 말을 새기며 지내면 버든은 화고 에서는 배짱지만 집에 오면 영영 울었다. 하루는 브로턴 부인이 이 아련 중끄를 했다. "네가 진심으로 아이들에게 관심을 갖고

도와준다면, 아이들은 너를 괴롭히지 않고 고아라고 놀리지도 않게 될 거다."

버든은 그 충고를 가슴에 새겼고 아이들을 도와주기 위해 열심히 해서 성적이 가장 우수한 학생이 되었다. 아이들의 작문을 도와주었고 수학을 가르쳐 주기도 했다.

마을에 전염병이 돼져 사망자가 늘어나고 근저 가장에 남자가 아무도 없는 지경이 되니, 버든은 이웃의 힘든 일도 도왔다. 장작을 패고 젖소 가축을 키우는 일을 도왔고 주변의 집을 받았다. 마을의 누구나 버든을 친구로 맞이 주었다. 군대에서 제대했을 때는 인근 마을 사람들까지 200명도 남게 나와서 버든을 환영했다. 버든은 다른 사람을 도와주는다면 비싸 지내며 행복에 넘쳐서 걱정하는 일이 없어졌다.

'어떻게 하면 누군가를
즐겁게 만들까'를 생각하라

23년 동안 관절염을 앓아 고통스럽게 병상에 누워 지내던 프랭크 루프(Frank R. Loop라는 사람은 인생을 즐겼다고 한다. 병으로 종일 집안에 누워 지내는 환자가 어떻게 그럴 수가 있을까? 그는 좌우명을 가지고 있었다. '나는 봉사한다는 말을 자신만의 슬로건으로 삼고 싶어했다. 그는 다른 환자들에게 격려하는 편지를 보냈고 그 일에서 즐거움을 느꼈다. 환자들에 편지 쓰기 모임을 만들어 서로 위로의 편지를 주고받게 했고 심지어 '입원 환자 모임'이라는 전국적인 단체를 만들었다. 병상에 누워 평균 1년에 1400통의 편지를 쓴 루프 박사의 남다른 점은 무엇일까? 그는 목적의식과 사명감으로 내면이 채워진 사람이었다.

바나드 쇼의 말처럼 '세상이 자신을 행복하게 해주지 않는다고 불평에 가득한 자기중심적인 환자가 아니라 자신이 고귀한 일에 쓰이는 소중한 존재임을 알고 그것을 즐기는 사람이었다.

알프레드 아들러는 우울증 환자들에게 이렇게 처방했다. "이 처방만 잘 따르면 당신의 우울증은 2주 안에 낫게 됩니다. 그것은 바로 날마다 '내가 어떻게 하면 누군가를 즐겁게 만들 수 있을까?'를 생각하는 겁니다."

아들러의 말에 따르면 우울증은 다른 사람에 대한 분노가 계속 지속되는 것이다. "왜 다른 사람을 기쁘게 해야 하나요? 다른 사람들은 나를 기쁘게 하지 않는데 말이에요?"라고 묻는 사람들에게 그는 이렇게 답했다. "당신의 건강을 위해서임니다." 아들러는 주위에 더 많은 관심을 갖고 협력적인 관계를 맺으면 보다 쉽게 우울증이 해결된다고 말했다.

행복한 감정도 복리로 쌓인다?

만일 *이러한 상황이 생기면
그것을 메모해두고 만든다.

평화와 행복을 불러오는 6가지 자세

1. 나의 생각이 나의 삶을 만든다.
평화와 건강, 용기와 희망에 대한 생각만 하라.

2. 원수에게 보복하려 들지 마라.
적을 해치려 하면 자신이 더 많이 다친다.

3. 감사할 줄 모르는 사람 때문에 신경 쓰지 말고
당연하게 받아들을이라.

4. 감사를 바라지 말고 '주는 기쁨'을 누리면
행복해질 수 있다.

5. 나의 어려움이 아니라 내가 받은 복을 기억하라.

6. 레몬이 생기면, 그것을 레모네이드로 만들라.

좋은 개를 길어하는 사람은 없다

로버트 허친스(Robert Maynard Hutchins)는 웨이터, 벌목꾼, 가정교사 등의 일을 하며 예일 대학교를 졸업하고 8년 후 시카고 대학교의 총장 취임을 앞두고 있었다. 딱 지금 실었다면. 교육계는 늘 했고 비판도 쏟아졌다. 너무 어려서 경험이 부족하다느니 교육 이념이 제대로 갖춰지지 않았다느니 하는 비판이 끊임없이 쏟아졌다. 취임식 날 신문의 하나는 허친스를 비판하는 사람을 옹호하는 사람이었다. "그 사설은 심했다. 하지만 그런자 허친스의 아버지가 말했다. "그 사설은 심했다. 하지만 죽은 개를 길어차는 사람은 없지" 라고.

'죽은 개를 길어차는 사람은 없다'는 격언은 어떤 의미일까? 그것은 영향력이 큰 존재를 건드리는 사람은 만족을 느낀다는 것이다. 이미 끝나버린 또는 아무 존재감이 없는 사람을 건드릴 이유가 없다는 것이다.

나중에 왕자 중이 된 에드워드 8세는 왕세자시절 일적이 열네 살에 다트머스 대학에 다녔는데 미국의 해군사관학교에 해당하는 곳이었다. 그런데 그 학교 학생들이 그에게 발길질을 해댔다. 학장이 알게 되어 이유를 물어 봤으나 학생들은 좀처럼 대지 않았다. 그러다가 왕세자를 한 적이 있다고 자랑하며 간직 취를 일을 만들어보고 싶었다는 것이다.

당신이 비판을 받는 것은 상대가 좀 더 대단한 사람이라는 기분을 느끼고 싶어서 그랬다는 것을 기억하라. 당신이 훌륭하거나 주목받을 만한 가치가 있는 사람이어서 그런 일을 당했거나 당신이 아무 존재도 아니었으면 그런 일을 당하지 않았을 것임을 알아라.

천박한 무리는 성공한 사람을
비난하며 만족을 느낀다

천박한 사람은 똑똑하고 성공한 사람들을 응원하거나 지지하기 않고 오히려 비난하면서 만족을 느끼는 경우가 많다. 똑똑하고 잘난 사람의 허물이 일제되면 진심 구명에는 관심 없고 그를 깎아내리는 데서 야는 저급한 만족감을 느끼는 것을 좋아하기 때문이다.

쇼펜하우어는 이런 말을 했다. "천박한 사람은 위대한 사람들의 실수와 잘못에 큰 기쁨을 느낀다."

한 남자는 위선자라고, 사기꾼이라고, 살인자나 마찬가지인 인간이라고 비난을 들었고, 신문의 만평은 단두대에서 처형당하기 직전의 그의 모습을 그리기도 했고, 말을 타고 지나가면 거리의 사람들로부터 온갖 조롱과 야유를 들었다. 그가 누구일까? 바로 조지 워싱턴(George Washington)이었다.

수백 년 동안 많은 사람들이 북극점을 최초로 탐험하기 위해 도전했다가 목숨을 잃거나 포기했다. 로버트 피어리(Robert Edwin Peary) 제독은 1909년에 개썰매를 타고 북극점에 도착하는 엄청난 일을 해내었고 전 세계의 주목을 받았다. 그는 주위와 곰주림으로 죽기 직전이었고 동상에 걸려 발가락을 잘라내야 했다. 그러나 워싱턴의 해군 수장들은 피어리에 대한 질투심에 불타올랐고, 피어리가 탐험을 핑계로 자금을 모아서 시간만 낭비한다고 혐의를 제기했고 이름을 물어갔다. 피어리가 다른 해군 제독들처럼 따뜻한 집무실 책상에 앉아 편히 일했다면 그런 비난을 받았을까?

유능한 사람은
비난과 질투의 대상이 되기 쉽다

그랜트Ulysses Grant 장군은 남북전쟁에서 북군에게 최초의 결정
적인 승리를 안겨준 공을 세웠다. 그랜트는 국가적인 영웅이
되었고 멀리 유럽까지도 유명해졌다. 승리를 독차지하는 중요인
가운데 나라에 올라 꽤지고 죽포가 터졌다. 그러나 6주 뒤에 이
영웅은 체포되었고 군대의 지휘권도 박탈당하는 수치를 겪게
되었다. 엄청난 승리를 이끌어낸 그가 체포된 이유는 많은히
부당한 것이었다. 그의 영웅적 상관들이 그를 부러워하고 질투
해서 그가 위인이 되는 꼴을 두고 보지 않았기 때문이다.

당신이 부당한 상황에 처하거나 억울한 비난을 받고 있다면
그것은 당신의 유능함이 질투의 대상이 되고 있음을 알고 걱
정하지 마라.

DAY
318
月   日
데일 카네기

성공하면 비판받게 되는 이유

비판을 받아도 걱정하지 않는 방법 1;

부당한 비판과 억울한 비난은

징친의 다른 모습이라는 것을 기억하라.

자신에 대한 험담이나 비난에
너무 신경 쓰지 마라

미국 해병대 지휘관, 스메들리 버틀러Smedley Butler 소장은 별명이 '매의 눈'이다. 해병대 지휘관 중에서 화끈한 성격을 자랑하고 화끈한 입한 사람이다. 그러나 그도 아첨을 받는 사람들에게 좋은 인상을 주고 싶은 마음에 조조해했고, 몇 마디 쓴소리에도 마음이 상할 정도로 여렸다. 그러나 해병대는 곧 간에서 30년을 보내고 내 배포가 커지고 대범해졌다. "나는 은잘 비난에 시달렸다. 심지어 대범했으나, 독사 같으니, 소경처럼 생각되니 하는 소리도 들었다. 상관들은 야무지도 않게 욕을 해댔지만, 나는 기분이 상하지 않게 되었다. 누군가 나한테 욕을 해대도 그쪽으로 쳐다보지도 않는다."

뉴욕의 한 신문 기자가 내 수업 중 공개강연을 듣고 간 후 나와 강의를 뭉쳐한 기사를 쓴 적이 있다. 나는 조롱을 받았지만 내 버럭 하지 않았다. 그 신문사 편집 책임자에게 전화를 걸어 그 기자가 나를 모욕하는 기사를 냈으니 사실을 바로 잡는 기사를 대신 실어라고 요구했다. 지금은 그런 요구를 했다는 조차도 부끄럽다. 독자들의 반은 그 기사를 읽지도 않았을 것이고, 읽은 독자들조차 가십거리로 생각했을 것이고, 기사에 대해 있었을 것이다. 대부분은 얼마 지나지 않아 그 기사에 대해 잊었을 것이다.

사람들은 주변에 별로 관심이 없지만, 만약 가까운 사람이 단 한마디를 하거나 조롱하거나 배신을 한다고 해도 자기 신에게 가짓말을 하거나 조롱하거나 배신을 한다고 해도 자기 연민에 빠져 우울해하지는 마라. 좋은 상황만을 기대할 근거가 있다.

많은 사람들은 자신에 대한 사소한 험담이나 비난에 지나치게 신경 쓰고 심각해한다, '매의 눈' 버틀러처럼 단련될 필요가 있다.

DAY 321
데일 카네기

月　日

비판을 받든 말든
옳다고 생각하는 일을 하면 된다

사람들이 나를 부당하게 비판하는 것을 막을 수 없지만, 나는 그것에 신경 쓰는 일보다 훨씬 더 중요한 일을 할 수 있다는 사실을 깨달았다.

모든 비판을 무시하라는 뜻이 아니라 부당한 비판을 무시해도 좋다는 것이다. 엘리너 루스벨트는 부당한 비판을 이렇게 대처했다. 그녀가 그런 부당한 일을 많이 당했다는 것은 널리 알려져 있다. 대통령 영부인들 중에서 극단적인 지지자와 반대자를 가장 많이 두었기 때문이다.

루스벨트 여사는 원래는 병적일 정도로 수줍어했고, 사람들이 자신을 두려워했는데, 그런 상태가 심해져서 하루는 고모에게 조언을 구했다고 한다. 자신은 어떤 일을 하고 싶을 때 사람들이 자신을 비난할까 너무 걱정이 된다고, 고모는 그녀를 바라보며 말했다. "마음속으로 네가 옳다는 생각이 든다면, 다른

사람들이 말에 신경 쓸 필요가 없다." 엘리너 루스벨트는 영부인이 된 후 이 조언을 명심했다. 모든 비판을 피할 수 있는 방법은 도자기가 돼어 선반 위에 진열돼어 있는 것뿐이라고 말했을 정도다.

"옳다고 생각하는 일은 해야 한다. 어떤 일을 하든 안 하든 당신은 비판을 받게 될 것이니까."

부당한 비난에 대응하는 방법

부당한 비판을 받을 때는
그냥 웃으면 된다

아메리칸 인터내셔널 사장인 매슈 브러시Matthew C. Brush에게 사람들의 비판에 어떻게 반응하냐고 물어봤다.

"젊었을 때는 엄청 예민하게 반응했지요. 그때는 모든 사람들이 저를 완벽한 사람으로 봐주길 바랐으니까요. 남들이 비판한 소지를 만들까 봐 걱정도 심하게 했지요. 누군가 저를 반대하면 그의 마음에 들게 하려고 애썼습니다. 그런데 그와 관계가 개선 되면 다른 문제가 생기고 또 다른 사람이 저를 안 좋게 보게 되죠. 그러면 또 그 사람하고의 문제를 해결해야 되고, 그 일을 해결하려고 하다 보면 다른 사람을 자극하게 되는 경우도 있고, 결국 모든 사람의 마음을 다독여주려고 할수록 적도 많이 생 깁니다. 저는 이런 결심을 했어요, 밖에나 사람들은 비판만을 받을 수밖에 없다, 그러니 비판에 익숙해지자, 이런 결심이 큰 도움이 되었습니다. 취신을 다하고 내가 쓰는 우산을 쓰고 저를 보호한다, 비판이라는 거센 빗줄기를 맞지 않으려고요."

딤스 테일러Deems Taylor는 또 다른 경우다. 비판이라는 빗줄기를 그냥 웃어넘겼다. 그는 라디오 음악 프로그램을 진행했는데, 매도는 그의 음악 해설이 마음에 안 든다고 투덜 거리며 쓴 편지를 보내오는 청취자도 있었다. 그는 그 편지를 방송에서 읽어 주기도 했다. "아미 제 해설이 마음에 안 들었나 보군요"라고 태연히 말하며 평정심을 유지하고 저자하고 유머 감각까지 넣어서 진행했다.

청소 슈와브가 들려준 이야기가 있다. 한 제강공장에서 일한 던 노동자들은 전원이 임어나자 동료인 독일인 노동자와 격대 관계가 되었고 연철을 받아대기가 그 독일인 노동자를 진흙탕에 던져 버렸다. 그에게 진흙탕에서 나와서 이렇게 했냐고 물으니, "그냥 웃었죠" 라고 말했다. 슈와브는 '그냥 웃자는 말을 강조했다.

결과가 좋으면
모든 비판은 사라진다

부당한 비난을 받고 있을 때 그냥 웃기만 하는 건 큰 도움이 된다. 반박하는 사람에게는 또 반론을 제기하게 되지만, 그냥 웃는 사람에게 더 이상 무슨 말을 하겠는가?

링컨이 가혹한 비판에 일일이 대응하는 어리석은 행동을 했다 라면 남북전쟁 중에 스트레스 때문에 쓰러졌을 것이다. 전쟁 중에 수많은 비판을 들었던 링컨은 이렇게 말했다.

"나에 대한 공격에 다 반박한다면 아무 일도 할 수 없을 것이 다. 나는 내가 할 수 있는 최선을 다한다. 전쟁이 끝날 때까지 그럴 것이며 결과가 좋다면 나에 대한 비판은 문제없이 지나 갈 것이고, 결과가 나쁘면 아무리 내가 결백하더라도 비판 받게 될 것이다."

비판을 받아도 걱정 안 하는 방법 2:

최선을 다한 후에 우산을 들어

비판이라는 빗줄기에

몸이 젖지 않게 하라.

실패의 원인도 가장 큰 적도 자기 자신이다

많은 사람들은 문제가 생기면 다른 사람들을 탓한다. 그런데 나이가 들며 조금씩 지혜를 갖게 되면서 불행의 원인이 대부분 자기 자신에게 있다는 사실을 깨닫게 된다.

그렇게 당당했던 나폴레옹은 처절한 실패를 마주하고 세인트헬레나에게 말했다. "내가 실패한 것은 바로 나 자신 때문이다. 나의 가장 큰 적은 나 자신이며, 나를 비참하게 한 것도 나 자신이다."

자기 관리 분야에서 대단한 능력을 가진 H. P. 하웰H. P. Howell은 미국 상업신탁은행 이사장, 여러 대기업 이사 등의 역할을 하면서 미국 금융계의 리더였다. 그는 시골 가게 점원으로 시작하여 훗날 높은 지위를 얻었다. 그는 자신의 성공비결에 대해서 이렇게 말했다.

"나는 오랫동안 하루하루의 약속을 기록하는 노트를 썼다. 토요일 저녁마다 한 주 동안 했던 일을 검토하고 평가했다. 모든 인터뷰나 회의 등의 내용을 다시 되짚어보며 스스로에게 물었다. '내가 그때 어떤 실수를 했지?' '그때 무엇을 잘했지?' '더 좋은 성과를 내는 방법은 뭘까?' '그 일에서 배워야 할 점은 무엇이지?'라고. 그렇게 한 주를 돌이켜보면 수상한 마음이 들었다. 생각보다 큰 실수를 저질렀음이 발견되기도 했다. 시간이 지나면서 점점 실수는 줄어들었다. 그렇게 수년간 계속해온 나만의 자기 분석 시스템은 큰 효과가 있었다."

자기비판을 먼저 하면 더 큰 성과를 낸다

벤저민 프랭클린은 매일 밤 자신의 하루를 꼼꼼하게 돌아보았다. 그가 자신에게서 발견한 단점 중에 커지는 중요한 문제였다. 첫째, 시간을 낭비하는 것. 둘째, 사소한 일로 마음을 졸이는 것. 셋째, 다른 사람들의 말에 반박하고 논쟁을 벌이는 것.

프랭클린은 이런 단점을 고치지 않으면 결코 성공할 수 없음을 깨달았다. 그래서 자신의 단점을 고치기 위해 분투하며 그 런 노력이 얼마나 성과를 내었는지 날마다 기록했다.

평범한 사람들은 사소한 일에도 분노를 터뜨린다. 그러나 지혜로운 사람들은 자신을 비난하고 욕하고 이기려고 싸우는 사람은 무엇이든 배우려 한다.

월트 휘트먼은 기준점에 대해 말했다. "당신을 칭찬하고 당신에게 친절하게 걸음 비켜주는 사람들의 기준점만 배우려 하지

마라. 당신의 생각에 반대하고 당신에게 맞서고 당신을 이기려고 다투는 사람들이 주는 큰 기준점을 얻어야 한다."

자신에 대해 가장 엄격한 비평자는 자기 자신이 되어야 한다. 상대가 말을 꺼내기 전에 자신의 약점을 스스로 찾아 고치는 것이 좋다.

청소 다윈은 15년 동안 자기 자신을 비판하며 《종의 기원》을 썼다. 청조에 대한 자신의 혁명적인 생각이 지식인들과 종교계에 과장을 일으킬 것임을 미리 알았기 때문이다. 그래서 스스로 자신의 비평가가 되어 원고를 점검하고 오류를 바로잡으며 15년 세월을 보낸 것이다.

과거의 실수에서 해답 찾기

바보라는 소리를 들더라도
옳은 비판은 받아들이라

역사상 가장 뛰어난 인물이라고 평가받는 아인슈타인도 자신이 내린 결론 중에 99퍼센트는 틀린 것이라고 말했다. 포랑스카가 포랑수아 드 로슈푸코는 "나 자신에 대해서는 적이 의견이 내 의견보다 더 진실하다"라고 했다. 그러나 당신이 당신자신을 잘 살피지 않으면 누군가 당신을 비판할 때, 상대의 의중을 알지도 못하고 무조건 방어적인 태도를 취하게 된다. 정확한 반아들이고 비판은 싫어한다. 사람들이 느려지는 것은 아름고 포옹우가 몸이치는 감정의 바다에 떠서 이리저리 요동치는 돛단배나 마찬가지다. 그러나 감정에 따르는 마다.

당신은 누군가에게 '이 바보 멍청아'라는 소리를 듣느다면 어떻게 할 것인가? 화도 나고 울분을 토하고 싶을 것이다. 링컨은 그럴 때 어떻게 했느지 보자.

당신은 한 부대의 이런 명령에 서명했는데, 그것은 어떤 이기적인 정치인의 비위를 맞추어야 했기 때문이었다. 그런데 구방장관 에드워드 스탠턴Edwin M. Stanton은 이 명령을 거부했고 그런 결정을 한 링컨 대통령을 바보 멍청이라고 욕했다. 스탠턴의 말을 전해 들은 링컨은 침착하게 말했다. "스탠턴이 나를 바보 멍청아라고 했다면, 그 말이 맞겠지. 그는 항상 옳은 말을 하니까. 내가 한번 만나서 이야기해 봐야겠어."

링컨은 스탠턴을 찾아가서 스탠턴의 주장을 잘 들었고 결국 그 명령을 철회했다. 링컨은 상대의 주장이 근거가 있고 잘 되게 하기 위한 비판이라면 얼마든지 받아들이는 사람이었다.

아인슈타인 같은 천재도 99퍼센트는 틀렸다

당신이 누군가로부터 부당한 비난을 받게 되어 화가 날 때, 잠시 힘을 가다듬고 스스로에게 물어보라. "나는 정말 완벽한 인간이 아니고, 심지어 천재 아인슈타인도 99퍼센트는 틀렸다고 고백했는데, 내가 아무리 정확하다고 해도 80퍼센트는 틀리지 않을까? 그러니 어쩌면 합당한 비판일 수도 있어. 그렇다면 고마운 일이지. 그 비판 중에 내게 도움 될 이야기를 찾아야겠어."

연예인 매니지먼트 회사인 팰소데트 컴퍼니 사장인 찰스 럭맨 Charles Luckman은 코미디언 밥 호프를 방송에 출연시키기 위해 1년에 100만 달러를 썼다. 밥 호프의 방송 후 시청자를 의견을 살폈는데 반응은 아예 무지도 듣지도 않고, 비판적인 의견만 골랐다. 비판에서만 배울 점이 있기 때문이다.

E. H. 리틀Ernest Hall Little은 미국에서 15만체로 드릴 많이 세계 최고의 비누 제조회사인 콜게이트 파몰리브피티의 사장으로 누회사 판매원에서 최고의 자리, 사장까지 올라놓았다.

고 한다. 그는 원래 비누 판매원으로 시작했다. 영업 실적이 좋지 않아 는 실업자가 될까 봐 전전긍긍했다. 비누는 품질도 좋고 가격도 적당했기에 잘 팔리지 못하는 자신에게 문제가 있다는 것을 알았다. 왜 비누 주문을 받지 못하는지를 들어봐야 후회하고 노심초사했다.

그러나 고가 결국 성공할 수 있었던 비결이 딱 하나 있었다. 비누를 판매하려고 들어갔으나 소득 없이 나왔던 도매상점으로 다시 들어갔는데, 것이다. "이번에는 비누 팔려 온 게 아니다. 충고를 좀 듣고 싶어서 왔습니다. 아까 제가 비누를 팔려고 왔을 때 제 세일즈 방식에 어떤 문제가 있었고 생각하시나요? 사장님은 지내다 활짝 경품도 맞고 정중히 허신 분이시니 저의 대한 솔직한 비판의 말씀을 듣고 싶어요." 이런 태도는 그를 미누화사 판매원에서 최고의 자리, 사장까지 올라놓았다.

비판을 받아도 걱정 안 하는 방법 3;

어리석었던 실수를 기록하고, 스스로 비판하라.

인간은 완벽한 존재가 아니니
공정하고 유익한 비판을 요청하라.

자주 쉬고
피곤해지기 전에 쉬어라

시카고 대학교 임상생리학연구소의 이완 작용에 대한 연구에서 신경성 질환이나 감정적인 질병은 '완전히 이완된 상태'에서는 있을 수 없다고 결론을 내렸다. 우리가 몸이 편안한 상태에서는 걱정을 계속할 수 없다는 것이다. 피로와 걱정을 미리막는 첫 번째 방법은 지주자주 쉬고, 피곤해지기 전에 쉬는 것이다.

청년 일을 하면서 수십 년, 거의 백 년 가까이 하고 있다. 그런데 중요한 사실이 있다. 하버드 의대의 캐넌 *Bradford Cannon* 박사가 말하길 "사람들은 심장이 잠시도 안 쉬고 계속 일한다고 생각하지요. 그러나 심장은 수축할 때마다 반드시 휴식을 취해요. 1분에 70회 정도 박동하지만, 하루 24시간 중에 9시간만 일하고 15시간은 쉰다."

짧게짧게 지주자주 쉬지 않으면 길게 일할 수 없다.

피로는 놀랄 만큼 빠른 속도로 쌓인다. 미 육군의 실험에서 이무리 훈련으로 다져진 군인이라도 해도 1시간에 10분씩 쉬어야만 행군을 더 오래 할 수 있다고 결론을 내렸다. 그래서 실험대로 미국의 모든 부대가 그렇게 행군한다.

인간의 심장은 하루에 기차 한 칸 크기를 가득 채울 정도의 혈액을 몸으로 내보내는데, 쏟아내는 에너지는 석탄 20톤을 쌓아 올리는 데 쓰이는 에너지만큼이다. 우리 몸은 이런 엄청난 일을

짧은 낮잠은 큰 휴식을 선물한다

아인슈타인 처럼은 제2차 세계대전 때 60대 후반부터 70대 초반 정도의 나이였었느니 하루 16시간씩 일하며 비상상황을 지휘했다. 그것은 놀라운 기록이다. 그는 아침 11시까지 침대에서 보고서를 읽고 전화통화를 하고 명령을 내리고 회의를 주재했다. 점심식사 후에는 1시간을 잤다. 저녁에는 8시 식사 전까지 2시간 동안 쉬었다. 매일 밤 12시가 훨씬 넘은 시간까지 일하며 엄청난 업무량을 소화했느니 피로하지 않도록 피로를 예방했기에 가능했다.

존 록펠러는 엄청난 부를 축적한 걸로 유명하지만 98세까지 건강히 장수한 것도 그 시대에는 대단한 일이었다. 그는 매일 정오에 사무실 소파에 누워 30분씩 낮잠 자는 습관을 비결로 꼽았다. 설령 미국 대통령이 전화를 한다고 해도 그 시간에는 그와 연결되지 않았다.

니엘 조슬린(Daniel W. Josselyn)은 《피로의 원인(Why be Tired?)》이라는 책에서 말했다. "아무것도 하지 않는 것이 휴식이 아니다. 휴식은 회복이다." 낮잠을 5분만 자도 피로를 예방하는 데 도움이 된다고 한다. 전설이라 불리는 야구선수 코니 맥도 경기 전에 낮잠을 자야만 더블헤더를 치르는 날이라도 피곤하지 않았고, 낮잠을 못 자고 출전하면 5이닝만 되어도 탈진한다고 했다.

영부인으로서 엄청난 일정을 12년 동안 잘 소화한 엘리너 루스벨트도 면담이나 연설 전에는 꼭 소파에 앉아 눈을 감고 20분간 쉬었다. 토머스 에디슨은 자고 싶을 때마다 자는 습관으로 엄청난 에너지를 얻는다고 말했다.

긴장을 풀고 일을 하면
더 큰 성과를 낸다

80세 생일을 맞은 헨리 포드를 인터뷰했다. 그 나이에도 건강하고 생기가 왕성했다. 그 비결을 물으니 "가능 없을 수 있을 때는 서지 않고, 누울 수 있을 때는 절대 앉지 않습니다."

인간공학 대학의 총장이며 존경받는 공과목 설계자 호레이스 만(Horace Mann) 역시 몸을 편히 쉬게 하면서 일을 했는데, 심지어 소파에 기댄 채로 학생들과 상담 하기도 했다.

나는 이런 사례들을 들려주며 저하있는 한 영화감독에게 긴은 방법을 써보라고 권했다. 그는 피로가 누적되어 강장제, 비타민 등 온갖 약을 먹었지만 효과가 없었다고 했다. 그에게 권한 헨리 포드나 호레이스 만 같은 휴식 기법 권유를 받아들여 유명 톱 감독 계 거두의 성공 비결이 되었다. 나는 그에게 매일 휴가를 떠나보며 이완 챙느냐고 말했다. 사무실에서 스텝들과 회의하는 시간을 휴가라고 생각하고 긴장

을 풀고 몸을 쪽 펴고 휴식을 취하는 것이다.

잭 처특(Jack Chertock) 감독은 2년쯤 후 다시 만난 자리에서 말했다. "의사들이 기적이라고 했어요. 전에는 기획 회의를 할 때 긴장하고 굳은 자세였지요. 편한 자세로 소파에 몸을 쭉 펴고 회의를 하니 더 잘 되었어요. 이전에는 20년 건주생활에 편한 적이 없었습니다. 예전보다 하루에 2시간씩 더 일하는 데도 피곤을 못 느낍니다."

긴장을 풀고 몸을 쪽 펴고 머리가 맑은 상태면 아이디어가 더 잘 나온다. 그린 느긋한 상태에 따른 사람의 아이디어도 더 능적으로 보게 된다.

DAY
매일 한세기
332
月 日

하루에 1시간을 더 놀릴 수 있는 비결

육체노동자는 쉬는 시간을 더 잘 챙겨야 한다

느슨하게 기대어 휴식을 하고 중간중간 짧게 낮잠을 자는 식이 일하는 방법을 누구나 쓸 수는 없다. 예를 들어 회계사나 면 소파에 드러누워 고객과 채무제를 들여다볼 수 없을 것이다. 점심시간을 이용해 낮잠을 10분이라도 자는 것이 좋고 그게 안 된다면 저녁을 먹기 전에 1시간을 자는 것도 좋다. 잠 반석 눈을 붙이는 것은 보약을 먹는 것처럼 든지 않고 자양 강장제를 먹는 것보다 장기적으로 수 천 배의 효과가 있다. 저녁 먹기 전에 1시간을 자는 대신 식사 전 1시간과 밤잠 6시간을 더 가질 수 있다. 저녁 식사 전 1시간과 밤에 8시간을 연속해서 자는 간을 합쳐서 7시간을 자는 것이 밤에 8시간을 연속해서 자는 것보다 피로를 줄일 수 있다.

포레데릭 테일러(Frederick W. Taylor)는 베들레헴 철강회사에서 과학적 관리 엔지니어로 일하면서 이를 증명했다. 그의 연구에 의하면 노동자 한 명이 하루에 평균 12.5톤을 옮기는 일을 했

느데, 47톤까지 가능한 것을 확인했다. 지치지 않고 네 배의 일을 더 할 수 있는 것은 스톱워치를 이용해 시간을 재고 일하다가 쉬기를 반복하게 한 것이다. 피로를 느끼기 전에 쉬도록 하는 것이 엄청난 효율을 가져왔다. 1시간에 26분을 일하고 34분이나 쉬면 일하는 시간보다 쉬는 시간이 더 많은데, 그런 방식으로 육체적 피로를 쌓이지 않게 해서 결국 네 배를 더 일할 수 있게 한 것이다. 그가 쓴 저서 〈과학적 관리의 원리 THE PRINCIPLES OF SCIENTIFIC MANAGEMENT〉에서 연구의 성과를 확인할 수 있다.

우리 몸이 성장이 하는 방법을 따라 피곤하기 전에 미리 쉬라. 그러면 하루에 한 시간씩 더 활동이 가능하고, 업무효율성도 높아진다.

하루에 1시간을 더 늘릴 수 있는 비결

당장 처리할 업무가 아니면 서류는 책상에서 치우라

위성턴의 국회도서관 천장에는 영국 시인 알렉산더 포프 Alexander Pope의 시가 걸려 있다. "질서는 하늘의 으뜸가는 법칙이다."

질서는 업무에도 가장 중요한 법칙이다. 그런데 책상에는 보지도 않을 서류더미가 쌓여있다. 한 신문사 발행인은 비서가 치운 책상을 치우다가 2년 동안 찾아 헤맸던 타자기를 발견한 적도 있다고 했다. 보고서와 메모지 등으로 가득 찬 책상을 보면 마음이 혼란스러워진다. 하지만 자기가 그치지 않고, 사람을 긴장하게 하고 피로하게 한다. 그뿐만 아니라 아직도운 책상은 고혈압, 심장병, 위궤양에 대한 걱정까지 생기게 한다. 왜냐하면 아직도운 책상은 해야 할 일이 산더미 같고 시간은 없음을 생각나게 해서 책상 주인에게 스트레스를 주기 때문이다.

책상을 싹 치우는 간단한 행동이 일을 해야 한다는 의무감과 일이 끊임없이 계속 쌓이는 것 같은 압박감을 피하는 데 도움을 준다.

바람직한 업무습관 2
업무상의 작은 문제는 곧바로 해결하라

저명한 정신의학자 윌리엄 새들러William A. Sadler 박사는 한 대기업 임원을 치료했던 사례를 들었다. 그 환자는 긴장하고 초조하고 걱정이 많았는데, 자신의 통제 불능의 상태에 들어섰다고 느꼈다. 그렇지만 하던 일을 그만둘 수는 없어서 새들러 박사의 도움을 받았다.

"그 환자의 이야기를 듣는 동안, 저에게 세 통의 전화가 왔어요. 전화를 받고 문제를 노의하고 바로 결정으로 내리고 다음 전화. 그다음 전화도 바로바로 급박한 문제를 처리하고 끊었지요. 그 환자에게 미안하다고 이야기를 계속하지고 하니 그 환자는 얼굴이 환해져서 말하더군요. '선생님 통화하시는 걸 듣으면서 제 문제가 무엇인지 알았어요.'"

그는 새들러 박사의 책상을 보고 사람들 보여 달라고 했다. 전화 통화에서 바로바로 문제 해결을 해버리던 것처럼, 쌓인 업무 없이 바로바로 처리를 하며 끝내지 못하고 남아있는 업무가 거의 없다는 것을 책상이 말해 주었다.

6주 후에 그 환자는 새들러를 자신의 사무실로 초대했다. 말끔하게 정리된 책상을 보여주며 끝내지 못한 업무가 없다는 사실을 환기시켰다. "저는 인레 책상을 3개나 두었어요. 선생님과 상담하고 나서 지는 보고서와 케케묵은 서류들을 치웠습니다. 책상도 하나만 쓰고 일을 즉시 처리합니다. 산더미 같은 서류와 일에 끄덩대며 걱정하지 않습니다. 그러다 보니 건강을 완전히 회복했습니다."

중요한 순서대로 일을 처리하라

시어즈 서비스 컴퍼니의 설립자 헨리 도허티[Henry L. Dougherty]는 두 가지 능력을 가진 직원을 찾는 것이 힘들었다. 첫 번째는 생각하는 능력이고, 두 번째 능력은 일을 중요한 순서대로 하는 능력이다.

번슨에서 시작해 1억 년 만에 펩소던트 컴퍼니의 사장이 된 찰스 럭맨[Charles Luckman]은 연봉을 당시 아이아한 금액이던 10만 달러나 받았다. 러스만은 헨리 도허티가 찾아 어렵다는 두 가지 능력을 가진 사람이었다. 럭스로 그 능력을 개발했기에 성공할 수 있었다. "나는 아주 오래전부터 새벽 5시에 일어났다. 그때가 내가 가장 좋은 생각이 떠오르는 시간이기 때문이다. 새벽에 하루 계획을 세우는데, 일의 중요한 순서를 정하고 그 순서대로 일을 처리하는 방식이다."

그런 계획을 미국 보험 영업사원의 왕인 프랭크 베트거[Frank

Bettger]는 진날 밤에 세워놓고 있다. 만약 목표대로 하지 못할 경우엔 그럼 밤에 세워는 다음 날 목표에 추가하는 식이었다.

일을 중요한 순서대로 처리할 수 있는 때도 있다. 그럼데도 어떤 일을 먼저 처리할지 순서를 세워두면 상황에 따라 대처하는 것보다는 훨씬 효율적이다.

조지 바너드 쇼는 중요한 일을 먼저 하는 규칙에 매우 엄격했는데, 고정이 은행 창구직원으로 출발해 세계적 작가로 도달한 비결이었다. 하루에 다섯 장씩 글을 쓰겠다는 계획대로 한 우선순위을 두었다. 그는 작가로 명성을 얻기 전에 고통스러운 나날을 9년 동안 보냈는데, 하루 5장씩 쓰는 목표를 매일 달성하며 버틸 수 있었다.

비밀직한 업무 습관 5

조직하고 관리하는 법을 익히라

많은 직장인들이 자기 일을 혼자 하려 하고 권한도 혼자 가지려 한다. 그런데 이는 세무적인 일들이 이어지고 시간에 쫓기고 걱정과 불안에 시달리게 된다. 물론 자신의 업무를 다른 사람에게 넘기는 것은 어려운 일이다. 다른 조직원에게 업무와 권한을 넘겨서 엄중한 결과가 나올 수도 있다. 하지만 관리자의 입장이라면 반드시 일을 타인들에게 골고루 나누고 자신의 역할을 줄일 필요가 있다.

조직을 만들고 일을 관리하는 방법을 배우지 못하면 내가 없으면 유지되지 못할 것이고 개인은 중년의 결함을 끌어안게 된다.

지루함은
사람을 가장 지치게 하는 요인이다

사무직 여성인 엘리스는 업무를 마치를 마지 되어 녹초가 되어 퇴근했다. 피곤해고 두통도 있었고 하려도 이쨌다. 너무 피곤해서 저녁식사도 거르고 늦었고 잤었다. 그때 남자친구한테서 전화가 왔고 틀림에 가지고 했다. 엘리스는 관한 원피스를 입고 단벌 나가 새벽 3시까지 춤을 추었고 집으로 돌아왔을 때도 마음이 들떠 있었다.

너무나 피곤해 보였던 저녁시간의 엘리스는 실제로 피곤했던 것일까? 그건 맞다. 그녀는 반복되는 업무와 지루한 일상에 지쳐 있었다. 당신도 마찬가지다. 피로의 주범은 사실은 지루함이다.

신체적인 피로보다 더 사람을 피곤하게 하는 것은 마음이다. 조셉 바맥Joseph Bar mack 박사는 〈심리한 자료집〉에서 지루함이 어떻게 피로를 유발하는지 실험했다. 흥미를 느끼지 못하는 내용의 실험을 진행했을 때 대상자들은 피로와 졸음을 느끼

다가 두통과 눈의 피로를 호소했으며 재충을 내기도 했고 소화불량이 걸리기도 했다. 신진대사를 측정해 보니 지루한 일을 할 때는 혈압이 떨어지고 산소 소비량도 감소했다. 그런데 그 대상자들을 흥미로운 실험을 하게 하자 신진대사도 홀게 되고 피로를 느끼지도 않았다.

흥미롭고 재미있는 사람을 지치게 하지 않는다. 나는 캐나다 루이스 호 쪽으로 휴가를 갔을 때 기 보다 높은 덤불을 헤치고 다니느라 나무에 걸쳐 넘어지기도 하고 숲 속에서 걸음 옮기도 하며 힘든 시간을 보냈다. 그런데 전혀 지치지 않았다. 교탕 시내를 따라 송어를 낚을 장소를 찾아다니며 낚시를 하느라 흥분되고 즐거웠기 때문이다.

피로에 지치지 않으려면 지루하지 않을 방법을 연구해야 한다.

피로, 걱정, 분노를 일으키는 주범을 정복해 않다

일 때문이 아니라
걱정 때문에 피곤해진다

사무직이나 정신노동에 종사하는 사람은 사실 업무가 많아서 피곤한 경우보다는 업무 외의 일 때문에 지치는지도 모른다.

어떤 피곤한 하루를 생각해 보자. 생각의 절반에 답을 못했고, 미팅도 깨졌다. 복잡해진 일 속에서 정리 없이 근무하고 탈진해서 퇴근하는 일이 많다. 또 어떤 날은 일이 잘 풀렸다. 보고서도 잘 정리되었고 상사의 칭찬도 받았다. 그런 날은 더 많은 일을 했어도 생생한 몸으로 퇴근했다. 피로는 일 때문이 아니라 걱정, 좌절, 분노 때문에 생겨나는 것을 주목해야 한다.

이 원고를 쓰면서 나는 재즈 전의 뮤지컬 《쇼 보트》를 다시 관람했는데 등장인물 중의 코튼 블로섬호의 앤디 선장은 이런 철학적 메시지를 내사로 남겼다. "자기가 좋아하는 일을 할 수 있는 사람은 행운아다."

앞에서 말했던 대로 자신이 좋아하는 일을 하면 더 활기차게 일하고도 걱정과 피로는 덜 느끼게 때문이다. 즐거움을 가질 수 있는 곳에 에너지도 남겨지는 것이다. 사랑하는 연인과 10킬로미터를 걷는 것은 진소리만 하는 싫은 사람과 걷는 1킬로미터보다 훨씬 덜 피곤할 것이다.

선을 일로 좋아지도록 노력하면
즐기게 된다

좋아하는 일을 하면 에너지가 넘친다고 했지만, 하기 싫은 일을 해야 하는 지엽이 훨씬 많다. 그럴 때는 어떻게 해야 하나?

너무나 지겹고 싫은 숙가가 일을 하는 한 여성의 사례를 소개한다. 그녀는 정유회사에서 일하는데 매일 마천섞은 가장 지루한 일을 해야 했다. 유전의 자욱권 계약된 문서에 수치와 통계를 접어넣는 일이었다. 이 일이 너무나 하기 싫었던 그녀는 자기 자신을 위해서라도 업무를 재미있게 만들어봐야겠다고 결심했다. 그래서 자기 자신과 경쟁하는 방법을 택했다. 그녀는 매일 오전에 작성한 서류의 페이지 수를 센 다음, 매일 오후마다 오전이 기록을 뛰어넘어보겠다는 생각을 했다. 매일 오전이 자신과 오후의 자신을 경쟁시킬 것이다. 그렇게 한 결과 같은 부서의 어떤 숙가사보다 훨씬 많은 양의 일을 할 수 있었고 지루함에서 나오는 피로를 느끼지 않을 수 있었다. 더 많은 에너지와 열정을 얻었고 행복감마저 들었다고 한다. 그 숙가사는 바로 내 아내다.

마찬가지로 지루한 일을 해야 하는 다른 숙가사의 사례를 보겠다. 그도 숙가 일을 하는 게 지겨워해서 상사와 갈등까지 생겼는데 그는 숙가의 일을 다시 생각해 보게 되었다. 이 일자리를 잡고 싶어서 기회를 엿보는 사람들도 많다는 생각과 어째 되었든 자신은 일하는 대가를 급여로 꼬박꼬박 받고 있다는 생각을 하니 기분이 나아졌다. 일이 싫었지만 이제부터라도 즐기면서 해보자는 생각이 들었다. 그러다 보니 중요한 사실도 알게 되었다. 진심으로 좋아하는 마음을 갖기 위해 노력하면서 즐기듯 일을 하니 어느 정도는 저절로 일을 즐기는 상황이 되더라는 것이다. 그리고 일을 좋아하면 처리 속도도 빨라진다는 사실도 깨달았다. 퇴근시간도 빨라지고, 좋은 평판까지 얻었다. 좋은 평판은 고객를 부서장의 개인 비서 자리로 승진해서 앉게 주었다.

짜료, 적정, 분노를 일으키는 주법을 정확히 알라

일을 재미있게 만드는 것은
진로를 개척하게 한다

'마치 무엇인 것처럼'이라는 유명한 철학 개념이 있다. 한스 바이힝거Hans Vaihinger가 말한 '마치 용감한 것처럼 행동하면 실제로 용감해지고, 마치 행복한 척하면 행복해질 수 있다'는 것이다. 그래서 나는 주장한다. '마치 그 일에 흥미가 있는 것인척 그런다. 그러면 그 행동을 통해 실제로 흥미가 생길 것이다.' 또한 그렇게 일하면 피로와 긴장과 걱정이 좋아든다.

내가 아는 청년, 헐버트 해리스는 친구들이 아가씨이나 힐 때 자신은 구내식당에서 접시를 닦고 청소하고 아이스크림을 만드는 아르바이트를 해야 했다. 너무나 싫고 지루한 일이었다. 그래서 하레이는 지루한 일을 새롭게 만들어 보겠다는 결심을 하고 이참에 아이스크림에 대해 공부하기로 했다. 아이스크림 재료와 만드는 과정을 조사하고 맛도 연구했다. 화학적 원리까지 공부하다 보니 화학 과목에 자신이 생겼다. 결국 매사추세츠 주립대학교 식품 공학과에 들어갔고, 뉴욕 코코아 거

래소가 대학생 대상 코코아와 초콜릿의 용도에 대한 논문을 공모했을 때 당당히 상금을 거머쥐었다.

그는 자기 집 지하실에 개인 실험실을 만들었고 우유에 포함된 박테리아 수를 밝히기로 한 새 법안이 통과되자, 조수를 고용해서 우유 박테리아 조사 회사를 만들어 일하는 중이다. 물론 앞으로 이런 인재도 식품 화학업계의 유명 인사가 반드시 될 것이라는 전망을 나는 하고 있다.

일을 재미있게 만들면
가장 높은 자리에 오를 수도 있다

생이라는 청년은 하루 종일 공장의 선반 앞에 서서 볼트를 만들었다. 그도 자신의 일이 정말 지겨웠다. 그 일을 담당하더라도 때려치우고 싶었지만, 다른 일자리를 찾지 못할 것이 걱정되었다. 지루한 일이라도 한 수밖에 없기에 이왕이면 재미있게 한 번 해보기로 했다.

그는 옆 라인에서 작업하는 근로자에게 시합을 하자고 제안했다. 한 많이 기계로 가진 표면을 다듬으면, 다른 한 명은 적혈한 작정에 맞도록 볼트를 가공하는 것이다. 작업을 하다가 위치를 바꿔서 누가 더 빨리 더 빨리 작업을 하는지 세어 보기로 했다. 그러다 보니 속도가 빨라졌고 정확성도 높아졌는데 그것을 보고 담부한 현장감독은 셈을 승진시켰다. 그리고 계속 승진이 거듭되고 30년이 지났을 때 셈은 그 거대한 볼트의 기란자 공장의 사장 자리에 앉게 되었다.

지루하기만 한 단순작업을 재미있게 해 보기로 한 결심이 한 평범하고 가난한 기계공을 대기업 사장으로 만든 것이다.

피로, 직장: 분노를 일으키는 주범을 정확히 알라

일을 재미있게 하면
큰 실적을 올릴 수 있다

라디오 뉴스 해설가로 유명한 칼텐본(H. V. Kaltenborn) 씨도 지루한 일을 재미있게 만들었던 경험에 대해서 이야기해 주었다. 그는 22세 때 유럽에 가기 위해 가축을 수송하는 배에서 소에게 먹이를 주는 일을 하면서 대서양을 건널 수 있었다. 영국에서 자전거 여행을 하고 파리에 도착했을 때는 배가 고팠지만 돈은 한 푼도 없는 처지였다. 카메라를 맡기고 렌즈로 받은 5달러로 신문에 구직광고를 냈고 렌즈 2개가 입체 흙판을 만들어주는 입체경을 방문판매하는 일자리를 얻게 되었다. 입체경은 두 렌즈가 사진에 입체 효과를 내 입체적인 장면으로 볼 수 있게 해주는 놀라운 체험을 하게 된다.

사람은 기계를 만나듯 거리감과 원근감이라는 놀라운 체험을 하게 된다.

학에서 배운 그 어떤 것보다 삶에 필요한 지혜를 그때 배웠다고 한다.

그는 각 가정집을 찾아가서 집주인이 나오면 사진 몇 장을 보여주고 질문을 받으면 "나? 미국 사람, 미국 사람" 그 말만 하고 모자를 벗어 모자 속에 넣은 입체경에 대한 프랑스어 설명서를 보여주었다. 집주인이 웃으면 더 많은 사진을 보여주며 미국 사람만 외쳤다.

그는 아침마다 가방을 보고 자신에게 이렇게 말했다. "칼텐본, 먹고살려면 입체경을 팔아야 해. 문을 하기 싫어도 "칼텐본, 먹고살려면 네 몸 배우라고 생각하고 판매고를 집에 하는 게 낫지 않잖아? 그렇게 말 한마디 못하는 고가 연결만[?]

그러나 그는 미국에서 왔고 당연히 프랑스어를 한 마디도 할 수 없었으나 이렇게 영업을 했을까? 그는 프랑스 내에서 가장 많이 제품을 판매한 영업사원이 되었는데, 자신이 해버드 대학에서 배운 영업사원이 되었는데, 자신이 해버드 대학에서 가장 많은 사진을 보여주며 미국 사람만 외쳤다.

일이 재미있다고 생각하면
진짜로 재미있어진다

프랑스어를 한 마디도 못하면서 판매왕이 되었던 비결을 이야기한 컨테일브스는 미국 젊은이들에게 이런 조언을 했다. "매일 아침마다 자신을 격려해 보세요. 잠에서 깨려면 몸을 움직이는 운동을 해야겠지만, 정신을 자극해서 움직이게 하는 운동이 더 중요합니다. 아침마다 자기 자신을 격려해 보세요."

그의 말이 그저 평범하게 들리겠지만 이것은 정통 심리학의 보결을 말하고 있다. "우리 삶은 우리 생각대로 만들어진다." 1800년 전 마르쿠스 아우렐리우스가 《명상록》에 썼을 때와 마찬가지로 이 말은 지금도 중요하다.

매일 매시간 자신을 격려하면 용기와 행복을 느낄 수 있고, 힘과 평화도 얻을 수 있다. 자신이 고마워해야 하는 것이 무엇인지 자신에게 이야기하다 보면 마음이 따뜻해지고 기분이 좋아질 것이다.

바른 생각을 하면 싫은 일도 덜 싫어질 수 있다. 당신의 회사는 당신이 일을 좋아해서 하기를 바란다. 그래야 회사에 도움이 되기 때문이다. 그러나 회사가 무엇을 바라느는 가를 생각하지 마라. 그저 내가 일에 흥미를 갖는 것이 나 자신에게 어떤 영향을 주느지만 생각하면 된다. 일을 지겨워하지 말고 흥미를 갖고 하려 하면 걱정이 없어지고 승진과 급여 인상은 저절로 따라온다. 설령 그런 결과를 못 얻느다 할지라도 피로는 줄어들고 여가시간은 늘어나고 행복한 삶을 얻을 것이다.

피로, 걱정, 분노를 일으키는 주범을 정화히 알라

피로와 격정을 예방하고
활력을 높이는 7가지 방법

1. 피곤해지기 전에 쉬어라.

2. 긴장을 풀고 일하는 방법을 찾아라.

3. 당장 처리할 업무가 아닌 서류는 전부 책상에서 치워라.

4. 중요한 순서대로 일을 처리하라.

5. 문제에 직면하면 가능한 그 자리에서 해결하라.

6. 조직하고 관리하는 법을 익혀라.

7. 지루한 일을 재미있게 만들어라.

직업과 결혼은 인생에 있어서
가장 중요한 결정이다

당신이 아직 진정으로 하고 싶은 일을 찾지 못한 상황이라면, 그리고 미혼이라면 앞으로 두 가지 결정을 해야 할 것이다. 이 두 가지 결정은 당신의 남은 인생을 완전히 바꾸어놓을 수도 있고, 행복과 부와 건강에 이르기까지 당신 인생의 진로에 영향을 끼치며, 당신을 멋지게 할 수도 있고 당신을 무너지게 할 수도 있다.

첫째, '무엇을 해서 먹고살 것인가?'이다. 어떤 직업을 선택할 것인가는 가장 중요한 문제다. 농부, 화학자, 수의사, 대학교수, 행상꾼 장사 등 세상에는 수만 가지의 직업이 있을 것이다.

둘째, '당신이 낳을 아이의 아버지 또는 어머니로 어떤 사람을 선택할 것인가?'이다. 배우자를 선택하는 일은 정말 중요한 문제다.

사실 이 두 가지 결정은 도박이나 마찬가지다. 해리 포스딕Harry Emerson Fosdick은 《세상을 매혹시킬 모든 힘》에서 이렇게 썼다.

"직업을 선택하려는 젊은이는 도박사와 같은 처지인데, 자기 인생을 걸어야 하는 문제이기 때문이다."

어떻게 하면 직업을 선택할 때 위험부담을 줄일 수 있을까? 첫째는 자신이 즐길 수 있는 일을 찾으라는 것이다. 굿리치 컴퍼니의 데이비드 굿리치David M. Goodrich 회장은 사업 성공의 가장 중요한 요건은 "일을 즐기는 것이다. 그러면 오래 일할 수 있고 마치 놀이처럼 재미있게 할 수 있다"라고 했다.

에디슨은 학교도 다니지 않고 신문을 팔았지만 나중에 세계 산업의 역사를 바꿨다. 매일 실험실에서 먹고 자며 하루에 18 시간씩 일했다. "나는 평생 한 번도 일을 해본 적이 없다. 나에게는 모든 것이 재미있는 놀이였다"라고 했다. 천재라서가 아니라 그렇게 일을 즐겼으니 성공했던 것이다.

자신이 할 수 있고 하고 싶은 일이 무엇인지 찾아라

일을 즐기라고 했지만 자신이 하고 싶은 일이 무엇인지 모른 것이면 어떻게 해야 할까? 다음 사 등에서 수천 명의 채용을 담당했던 에드나 커는 이런 말을 했다. "가장 큰 비극은 젊은 이들이 자신이 진짜 하고 싶은 일을 찾지 못한다는 것이다. 돈 벌기 위해서 아무 일이나 하는 사람은 안타깝다. 이런 경우도 '저는 다트머스 대를 졸업했는데, 지는 코넬 대에서 석사를 했느네, 이 회사에서 뭐를 할 수 있는 일이 있을까요?'라는 질문을 한다. 자신이 무엇을 하고 싶은지, 무엇을 할 수 있는지 모른다.

사회생활을 시작하는 수많은 젊은이들이 마흔 살쯤 되어서 완전히 좌절하고 신경쇠약을 겪는 원인은 흔하다. 존스 홉킨스 대학교의 레이먼드 펄_{Raymond Pearl} 박사는 장수 비결을 연구하니 '적절한 직업'을 갖는 것이 대단히 중요한 요소라는 결론이 나왔다.

토마스 칼라일이 말했듯이 "자신이 해야 할 일을 찾았다면 복 받은 사람이다. 더 이상의 복을 찾을 필요도 없다."

대형 석유회사의 인사 담당자를 보이던 씨는 《큐먼에 성공하는 6가지 방법》이라는 책을 쓰기도 했는데 "일자리를 찾는 젊은이들의 가장 큰 문제점은 자기가 무슨 일을 하고 싶은지 정확히 모른다는 것이다. 자신의 미래와 행복을 생각하며 직업을 선택하는 것이 아니라 몇 년 지나도 낡고 해질 옷을 고르는 것처럼 안타깝다."

그래서 아저씨라는 건가? 무엇을 하려는 건가? 권한할 것이다. 우선은 전문가들을 많이 만나려고 말하고 싶다. 전문가들이라고 해서 다 말을 만하는 않겠지만 여러 전문가와 상담 기회를 찾아서 의견을 들어보아야 한다. 다양한 조사를 해보아야 한다.

이 나왔다.

작은 일이라도 먼저 경험해보고 다양한 시도를 하라

걱정을 없애기 위해서도 작업 선택은 중요하다. 걱정이나 후회, 좌절 등이 시련에서 생긴 부분은 싫어하는 일을 하는 것에서 시작된다.

군대에서 잘 못 되는 대부분의 군인은 전투로 인한 사상자가 아니라 부대 배치를 잘못 받아 힘들어하는 군인이다. 전쟁 중 육군의 신경정신과를 담당했던 의사 윌리엄 메닝거William C. Menninger 박사는 말했다. "군대에서는 각 군인에게 적합한 임무를 부여하고 배치하는 것이 정말 중요하다. 자신이 가치 있는 임무를 맡았다는 확신이 있어야 한다. 그러지 않으면 군인은 전투가 아니라 부대 임무로 먼저 쓰러진다."

필 존슨의 아버지는 세탁소 체인을 운영하며 아들에게 기업을 물려주려 했는데, 아들은 일에 마음을 붙이지 못하고 반동대기만 했다. 수상해하는 아버지에게 아들은 정비공이 되고

싶다고 했고, 아버지는 기름때 묻은 작업복을 입고 고된 일을 하겠다는 아들을 이해할 수 없었다. 그런데 아들은 기계를 만지고 엔진에 대해 배우다가 공학 수업을 듣게 되고 결국 보잉사의 사장이 되었다.

주어진 환경에서 고민 없이 결정하지 말고, 다양한 분야에서 자기 적성을 찾고, 전문가와 상담하고, 필 존슨처럼 정비공 같은 그 분야 현장의 작은 일이라도 해보아야 한다.

직업 선택을 위한 다섯 가지 기준

1. 다양한 전문가를 찾아 질문하고 의견을 들어라.

2. 이미 그 일을 하는 사람들로 넘쳐나는 직업은 피하라. 인기 있고 멋있어 보이는 직업에 여자를 들어가려 하는 것은 주의해야 한다.

3. 먹고살 수 있는 가능성이 너무 낮은 일은 피하라. 그 직업을 선택한 인부 사람들만 순리를 독식하고, 나머지는 생계조차 어려운 직업은 잘 판단해야 한다.

4. 어떤 직업을 선택하기로 했다면 그 직업의 모든 것을 먼저 알아보아야 한다. 10년 이상 그 직업에 종사해 온 사람과 만나 보는 등의 노력이다.

나는 20대 초반에 인생 선택들에게 직업과 관련한 조언을 구했는데 그 만남 속에 삶이 전환점이 있었다. 그런 노력을 하지 않았다면 지금 전혀 다른 삶을 살고 있었을 것이다.

5. 당신이 어떤 특정 직업에만 적합한 사람이라는 것도 잘못된 믿음이다. 평범한 사람들이라도 여러 분야에서 성공도 실패도 할 수 있다. 그러니 직업을 선택하기 전에 다양한 직업군으로 범위를 확대해서 생각하는 것을 먼저 하기를 바란다.

블랙우드 _ 데이브스 실업학교 이사장

우리가 거정하는 일의 99퍼센트는
일어나지 않는다

세상 걱정거리의 절반이 내 아래에 놓인 듯 밤에 잠도 못 자고 괴로워하며 다음날 아침이 오지 않길 바라던 시기가 있었다.

나는 책상에 앉아 내 고민거리들을 적어 보았다.

1. 내가 운영하던 실업학교는 학생 수가 줄어 재정적으로 어려워 문을 닫을 지경이다.

2. 아들이 전쟁 중에 입대해서 거정이 되어 가슴이 저렸다.

3. 살고 있는 집이 시 당국의 공사에 수용될 지경인데 보상금은 너무 적어서 여섯 가족이 이사 갈 곳이 없을지도 모른다.

4. 딸이 우수한 성적으로 고등학교를 조기졸업하게 되었는데 대학 학비를 댈 수 없으니 많이 엄마나 화절할지 거정이다.

...

나는 도무지 해결 방법이 없었고 고민거리를 적은 종이를 서랍에 넣어 버렸다. 그런데 1년 후 우연히 그 종이를 발견하게 되어 예전에 앉아 읽어보고 재미있어지기까지 했다.

1. 실업학교는 잘 운영되고 있다. 전쟁이 끝나자 퇴역군인 교육을 위해 정부가 보조금을 지급했고, 학생들은 가득 찼다.

2. 군대 간 아들은 상처 하나 없이 건강하게 제대했다.

3. 우리 집 인근이 유전이 발견되어 집값이 치솟았고 당국은 토지 수용 계획을 접었다.

4. 딸은 대학에 등록했다. 개강 전에 나는 회계감사일을 방청할 수 있어서 새로운 수입원이 생겼기 때문이다.

...

지금은 그런 거정을 했던 경험도 감사하다. 일어나지 않을 일을 거정할 필요가 없다는 교훈을 얻었기 때문이다.

역사책을 읽고 긴 세월을 관통하는 장기적 관점을 가지다

많은 고통스러운 상황을 가지고 난 뒤에 나는 1시간이면 걱정을 모두 없애는 방법을 찾았다.

일단 책상 앞에 앉는다. 역사책만 모아둔 책장에서 아무 책이나 꺼낸다. 프레스콧William Prescott의 《멕시코 정복》도 좋고, 수에토니우스의 《12 황제 전기》도 괜찮고, 다른 어떤 역사책도 다 좋다. 아무 페이지나 펼쳐서, 그리고 1시간 정도를 읽는다.

역사책을 읽을수록 세상은 예나 지금이나 고통의 연속이고 인류 문명은 무너지기 직전에 있었다는 사실을 깨닫게 된다. 전쟁, 기근, 가난, 질병, 인간의 잔인함이 담긴 잔혹한 일들은 이어졌다. 단 하나, 역사책을 읽으며 비록 지금 아무리 상황이 좋지 않더라도 과거와는 비교할 수 없을 정도로 좋은 상황이라는 걸 알게 된다. '세상은 끊임없이 나아지고 있다'는 깨달음 속에 좀 더 객관적인 시각으로 현재 나의 문제를 볼 수

있게 된다.

길고 긴 세월을 관통하는 장기적 관점을 가지며, 그 속에 사소한 나의 문제를 보는 시각으로 바라보라.

도로시 닉스
어제를 버렸으니 오늘도 버틸 수 있다

나는 정말이지 인제 끔찍하게 모를 처럼한 가난과 절망에 시달렸었다. 성공한 후에 사람들이 어떻게 그런 시련을 이겨냈냐고 물어오면 이렇게 답한다. "나는 어제를 버텼다. 그리고 오늘도 버틸 수 있다. 내일 어떤 일이 벌어질지 오늘은 생각하지 않겠다."

나는 절망이 무엇인지, 그 절망을 제우려 것은 노력을 해야 한다는 것이 어떤 것인지, 불안과 절망은 어떤 것인지 너무나 잘 안다. 나는 내 한계 이상의 일을 해야만 했다. 끝나버린 꿈, 깨져버린 희망의 파편들이 난무하는 전쟁터 같은 삶을 살았다. 으통 부상을 입은 걸음에버린 얼굴이 바로 나였다.

하지만 이미 지나가버린 일을 슬퍼하면서 흘릴 눈물은 필요 없다. 내가 겪은 일을 경험하지 않은 사람들이 부럽지도 않다. 그들은 '그냥' 살아있겠지만, 나는 '치열하게' 살아있기 때문이다. 그들은 삶이라는 진의 앞부분, 맛있는 거품을 맛보았을 뿐이지만, 나는 진의 맨바닥 찌꺼기까지 몽땅 다 마셔버렸다. 그들은

절대 깨우치지 못할 것들을 나는 원치 다 잘 알게 되었다.

나는 인생의 고난이라는 최고의 대학을 다니면서, 편안하게 부유하게 사는 사람들이 배우지 못할 인생관을 배웠다. 특히 하루하루를 성실하게 사는 냄과 아직 오지도 않은 내일의 걱정을 하지 않는 법도 배웠다. 어두운 미래의 위험이 있더라도 감당할 수 있는 지혜를 가질 수 있음을 경험을 통해 알고 있기 때문이다.

나는 유머 감각을 갖추었고, 가시적인 친구나 내 험담을 늘어놓는 사람들한테서도 행복을 찾을 수 있다. 신경질을 내가보 나는 농담으로 넘기면 아프지 않음을 안다. 고통을 겪어오면 서 삶의 모든 생생한 순간의 가치를 알았기 때문이다.

J.C. 페니

당신은 아무 근심 걱정할 일이 없다

우리 부모는 아기를 데리고 작은 광산촌으로 이주해서 포목점을 열었다. 카터란 상자 하나를 시범으로 삼고 작은 상자는 의자로 쓰면서 가게 위 다락방에 살림을 차렸다. 아버지는 아기를 담요로 감싸서 카운터 아래 빈 공간에 눕혀 놓고 가게 일을 도왔다.

이제는 전 세계의 대도시에서 볼 수 있는 카터란 포목점의 지점이다. 내 이름이 붙었었다. J.C. 페니 스토어인데 미국에서만 해도 모두 주의 1,600개 지점 무근 있는 기업이 되었다. 이 이야기를 하는 이유는 성공하고 내가 행복하기만 했던 것이 아니고, 힘든 시련은 언제든지 찾아올 수 있으며 고정을 아낌없이 했다는 것을 말하기 위해서다.

숨어 전 나는 회사와 관련 없이 개인적으로 빠른 걷은 일에 연루되어 내 책임이 아니었음에도 불구하고 비난을 받는 생활에 놓였다. 잠도 잘 수 없었고 내 심장과의 걱정 증상이 점점 심각해졌

고 몸이 나아지지 않았다. 아무런 희망도 없이 몸과 신경이 망가져서 그냥 밤이 나의 마지막 밤이라는 생각을 남기는 편지를 썼다. 그러나 아침까지 내가 살아 있다는 생각에 놀라며 깨어났을 때 작은 교회에서 들려오는 찬송가를 들었다.

〈너 근심 걱정 말아라〉라는 제목의 노래를 따라 교회 안으로 들어갔는가 찬송가와 성경 읽는 소리와 기도에 귀를 이게 되었고 놀라운 일이 일어났다. 누군가 나를 어둠에서 끄집어내어 햇볕 쪽으로 옮겨주는 것 같았다. 나는 나의 모든 문제가 나 자신 속에 있다는 사실도 깨달았다. 그날 이후 나는 단 한 번도 걱정이라는 것을 해본 적이 없고 걱정 하지 않으며 아무 걱정할 일도 일어나지 않았다. 당신도 근심 걱정 하지 말기를 바란다.

에디 이건 대령

격정할 일이 생기면
머리보다는 몸을 쓰는 운동을 하라

이침트에는 종일 물레방아를 빼빼 돌리는 노파가 있다. 격정거리가 바로 그렇다. 머릿속에 계속 생각이 맴도는 것이다. 그럴 때 나는 우울함과 고민을 떨쳐버리기 위해 운동을 한다. 달리기를 하거나 오랜 시간 한적한 길을 걷거나 샌드백을 두드리거나 스쿼시를 하거나 테니스를 하거나 때로는 스키를 탄다. 몸이 피곤해지면 마음은 한 가지 문제에서 벗어나 비로소 휴식을 얻게 된다.

스쿼시를 하거나 스키를 타거나 체육관에서 농구 게임을 하면서 격정을 동시에 할 수 있는 사람은 없다. 몸을 움직이고 스포츠의 규칙에 신경 쓰느라 바빠서 격정할 틈이 없다. 배신자 님 고민하지 않는 고민이라도 몸을 쓰다 보면 새로운 생각과 활력이 우리 몸에 자리 잡으면서 그 배신을 작은 흙더미처럼 조금씩 무너뜨릴 수 있다.

격정이 가장 좋은 치료제는 운동이다. 격정이 생기면 몸 근육을 많이 사용하고 두뇌는 적게 사용하라.

걱정하는 데 쓰는 에너지를 문제 해결에 써라

버지니아 주의 사관학교를 다닐 때 나의 별명은 '버지니아 비
크'의 걱정 쟁이었다. 걱정이 많으니 별것에도 찾아서 학교 보
건실에 전용 침대가 있을 정도였고 보건실에 들어서면 간호사
가 달려와 주사 놓을 준비를 했다.

모든 걱정한 일이 나에게는 더 걱정거리였다. 몇 과목에서 나
체점을 받는 바람에 학교에서 쫓겨나지 않을까를 걱정하고 있
었다. 건강 문제, 소화불량, 불면 등에 대해서도 걱정이 태산이
었다. 은 문제도 걱정이었는데 여자 친구에게 선물을 사주지
못하고 그래서 가고 싶어 한 댄스클럽에 데려가지 못하는
것도 걱정이어서 그녀가 다른 사관생도의 걸혼하게 될까 봐
초조했다. 온갖 문제를 걱정하느라 늘 조조했고 어떤 때는 내
가 무엇 때문에 걱정하는지 잊어버려서 걱정했다.

더 이상 견디기 힘들어서 정영학과 뮤크 베어드 교수에게 상
담을 했다. 그때 교수님과 15분간 나누었던 대화는 내 건강과

행복에 큰 도움을 주었다.

"집, 앉아서 사실을 직시해 봐. 자네가 걱정하는 데 쓰는 그 많
은 에너지의 반이라도 문제 해결하는데 쓴다면, 걱정거리를
이 사라질 거야. 걱정이란 게 아니야. 그냥 후천적으로 생긴
나쁜 습관이거든. 그러니 그 습관을 고칠 수 있는 세 가지 규
칙을 일러 주겠네."

1. 문제가 무엇인지 정확하게 파악하라.
2. 문제의 원인을 파악하라.
3. 문제를 해결하는 방향으로 당장 방건적인 일을 시작하라.

나는 네겔과목의 낙제 이유를 파져보고 제수강에 들고, 댄스와
티에서 음료수를 만들어 팔았고, 여자 친구에게 청혼을 해서
걸혼했다.

걱정 극복의 사례들을 통해 배워야 할 것들

테드 에릭슨 _내셔널 에너렐링 컴퍼니 대표

힘든 육체노동이 걱정을 치료하는
해법이 될 수 있다

나는 말로 다 할 수 없이 걱정으로 휩싸인 채 살아 있었다. 그런데 여름 동안 일레스카에서 어선을 타는 일을 하게 되었다. 선창과 부선장 그리고 선원 3명이 배의 인원인데 선원 중에 막 내가 보통 온갖 뒷일을 처리하느니 그건 워낙 힘든 일이어서 스칸디나비아 혈통의 선원이 맡게 된다. 내가 바로 그 스칸디나비아 사람이었다.

조수에 맞춰 연어를 잡느는데 하루 20시간 꼬박 일하는 경우가 많았고, 배를 청소하고 장비를 정리했고, 작은 선실에서 장작을 피우고 요리할 때 그 연기와 모터에서 나오는 열기가 함쳐질 때는 너무나 과로였다. 잡은 연어를 연어 수송선으로 던지는 것도 나의 일이어서 고무장화를 벗어 속에 가득 한 물을 버릴 시간도 없어 내 발은 늘 물속에서 찾아 있었다. 그 모든 일을 다 함쳐도 고통을 딛고 서서 크로크라인을 잡아당기 그물을 끌어올리는 일에 비하면 아무것도 아니었다. 줄을

당기면 오히려 배가 끌려갈 정도로 무게가 엄청났다. 잠깐이라도 쉴 수 있는 시간은 식량보관함 위에서 아픈 허리 아래 매트를 둘둘 말아 받치고 눕이젤었다.

나는 마침내 한계점을 넘어서서 무너졌다. 꿈쩍할 정도로 아팠다. 온몸이 쑤시고 몇 날을 앓아누웠다.

돌아보면 그런 고통과 피로를 견디던 일과, 일하는 동안 모든 걱정이 사라졌다는 것도 다행스럽다. 이제는 어떤 걱정거리에 직면할 때는 "지금 이 문제를 끌어올릴 때만큼 힘든가? 이런 그거에 비하면 일도 아니야"라고 혼잣말을 한다. 매 모든 극단적으로 힘든 육체노동도 도움이 된다.

웃어넘기는 순간에는 걱정할 수가 없다

이 세상 그 누구도 나처럼 온갖 걱정과 질병 죽음의 문턱까지 여러 번을 갔다 온 사람은 없을 것이다.

나는 아버지의 약국에서 자라나서 했다. 약사들의 대화를 듣거나 곁에 이야기를 나누다 보니, 질병에 대해서 많이 알고 있었다. 그런데 어떤 질병에 대해서 그 증상에 대해 물어보고 하면 나도 고만 병에 걸리면 어쩌나 걱정을 하게 되었고 점차 그 모든 증상이 나에게 하나씩 나타나기 시작했다. 어린 나이부터 건강염려증을 심하게 앓은 것이다.

동네에 디프테리아가 퍼진 적이 있었는데, 그때 나는 약국에서 치료제를 팔았다. 그런데가 디프테리아에 걸릴까 봐 걱정을 하게 되었고 결국 감염되고 말았다. 침대에 누워서도 은몽의 디프테리아 증상을 겪으며 걱정하고 있었다. 의사가 와서 디프테리아 진단을 했을 때 오히려 안심이 되었다. 나는 어떤 병에 걸리면 차라리 안심이 되었다. 이미 그 병에 걸렸으

너 더 이상 그 병에 걸릴까 봐 걱정하는 일은 없어지니까.

어떤 의사도 알지 못하는 특이한 병에 걸려서 못 낼 고생하기도 했고, 보통 잘 걸리지 않는 파상풍이나 공수병에도 걸려 못 볼 뻔했다. 암이나 폐결핵 같은 흔한 병은 당연히 걸렸었고, 세 가지 서로 이 웃이 헌 옷이 되기도 전에 죽을 수도 있는데 든 넘어하는 것 같기도 했다.

다행히 어떤 비결을 알게 되고 나서는 이쪽지 않았다. 건강걱정에 빠질 때면 웃는 방법을 사용했다. 치명적인 증상이 나타날 때는 나 스스로를 조롱했다. '지난 20년 동안 분자병으로 죽을 거라고 걱정해 놓고 지금까지 멀쩡한데 그냥 좀 웃어넘기면 안 되겠니?' 라고, 웃는 순간에는 걱정을 할 수 있다는 걸 알게 되면서 계속 웃어넘기는 일만 하게 되었다.

진 오트리 _세계에서 가장 유명한 카우보이 배우

어떤 경우에도 파이프라인은 끊지 마라

나는 어린 시절 온 가족이 먹고살기 위해 죽도록 일을 다해야 했던 기억이 있다. 그때의 아버지 모습을 보며 좀 더 안정적인 일자리를 구해야 한다는 생각을 했다. 그래서 어떤 새로운 일에 도전할 때도 항상 안정적으로 돈을 벌 수 있는 비장의 무기를 가지고 있어야 마음이 놓였다.

철도역에서 일하며 전기통신기 다루는 법을 배웠고, 나중에는 철도의 교대 기사가 되었다. 나중에 좀 더 괜찮은 일을 시작할 때도 항상 철도 기사 자리로 돌아갈 수 있도록 해놓았다. 그것은 나에게 최소한의 경제적인 안정을 보장해 주는 일종의 파이프라인 같은 것이었다. 나는 완전히 새로운 일에서 자리를 확실히 잡기 전까지는 이 수입원을 절대로 많지 않았다.

예를 들어 내가 기타를 치며 카우보이 노래를 부르는 것을 들은 월 로저스라는 저명한 사람이 뉴욕으로 가서 무대에 서 보라고 제안했을 때의 일이다. 나는 아홉 달 정도 이 문제를 고민하고 나

서야 뉴욕으로 향했다. 하지만 잡세를 내고 싸구려 식당에서 배를 채우며 돌아다녔지만 무대에 서지는 못했다. 아예 다시 돌아올 때가 없었다면 큰 병이라도 났을 것이다. 하지만 나는 철도 기사 선임권이라는 자격이 있었기에 90일 이상 그 자리를 떠나지 않으면 다시 권리를 보장받을 수 있었다. 나는 70일을 뉴욕에서 해맨 마음 오른다리로 돌아가서 철도기사 일을 했다. 그렇게 또 몇 달을 일해 돈을 모으고 다시 뉴욕으로 가서 기회를 엿봤다.

카우보이 영화를 찍을 때 성공에 대한 보장이 없었지만 작정하지 않았다. 언제든 내가 돌아갈 일자리가 있다는 생각 때문이었다. 일이 잘 될 때도 계속 잘 된다는 보장이 없었지만 각정하지 않았다. 수입만 닫러를 벌 때도 붙안해지면 오른다리로 돌아가 철도 일자리를 구하면 된다는 마음의 위안이 항상 있었다.

각정 극복의 사례들을 통해 배워야 할 것들

오늘의 설거지만 하면 된다

위통으로 고생을 하던 시절에 통증이 너무 심해서 밤마다 두세 번씩 깼다. 아내가 위통으로 돌아가셨는데 나도 그런 걸까 무서웠다. 지명한 의사인 빌가 박사에게 가서 약간 검사를 받았는데 의사는 위장 관련 질환은 없으니 심리적인 문제

라고 하며 수면제를 처방해 주었다. 의사는 나의 업무 내용을 묻었고 내가 끊임없이 스트레스를 받으며 항상 긴장한 채 살고 있는 걸 알게 되었다. 빌가 박사의 충고대로 매주 하루는 완전히 쉬었고 맡고 있던 직책도 몇 가지는 사임했으며 위

활동도 줄였다.

그리고 쉬는 시간을 많이 만들며 아내의 모습을 지켜보게 되었다. 아내는 설거지를 할 때 노래를 흥얼거렸다. 아내가 나와 결혼하고 18년 동안 매일 설거지를 해왔는데, 결혼할 때도 앞으로 평생 자신이 얼마나 많은 설거지를 해야 한다는 걸 생각이나 했을까? 아내를 지켜보며 아내는 그냥그냥 매 끼니의 설거지만 하면 되기 때문에 콧노래를 부르며 하는 것이라는 생

DAY 360 月 日

각이 들었다. 어제, 한 달 전, 내일, 일 년 후의 설거지까지 해야 한다고 생각한다면 콧노래를 부를 수 있을까? 하지만 아내는 내일도 그다음 날도 앞으로 내 동안 설거지를 해야 할 것이다. 그냥그냥 하듯처럼.

나는 깨달았다. 내가 아직 사용하지도 않은 세 접시까지 설거지를 해야 한다는 걱정을 하고 있었음을. 긴장하고 미리 걱정하며 조급하게 살고 있었음을.

더 이상 걱정을 하지 않으니 위의 통증도 불면증도 사라졌다.
내일 접시는 내일 따으면 되기 때문이다.

델 휴스 - 공인회계사
즐기고 바쁘게 살면 병도 낫는다

나는 하와이에서 해병대 상륙 훈련을 받다가 크게 다쳐서 갈비뼈 세 대가 부러졌는데 설상가상으로 부러진 뼈에 절려 폐에 구멍까지 났다. 병원에서 석 달을 잘 지료받았을 때 많이 좋아졌을 거라 생각했지만 전혀 상태가 나아지지 않았다. 부상 전에 활력이 넘쳤던 나의 성격은 얽힌 줄에 완전히 담겨져 있었다. 조금씩 움직일 수 있었음에도 종일 침대에만 누워 있었고 온갖 걱정으로 가득 차 있었다. 내가 할 수 있는 일이 있을까, 평생 불구로 살아야 하나, 결혼은 할 수 있을까 등이었다. 종일 누워 이런 걱정만 하고 있으니 병이 호전되지 못하는 건 아닐까 하는 생각이 들었다.

나는 무리한 일이지만 환자들이 무슨 일이든 마음대로 할 수 있는 '컨트리클럽' 병동으로 옮겨달라고 의사에게 사정했다. 병동을 옮기고 브리지 카드 게임을 배우고 그림도 배웠고, 무공에도 하며 관련 책을 읽었다. 나중에는 심리학 서적들도 많이 읽었다. 그렇게 3개월을 보내고 나니 모든 의료진이

깜짝 놀랄 기적이 일어났다며 나의 몸 상태를 축하해 주었다.

게임도 하고 그림도 그리고 공예도 하니 오히려 가만 누워있을 때보다 부러진 뼈들이 더 잘 붙고 회복되었다. 바쁘고 즐겁게 사는 것이 가장 좋은 건강 비결이다.

작정 극복의 사례들을 통해 배워야 할 것들

나는 우리 인생에서 가장 중요하고 멋진 시기라고 생각하는 18세에서 28세까지 10년의 인생을 걱정과 열등감에 시달려 보냈다. 워낙 소심해서 아는 사람과 마주치지 않으려고 다른 방향으로 걸을 건너 적도 있다. 분은 낯선 사람은 더욱 두려웠다. 심지어 2주 만에 일자리를 3번이나 했다. 나는 세 명의 고용주를 앞에서 나에 대해 말할 용기조차 없었다.

내가 단 하루 만에 마음 걱정을 극복하고 그 이후로는 걱정 얼마중에서 완전히 벗어나게 한 하나의 제가가 있었다. 사소한 충건으로 아는 분의 사무실에 들렀던 날이었다. 그는 나보다 백배나 더 걱정거리가 많은 사람이었다. 무엇보다 신세가 되기도 했고 열심히 해서 돈을 많이 벌었으나 다시 날려버리는 일을 겪었고, 그보다도 신각한 고초절을 받아 들고 있었다. 내가 그런 상황이었으면 당연히 자살까지 생각할 수도 있었을 것이다. 그런데 그런 상황의 그도 쾌활하게 웃고 있었고 즐겁게 내릴 맛 있었다. 그러면서 그 분투 안의 내용을 읽어보라고 했다. 분은 니

무나 심각한 것이었다.

걱정하는 내에게 그는 말했다. "밀, 힘든 상황을 이겨내는 비결이나 기도 줄이게 걱정거리가 생각나면 앉아서 일단 무엇을 걱정하고 있느냐를 자세히 적어봐. 그다음에 그 종이를 책상 서랍에 넣어두는 거지. 그리고 몇 주가 지나면 그걸 꺼내 읽어봐. 내용 중에 여전히 걱정하고 있는 중이라면 다시 서랍에 넣어. 2주 정도는 그렇게 넣어 둬. 고동안 걱정한 문제들은 저절로 사라져 있는 문제도 있고, 또 해결하면 돼."

그의 말을 실천해 옮기다 보니 내 걱정은 대부분 사라졌고, 나는 경쾌한 사람이 되었다.

오드웨이 티드 _고등교육 위원회 위원장

걱정은 습관이므로
<u>습관을 고치면 된다.</u>

걱정은 습관이라고 생각한다. 나는 오래전에 세 가지 방법으로 괴로운 습관에서 완전히 벗어났다.

첫째, 바쁘게 지내다 보니 자신을 괴롭히는 불안에 빠질 시간이 없다. 나는 학생들을 가르치고 뉴욕 시 고등교육 위원장을 맡고 있고 출판사의 경제 사회부도 맡고 있다. 하나하나가 늘 집중해야 하는 일이다 보니 조급할 시간마저도 없다.

둘째, 나는 이미 걱정을 떨쳐버리는 데는 선수다. 하나의 일을 마치면 다음 일로 넘어가면서 앞의 일과 관련된 문제는 다 잊어버린다. 다른 일을 하면서 새로운 자극을 받고 기분도 전환된다. 이것이 내게 휴식이다. 리프레쉬하는 것이다.

셋째, 그날의 일과는 마치고 사무실 책상을 정리하면서 모든 문제를 함께 있는 법을 익혔다. 문제라는 것은 끝없이 이어지

기 마련이다. 한 문제를 해결하면 또 다른 문제가 새로 등장해서 거기에 빠지게 만든다. 이런 문제들을 밤까지 갖고 가면 건강을 해칠 뿐만 아니라 문제 해결 능력에도 문제가 생기고 만다.

한 번에 하나씩 하면
수많은 가지도 할 수 있다

나는 세월이 흐르면서 걱정의 대부분은 저절로 해결된다는 것을 경험했다. 아무리 도망치려 해 봐야 걱정에서 벗어날 수 없으며, 유일한 해결방법은 마음가짐을 바꾸는 것밖에는 없었다. 사실 한 주 전에 걱정하던 문제도 잊어버리게 되는 경우가 많다. 그래서 내가 만드는 규칙은 어떤 일이 생기면 나는 업무만을 지나치게 끔끔 않았다는 것이다. 그러면 내한 주간은 지나면서 걱정거리는 저절로 사라졌는데, 물론 잊어버릴 수 없는 일도 있지만, 업무일 정도가 지나며 마음이 많이 비워야 흠머릴 쉬지는 않게 된다.

내가 이렇게 걱정 해결사가 된 것은 윌리엄 오슬러 경의 철학 덕분이기도 하다. 그는 위대한 의사였고 가장 중요한 기술인 삶의 기술에 통달하여 이런 말을 했다. "제가 작은 성공이나마 거두게 된 것은 하루의 일을 정리하고 그 일에 최선을 다한 뒤, 그다음은 어떻게 되든 신경 쓰지 않았던 덕분입니다."

나의 아버지 말씀도 큰 도움이 되었다. 펜실베이니아 사냥을 떠 문에 걸쳐있는 세상 속 업무새가 하는 말을 전체 주신 것이다. 들판 화원이 큰물을 지낼 때마다 업무새는 알고 있는 유 한 단어를 되뇌이한다고 한다. "하나씩, 여러분, 하나씩, 여 문, 하나씩." 아버지는 이 말처럼 모든 문제를 해결하라고 가 추셨다. 급박한 일, 끝없이 이어지는 일 중에서도 내가 항상 침착하고 평정심을 유지할 수 있게 된 비결이다.

"하나씩, 여러분, 하나씩."

캐스린 파머 _ 엘리제미주 보안관

나를 다시 살린 책 한 권,
데일 카네기

몇 달 전 나는 고통스러운 일로 나를 밤을 작정으로 세웠고, 18일째 거의 먹지도 못했다. 음식 냄새만 맡아도 토할 지경이었고, 차라리 지옥에 가는 편이 낫겠다고 생각했다. 나에게 남은 건 죽거나 미치거나 하는 것뿐이었다.

그때 나는 데일카네기의 바로 이 책, 인쇄 전 견본쇄를 받아 들게 되었다. 그 후 석 달 동안 나는 이 책과 살았다. 한 문장도 놓치지 않으려고 필사적으로 공부하는 자세로 읽었다. 딱 분에 마음이 안정되는 만기 힘든 변화를 겪었다. 이제는 날마다 벌어지는 나와의 싸움을 견딜 수 있었다.

나는 당장 닥친 문제가 아니라, 어제 있었던 일로 괴로워하고 내일 일어날지도 모르는 일에 대한 작정으로 고통받고 있었다. 하지만 지금은 작정이 떠오를 때마다 바로 멈추고 이 책에서 배운 규칙을 적용한다. 당장 해야 하는 일 때문에 긴장될 때는

빠르게 처리하고 마음속에서 지운다.

이 책을 읽은 후의 나는 누부시고 새롭고 아름다운 삶을 살이가고 있다. 충분히 자고 맛있게 먹고 나를 둘러싼 세상이 얼마나 아름다운지 확인하며 즐긴다.

각정 극복의 사례들을 통해 배워야 할 것들

책상 위의
데일 카네기

지은이 데일 카네기
편역 안부현

펴낸이 손은주 편집 김지수 마케팅 권순민
디자인 Erin 교정교열 신희정

주소 서울시 마포구 희우정로 82 1F
문의전화 02-394-1027(편집) 주문전화 070-8835-1021(마케팅)
팩스 02-394-1023
이메일 bookaltus@hanmail.net

펴낸곳 (주)도서출판 알투스
출판신고 2011년 10월 19일 제25100-2011-300호

ⓒ 데일 카네기 2023
ISBN 979-11-86116-45-6 12320